应用型本科高校"十四五"规划商贸类专业问题导入式数字化精品教材

市场调查与数据分析实务

Market Research and Data Analysis Practice

主编 ◎ 刘汉霞　彭艳　詹羲洲

华中科技大学出版社
http://press.hust.edu.cn
中国·武汉

内 容 提 要

本书系统讲述了市场调研相关理论知识，从市场调研的基本理论、市场调研方案的制定，到市场调查问卷的设计，市场调查数据的收集、分析与处理，以及市场调研报告的撰写，既研究了市场调研的发展、岗位职责与职业伦理，又结合实际情况对市场调研各环节的技术方法和操作步骤进行了探讨，具有鲜明的实践特点。

本书坚持以问题导向，以案说理，并配以丰富数字资源，强调科学性、时代性和实践性，注重培养学生解决实际问题的能力。

图书在版编目（CIP）数据

市场调查与数据分析实务/刘汉霞，彭艳，詹義洲主编．—武汉：华中科技大学出版社，2024.3
ISBN 978-7-5680-9565-5

Ⅰ.①市… Ⅱ.①刘… ②彭… ③詹… Ⅲ.①市场调查-高等学校-教材 ②市场需求分析-高等学校-教材 Ⅳ.① F713.52

中国国家版本馆 CIP 数据核字（2024）第 063239 号

市场调查与数据分析实务
Shichang Diaocha yu Shuju Fenxi Shiwu

刘汉霞　彭　艳　詹義洲　主编

策划编辑：陈培斌　周晓方　宋　焱	
责任编辑：张梦舒　黄　军	
封面设计：廖亚萍	
责任监印：周治超	
出版发行：华中科技大学出版社（中国·武汉）	电话：（027）81321913
武汉市东湖新技术开发区华工科技园	邮编：430223
录　　排：华中科技大学出版社美编室	
印　　刷：武汉开心印印刷有限公司	
开　　本：787mm×1092mm　1/16	
印　　张：16.25	
字　　数：368 千字	
版　　次：2024 年 3 月第 1 版第 1 次印刷	
定　　价：49.80 元	

本书若有印装质量问题，请向出版社营销中心调换
全国免费服务热线：400-6679-118　　竭诚为您服务
版权所有　侵权必究

应用型本科高校"十四五"规划商贸类专业问题导入式数字化精品教材

编委会成员（按姓氏拼音排序）

顾　问

袁永友（武汉纺织大学外经贸学院）

主　任

刘汉霞（武汉纺织大学外经贸学院）

委　员（以姓氏拼音为序）

龚　锋（湖北大学知行学院）

胡春华（武汉纺织大学外经贸学院）

胡柳波（武汉东湖学院）

胡晓峰（武汉工程科技学院）

李　林（武汉首义学院）

刘　力（武昌工学院）

马光菊（武汉学院）

彭　艳（武汉纺织大学外经贸学院）

王笑影（京东物流集团）

王　艳（武汉华夏学院）

詹義洲（三峡大学科技学院）

张　舫（武汉纺织大学外经贸学院）

张迎燕（武汉纺织大学外经贸学院）

总 序
Introduction

党的二十大报告指出，我国进入了全面建设社会主义现代化国家、向第二个百年奋斗目标进军的新征程，高质量发展是全面建设社会主义现代化国家的首要任务。高质量发展要坚持教育优先发展、科技自立自强、人才引领驱动，加快建设教育强国、科技强国、人才强国，坚持为党育人、为国育才，全面提高人才自主培养质量，加快建立人才资源竞争优势，培养德智体美劳全面发展的社会主义建设者和接班人。

站在两个百年奋斗目标的历史交汇点，培养全面建设社会主义现代化国家所需要的应用型人才，是我国应用型本科高校的历史使命和责任担当。应用型本科高校是相对、区别于传统学术性、研究型，以应用技术类型为办学定位的普通本科高校，是为了满足地方经济社会发展对应用型人才的需要，推进我国高等教育大众化进程的产物。应用型本科教育坚持应用型人才的培养，强化专业体系的应用性、职业性和发展性。《中国教育现代化 2035》明确提出：优化人才培养结构，加大应用型、复合型、技术技能型人才培养比重，使得大力发展应用型本科教育、强化应用型人才培养，成为高等教育改革发展的时代命题。

教材建设是高等教育改革发展的一项重要内容，高质量的教材是培养合格人才的基本保证。搞好应用型本科教育，培养应用型人才，要求我们必须重视应用型本科教育教材建设，编写和出版具有应用型本科教育自身特色的教材。编写一套适应新时代发展的应用型本科高校经管类教材，与中国经济发展同频共振，是我们多年的愿望。

那么，如何做好应用型本科高校经管系列教材的编写呢？习近平总书记提出，"中国共产党人干革命、搞建设、抓改革，从来都是为了解决中国的现实问题"。根据习近平总书记讲话精神，编写具有自身特色、解决中国现实问题的应用型本科高校经管系列教材，一是在体系上坚持基本理论介绍，注重数字经济前沿理论的引入。在着力基本理论的描述和学科知识介绍的基础上，引入数字经济背景下的新理论、新理念和新方法。二是在内容上强化问题意识，坚持问题导向。通过实际情境下的问题引出分析问题和解决问题的思路、方法和技术。三是开发本土案例，讲好中国故事。在学习西方企业经营管理经验的同时，开发中国本土案例，让世界看到中国企业品牌力量和发展前景。

为了做好这项工作，我们邀请到了一批新建应用型本科高校教授、博士、骨干老师和本地优秀企业家，共同来撰写《国际服务贸易教程与案例》《市场调查与数据分析实务》《会计学基础》《情商与管理沟通》《大学生创业基础》《商务谈判》等一系列教材。这批教材涉及国际经济与贸易、工商管理、市场营销、会计学等专业，既涉及专业基础课，又涉及专业核心课，既有理论课教材，又有实践课教材，其共性是在大数据背景下反映新时代应用型人才培养的要求。在华中科技大学出版社的大力支持下，我们终于迈出了第一步。

虽然这些教材还有很多不尽如人意之处，存在着诸多的不足，但所有编写者为贯彻落实教育部《普通高等学校教材管理办法》的要求，本着育新人、兴文化、展使命的初心，以只争朝夕、追求卓越的精神，对接学科前沿，为促进教学信息化改革，实现经管类教材提质增效付出了不懈的努力，他们辛勤的汗水体现在每一本教材的字里行间，后期我们还将有第二批教材的编写。

在教材即将付梓之际，我们对华中科技大学出版社的支持表示衷心感谢！

教材不妥之处，敬请各位专家学者批评指正，提出宝贵意见！

丛书编委会
2022 年 11 月

前 言
Preface

习近平总书记指出:"调查研究是谋事之基、成事之道,没有调查,就没有发言权,更没有决策权。"随着我国市场经济主体多元化态势加剧,互联网技术参与度不断提高,市场信息的整体容量、变化频率、复杂程度大幅提升,企业想要在竞争激烈、瞬息万变的市场中求生存、谋发展,就必须开展市场调查研究,以便及时有效地收集、处理和分析有用的信息,为企业经营决策赢得发言权、决策权。

本书是经管类本专科专业基础课教材,旨在培养学生在市场调研方面的基本素质、正确认知和综合能力,主要内容包括市场调研方案的制定、市场调查问卷的设计、市场调查方法的使用、市场调查数据的分析以及市场调研报告的撰写等。在数字经济时代,数据是数字经济的核心生产要素。谁掌握竞争对手和广大用户的数据,谁就掌握了未来。为了更好地满足中国数字经济发展新趋势的需要,突出应用型高校经管类学生运用市场调查与数据分析的方法去解决实际问题能力的培养,增强应用型人才培养的社会适应性,本书在编写过程中,尤其注重理论联系实际,在追踪国际最新研究成果与发展趋势的同时,引入了大量案例和调研实例,并在体例、内容、技术手段等多个方面做了一些改进与创新。

◆ 1. 编写体例创新

本书采用了问题导向式教材编写的组织构架,凸显问题导向式教学的特点。问题导向式教学即是在分析市场调研工作过程的基础上,以市场调研工作关键环节及流程为逻辑主线,以工作情景或案例中的问题为导向,导入解决问题所需要的相关知识、能力和素质要素,并通过案例解读和实操练习等多种主题活动把理论和实践紧密结合起来,让学生在学中做、在做中学,知行合一。为此,我们具体设计了学习目标、情景导入、问题与思考、微课视频、本章小结、复习思考题等栏目,构建了相对完整的课程体系、教学内容和实操活动,有助于教师授课和学生线上线下自主学习。

◆ 2. 知识内容创新

本书遵循问题导向式教材编写的组织架构,构建以市场调查法、数据分析法以及文献研究法等多学科专业知识和多维能力要素融于一体并体现新商科发展要求的内容框架。其中,多学科专业知识主要由市场调查、数据分析以及文献研究等多个学科专业知识构成；多维能力要素包括主题专业活动制作能力、有效沟通能力、口头和书面表达能力以及独立思考能力等构成。知识可以传授，能力必须训练。为了让学生把专业知识转化为专业能力，通过学习经典案例和实操练习等多种主题活动，在教师的指导下，进行多次反复刻意练习来达成目标。本书包括市场调研方案制定、测量与问卷设计、数据收集、数据处理、数据分析、数据可视化以及市场调研报告撰写等典型实操活动。

◆ **3. 技术手段创新**

本书采用线上线下混合式教材编写形式，通过扫描二维码观看微课视频和查看复习思考题参考答案、案例等方式，把教材数字化、立体化和实操化，让学生可以随时随地进行本课程的学习，全面提升学生自主学习的积极性和主动实践的能力。

本书由刘汉霞、彭艳、詹羲洲统稿。第一章、第二章由刘汉霞编写；第三章、第五章由范晓舟编写；第四章由夏雪编写；第六章由岳鑫、范晓舟编写；第七章由彭芳春编写；第八章由郭佳丽编写；第九章由彭艳编写。所有老师参与了案例及数字资源的整理（排名不分先后）。

在编写过程中，本书参阅了大量国内外文献，应用了国内外一些企业的案例，在此谨向这些文献的作者及相关企业表示诚挚的谢意！

编　者

2023 年 9 月

目录
Contents

第一章　认识市场调研 ······················· 1

第一节　市场调研的定义、特征与作用 / 2
第二节　市场调研的分类和程序 / 4
第三节　市场调研的产生、发展与职业道德 / 12

第二章　确定市场调研方案 ······················· 22

第一节　市场调研目标的确定 / 23
第二节　市场调研方案的制定与评价 / 27

第三章　制定抽样计划 ······················· 39

第一节　抽样的基本概念与作用 / 40
第二节　抽样调查的程序 / 42
第三节　抽样的方法 / 45

第四章　制定测量方案 ······················· 60

第一节　测量的概念、要素与程序 / 61
第二节　制定测量量表 / 64
第三节　评估量表的信度和效度 / 73

第五章　设计市场调查问卷 ······················· 85

第一节　市场调查问卷概述 / 86
第二节　市场调查问卷设计的原则、程序与技巧 / 89
第三节　市场调查问卷设计效果的评价 / 95

第六章　收集市场调查数据 ……………………………………………… 102

第一节　市场调查方法分类 / 103
第二节　文案调查法 / 104
第三节　访问调查法 / 109
第四节　观察调查法 / 116
第五节　实验调查法 / 119
第六节　网络调查法 / 123

第七章　处理与分析市场调查数据 ……………………………………… 126

第一节　市场调查数据处理的程序 / 127
第二节　市场调查数据分析的基本方法 / 134

第八章　使用市场调查数据分析工具 …………………………………… 155

第一节　SPSS软件简介 / 156
第二节　统计描述应用 / 167
第三节　假设检验应用 / 186
第四节　量表分析应用 / 200

第九章　撰写市场调研报告 ……………………………………………… 218

第一节　调研报告概述及类型介绍 / 219
第二节　调研报告的撰写 / 223
第三节　调研报告的可视化 / 236

参考文献 …………………………………………………………………… 244

后记 ………………………………………………………………………… 246

第一章
认识市场调研

学习目标

- 1. 了解市场调研的产生、发展与职业道德。
- 2. 理解市场调研的概念、特征和作用。
- 3. 掌握市场调研的内容、类型和程序。
- 4. 熟悉中国企业管理者如何进行管理决策。

情景导入

健力宝"大酬宾"活动到底做还是不做？如何决策？

广东健力宝股份有限公司（以下简称健力宝）目前已经成长为一个以生产销售饮料为主导产业，并涉足塑料容器制造等多种行业的大型现代化企业。为了提高饮料产品销量，提升品牌知名度和美誉度，健力宝连续多年开展"大酬宾"活动，奖金数额越来越大，而假奖受骗现象也越演越烈。一种意见认为健力宝"大酬宾"活动效果正在递减，甚至影响了健力宝品牌形象；另一种意见认为举办"大酬宾"活动已成习惯，成为健力宝的"常态"，健力宝已"欲罢不能"。"大酬宾"活动到底做还是不做？健力宝陷入决策的两难境地。

在此背景下，广东省广州市市场研究中心受健力宝委托进行全国性市场调研，范围遍及广州、重庆、成都、武汉、西安、青岛，总样本量达3 000多个，走访"零售王"300多个，采用规范科学的研究方法，获得了客观、准确的定量数据，为决策提供了有效依据。决策如下。

据健力宝官网显示，2022年"春战"促销活动于2021年11月1日开始，至2022年5月31日结束，活动期间内凡购买印有"揭盖扫码 添宝运"促销信息的健力宝橙蜜/柠蜜味运动饮料（含气型）CAN330ML产品，揭开拉环扫码，即有机会赢取奖品，综合中奖率达99.99%（奖品合计28 164万份）。

资料来源：https://www.renrendoc.com/paper/132015727.html；https://www.jianlibao.com.cn/cuxiaohuodong/show/102.html? ivk_sa=1024320u。有改动。

问题与思考

假如你是健力宝管理者，针对这两种不同的意见，你该如何做出选择和决策？如果坚持第一种意见，结果会怎样？如果坚持第二种意见，市场能长久吗？为什么针对同一市场，会得出不同的看法？健力宝最后是怎么决策的？

要科学、客观和有效地解决上述问题，需要熟悉和掌握市场调研相关知识。在本章中，我们对市场调研的定义、市场调研的作用，以及市场调研的分类和程序等进行阐述，逐步引导学生分析并解决上述问题。

第一节　市场调研的定义、特征与作用

一、市场调研的定义

什么是市场调研？我们来看看国内外不同学者、机构是怎样定义市场调研的。

陈凯教授在其主编的《市场调研与分析》一书中指出，市场调研就是调研者运用科学的方法，有目的、有计划地系统收集、整理市场活动中的各种信息，分析市场环境，找出其发展变化规律，为市场预测和经营决策提供科学依据的过程。国际知名市场调研专家小卡尔·麦克丹尼尔和罗杰·盖茨在《当代市场调研》一书中指出，市场调研是指对营销决策的相关数据进行计划、收集和分析，并就分析结果与管理者进行沟通的过程。美国市场营销协会把市场调研定义为一种通过信息将消费者、顾客和公众与经营者联系起来的职能。这些信息用于识别和确定营销机会及问题，产生、提炼和评估营销活动，监督营销绩效，改进人们对营销过程的理解。市场调研确定了解这些问题所需要的信息，设计收集信息的方法，管理并实施信息收集过程，分析结果，最后得出结论及意义。

数字资源 1-1
市场调研的定义

不同学者从不同角度出发，得出上述市场调研的定义。综合对市场调研的不同定义，我们更倾向于这样的一种定义：市场调研是指采用科学规范的市场调查研究方法对与企业管理决策相关的信息或数据进行收集、挖掘、清洗和分析，得出以经验、量化的数据为依据的调研报告，并报告给企业管理者的过程。

二、市场调研的特征

要进一步理解市场调研这个概念的本质内涵，还需要把握市场调研的特征。

（一）科学性

作为现代企业了解市场的一种工具和途径，市场调研主要采用专门的工具收集量化资料，并运用统计学的原理和方法，在计算机辅助下，完成对量化资料的处理和分析，得出以经验、量化的数据为依据的调研结果。市场调研的这种定量特征，确保了全过程的科学性。因此，市场调研是认识市场的一种工具和途径，在本质上是一种定量研究方法，具有科学性。

（二）目的性

市场调研是对市场现状进行分析的活动，它不仅包括收集市场信息或数据，还包括对收集到的市场信息或数据进行整理、分析并撰写调研报告等多个环节。作为一种包含多个环节的活动，市场调研具有明确的目的，它就是要了解市场、把握市场变化趋势，从而为企业管理决策提供客观依据。可见，市场调研是对目标市场的信息或数据进行收集、整理、分析并得出调研结论的一种实践活动，具有明确的目的性。

（三）不确定性

由于信息的不对称性和人的有限理性，市场调研人员不可能穷尽所有市场信息或数据，也就不可能得出十全十美或一劳永逸的市场调研结论。同时，市场是产品或服务交换关系的总和，必然受到政治、经济、文化、法律等多方面因素的影响和制约，从而发生变化。在不断变化的市场中，对目标市场的精准分析或预测难以实现，使得市场调研具有不确定性。市场调研的不确定性更是表明，实时关注市场变化，保持市场敏锐性，分析市场趋势，是市场调研人员及企业管理决策者的职业基本素养。市场调研最终是为了对受多种因素作用的市场的现状或未来进行判断或预测，因此具有不确定性。

（四）主动性

企业利益相关者是指那些在企业发展过程中，对企业生产经营活动能够产生重大影响的团体或个人，主要包括企业股东、内部员工、债权人、供应商、零售商、消费者和竞争者等。市场调研通过定量研究方法，将企业利益相关者链接起来，以便为企业生产或经营好的产品或服务提供有效信息和进行必要变革。因此，从这个意义上讲，市场调研是企业利益相关者交流、沟通的渠道和途径。

三、市场调研的作用

在市场经济条件下，市场和企业既相互依赖又相互制约。企业离不开市场，市场也必须有企业的参与。市场是企业产品或服务交换的场所或载体，企业是市场的基本单元。企业在市场中进行产品或服务交换，就要受到市场环境的调节和制约。企业为了生存和发展必然要充分认识市场，了解市场，收集和分析市场有效信息，以便制定出符合企业发展的经营管理决策。市场调研就是提供这种有效信息的一种重要方法、手段和工具。

（一）市场调研是企业正确认识市场的重要方法

企业要占领市场，就必须了解市场、把握市场，获得大量有效的目标市场信息。企业只有获取大量的、相关的、有效的信息，才能科学进行战略决策，制定经营和发展目标。同时，市场调研为企业和消费者提供了交流与沟通的渠道和机会，对了解消费者需求，改进产品和服务质量，增强企业和消费者之间的互信度和黏合度具有重要的作用。例如，小红书这一社交电商平台通过进行大规模的市场调研，成功将最初的定位"出境购物攻略"改为"小红书购物笔记"，从而获得越来越多的用户，找到了自身发展方向。

（二）市场调研是企业发现问题和解决问题的重要手段

市场变幻莫测，消费需求多样。企业要在变化的市场和需求多样的消费者中找到供需之间的规律，确保产品适销对路，就必须及时发现企业在经营管理中存在的问题，以便采取相应改进措施，提高经济效益。企业只有发现了问题，才能有解决问题的明确目标。企业及时发现问题并有效解决问题要靠市场调研。因为不进行市场调研，就不清楚出现了什么情况，当然也就发现不了什么问题，即便发现了问题，不对问题出现的根本原因进行分析和研究，也就不能够正确地进行经营管理和决策。因此，市场调研是企业发现问题和解决问题的重要手段。

（三）市场调研是企业探索市场新机会和开发新产品的重要工具

企业不仅要生存，还要不断发展。企业要发展，就要不断扩大市场规模。企业可以通过市场调研，去了解不同层次、不同地区，甚至不同国家消费者的需求情况，探索不同条件下的市场新机会，开发新产品，从而满足不同消费者的多样化需求。因此，市场调研是企业探索市场新机会和开发新产品的重要工具。

（四）市场调研是科学制定经营管理决策的重要依据

企业的经营管理决策关乎企业的长远发展。市场瞬息万变，企业经营管理风险较高。降低企业经营管理风险有赖于企业制定科学的经营管理决策，而科学的经营管理决策要依赖于市场调研。通过市场调研，企业可以及时了解市场发展趋势和供求情况，并根据市场供需变化、消费者需求变化以及竞争者策略调整或完善经营管理方案和策略等情况，为经营管理决策提供可靠的依据。没有市场调研，企业就无法获得市场真实情况，制定经营管理策略就会失去可靠的依据和基础。

第二节 市场调研的分类和程序

  市场调研的类型

市场调研根据不同的标准可以划分为不同的类型。

（一）根据调研目的的不同进行分类

根据调研目的的不同，可以将市场调研分为应用性市场调研和基础研究性市场调研。

◆ **1. 应用性市场调研**

应用性市场调研是以更好地了解市场，发现问题及其产生原因，或减少经营决策中的不确定性等为目的所进行的市场调研。例如，华为 Mate Xs 2 手机到底如何定价？比亚迪应该为新款新能源轿车取一个什么名字？这些以解决某个具体的实际问题为目标或目的的市场调研都可以称为应用性市场调研。通常来说，企业所做的大多数市场调研都是应用性市场调研。

根据应用性市场调研的目的可以将市场调研分成以下三种类型。

一是计划性市场调研。它是指对细分市场的消费者消费态度、消费需求以及产品使用状况等的调研，目的是获取相关消费信息，以确定营销策略。例如，产品研发部门会关注消费者对现有产品的消费态度等，据此制定相应产品的开发决策；营销部门会关注新产品、广告宣传或包装的介绍。

二是选择性市场调研。选择性市场调研通常用于测试备选决策，即在计划性市场调研中确定几个可行措施或方案并进行调研，如测试新产品的概念、测试广告方案和试销等。

三是评估性市场调研。它适用于评价一项项目实施的效果和效率，包括顾客对企业服务质量的态度、跟踪广告回忆度。

经典案例1-1

阿里巴巴的新市场和新产品

2016年1月，阿里巴巴在上海创立第一家"O2O"生鲜超市——盒马鲜生。到2020年10月，盒马鲜生已开出了321家门店，覆盖了全国16个省份、24个城市。在4年时间，盒马鲜生成为生鲜电商行业里的一个强劲"玩家"。盒马鲜生是如何一步步打造自己的品牌的？又是否确实具有竞争优势呢？对行业、竞品、用户价值、商业价值、产品迭代以及产品结构等多维数据的调查研究发现，盒马鲜生是中国数字经济发展与农业转型升级相结合的产物。首先，从国家宏观政策角度看，2016年12月，商务部、中央网信办、发展改革委三部门印发《电子商务"十三五"发展规划》，把"十三五"时期看作是释放"互联网+"力量的重要时期，希望通过电子商务模式促进农业转型升级，联动城乡发展，借力电商来促进农林产品、加工品进城，形成基于电子商务的新型农业产业服务体系；其次，从目标消费者消费需求角度看，越来越多伴着互联网一起长大的90后成立家庭，更多的95后、00后成为劳动力，由于早已形成对互联网很强的依赖性，他们使生鲜电商的用户群体更加庞大，且随着可支配收入的增加，年轻用户的消费升级将为生鲜电商创造更大的营收空间；最后，从新技术、新产业发展角度看，生鲜产品具有易损耗、低保质的特性，而且具有即时性需求，这些都可以借助科技进一步赋能，在大数据时代下，生鲜电商可利用用户的消费数据、社区用户画像，优化选品，精准预估用户需求量，以减少损耗，提高库存周转率，并可通过线上智能调度系统，实现最优路线匹配和最优区域派单，提高配送效率。与此同时，我国的冷链技术正随着物流科技的进步得到发展和升级——未来随着物联网、区块链、智能化温控等前沿技术的应用和发展在冷链物流中进一步深入推广和应用。

资料来源：盒马鲜生——新零售背景下的新兴人物，https://www.cnsecc.com/doc_18250170.html。有改动。

◆ **2. 基础研究性市场调研**

基础研究性市场调研是指为了拓展新的知识领域，证明现有理论的正确性，或者对某一概念、现象进行深入了解和分析所进行的调研。例如，检验一个高度复杂的决策问题的假设，或者是检验一个关于消费者信息处理问题的假设。基础研究性市场调研有助于人们了解世界的本质和规律，大多数调研结果被刊登在一些学术期刊上，如《市场调研》《市场营销》等。

（二）根据调研功能的不同进行分类

根据调研功能的不同，市场调研可以分为描述性市场调研、诊断性市场调研和预测性市场调研。

◆ **1. 描述性市场调研**

描述性市场调研是通过对某一行业或某一产品状况的了解和描述，包括收集并呈现对事实的陈述，针对"是什么"或者研究对象的过去、现状以及趋势"怎么样"这样的问题进行的市场调研。例如，某行业或某产品历史销售情况是什么样的？现在销售如何？趋势是怎样的？消费者对某一种产品的态度和信念是什么？

◆ **2. 诊断性市场调研**

诊断性市场调研旨在分析和解释行业或产品状况产生的原因、存在的问题，是指在弄清楚"是什么""以及其状况""怎么样"的基础上，弄清楚"为什么"是这样的，是解释数据和分析数据的活动。比如，有的产品为什么滞销或畅销，有的用户为什么喜欢这种品牌而不喜欢其他品牌，产品的质量、价格、包装、服务等对销售量到底有什么影响及影响程度。

◆ **3. 预测性市场调研**

预测性市场调研旨在根据已有信息对未来变化和趋势做出判断，它所回答的问题是"未来市场前景如何？""未来市场趋势是怎么样的？""有什么样的新机会？"例如，中国网文出海的核心发展目标，是发挥网络文学形式对中华优秀传统文化的传承作用，推动"一带一路"沿线国家文化交流合作。未来网文出海的趋势如何，可以根据对中国网文出海过去、现状的分析进行预测。例如，更加重视海外原创作品的全IP打造，通过将网络文学IP与影视、动漫、游戏、周边等多元产品相融合，放大IP的影响力，延长网文出海产业链。

> **经典案例1-2**
>
> 小米生态链紧跟时代主旋律　把握消费者变化趋势
>
> "踩准时代的旋律，心无旁骛地做好产品"是小米生态链的核心理念。在小米生态链团队看来，一个好的产品经理首先要理解一个时代的主旋律，理解消费的变化趋势；其次是看清产业的现状和问题；最后才是要做高品质的产品。
>
> 小米用这样的对比数据得出未来10年人口红利在消费中爆发：
>
> 在美国，平均每人每年用掉15条毛巾；在中国，平均每人每年用掉2条毛巾。
>
> 美国人使用电动牙刷的人数比例为42%，中国仅为5%。
>
> 使用漱口水的美国人比例为56%，中国为6%。
>
> 使用牙线的美国人比例为72%，中国为1%。
>
> ……
>
> 上面这些数据中有两个信号：一是我们的大消费时代还没有爆发，很多产品品类还没有被普及；二是中国人口是美国的很多倍，每一种被普及的产品都将有巨大的人口红利。
>
> 资料来源：《小米生态链战地笔记》，小米生态链谷仓学院著。有改动。

二、决定是否进行市场调研的因素

对于一个特定问题，管理者面临多种解决方案时，到底要不要开展市场调研，需要考虑以下几个方面的因素。

（一）预算因素

组织开展市场调研需要必要的人、财、物等多方面的资源，如果要对一个特定的问题进行调查研究，首先考虑的就是是否有预算、预算有多少。如果一个项目要求样本达到800名被调研人员，但预算只允许调查50个人，那么就很难保证信息的质量。另外，如果有足够的预算组织开展调查研究，但后期缺乏足够的资金去实施调查研究所产生的决策，那么这个调研结果也只能"束之高阁"。因此，在决定要不要开展市场调研之前，管理者首先要考虑的就是预算够不够、预算能否保证调研结果的落地实施，否则就没有必要开展市场调研工作。

（二）调研结果作用的大小

调研结果作用的大小取决于调研结果与企业特定目标的一致性。如果二者之间的一致性较好，也就是说，调研结果为企业特定目标的实现提供了有效的信息或线索，那么，就可以说调研结果对管理者来说是有价值的，充分发挥了调研的作用。反之，调研就没有什么价值和作用。例如，一个自卑、内向但渴求成功的男子最可能使用票据贴现经纪服务，但是，这个信息对于中信理财贴现经纪服务的管理来说并没有什么价值。

（三）切入市场的时机是否合适

市场是人们用来交换产品或服务的场所，只有及时了解市场、掌握市场有效信息，企业才能做出正确的经营管理决策。如果已经错过进入某一市场的时机，就不应该开展市场调研。如果产品还处于生命周期的成熟期或衰退期，此时就不需要做产品导入调研。如果对于已上市的产品需要了解消费者的需求情况，或者需要调整产品来适应消费者的新需要，实施市场调研是有必要的。

（四）必须做的还是可做可不做

有些企业对某个市场已经研究了很多年，对目标市场有充分的了解，并对消费者的特征和消费需求偏好也很清楚。在这种情况下就不需要再进行市场调研了。

（五）成本收益是否合理

进行市场调研不仅需要专业人员进行周密的准备、撰写实施方案，还需要一定的经费预算。如果与要进行决策相关的进一步信息可以免费获取，企业管理者当然就不会支持进行市场调研。只有当信息的预期价值大于获得信息的成本时，调研才应当进行。因此，是否要开展一项市场调研，务必计算获取信息的成本收益。

三、组织开展市场调研的程序

当确定要开展市场调研之后，需要按照市场调研程序进行调研。通常来说，企业开展市场调研可以采用两种方式：一是委托专业市场调研公司来做；二是企业自己来做，企业可以设立市场研究部门负责此项工作。但无论采用哪种市场调研方式，都应该遵循一定的市场调研程序进行调研。一般而言，市场调研工作的基本过程包括六个环节或步骤，即明确调研目标和内容、设计调研方案、制定调研工作计划、组织实地调研、调研资料的整理和分析、撰写调研报告。市场调研程序如图 1-1 所示。

（一）明确调研目标和内容

市场调研的一般过程中首要的工作是明确调研目标和内容。调研的一切活动都围绕着目标而展开，企业的需求不同，市场调研的目标不同。同时，要根据调研目标确定调研的内容，对调研内容的调研需要切实可行，在规定的时间内完成，并能够获得科学、客观的资料，有助于企业解决自身存在的问题。

（二）设计调研方案

一个完善的市场调研方案一般包括以下几个方面的内容。

◆ **1. 调研的目的要求**

根据市场调研目标，在调研方案中列出本次市场调研具体要解决的问题，此次调研需要达到什么样的目的，进而围绕这一目的确定调研的其他要素。例如：本次市场调研的目的是了解某产品的消费者购买行为和消费偏好情况等。

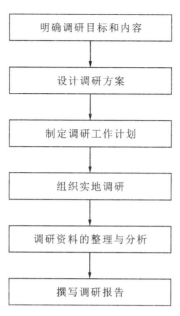

图 1-1 市场调研程序

◆ **2. 调研的内容**

调研的内容是收集资料的依据，是为实现调研目标服务的，可根据市场调研的目的确定具体的调研内容。如调研消费者行为时，可按消费者购买、使用、使用后评价三个方面列出调研的具体内容。调研内容的确定要全面、具体、条理清晰、简练，避免面面俱到、内容过多、过于烦琐，避免把与调研目的无关的内容列入其中。

◆ **3. 调研的具体对象**

市场调研的对象在多数情况下为消费者、零售商、批发商。零售商和批发商为经销调研产品的商家，消费者一般为使用该产品的消费群体。在以消费者为调研对象时，要注意到有时某一产品的购买者和使用者不一致，如对婴儿食品的调研，其调研对象应为孩子的母亲。此外，还应注意到一些产品的消费对象主要是某一特定消费群体或侧重于某一消费群体，这时调研对象应注意选择产品的主要消费群体，如对于化妆品，调研对象主要选择女性；对于酒类产品，调研对象主要为男性。

◆ **4. 调查表**

调查表是市场调研的基本工具，调查表的设计质量直接影响到市场调研的质量。设计调查表要注意以下几点。

（1）调查表的设计要与调研主题密切相关，重点突出，避免可有可无的问题。

（2）调查表中的问题要容易让被调研者接受，避免出现被调研者不愿回答或令被调研者难堪的问题。

（3）调查表中的问题次序要条理清楚、顺理成章、符合逻辑顺序，一般可遵循以下原则：容易回答的问题放在前面，较难回答的问题放在中间，敏感性问题放在最后；封闭式问题在前，开放式问题在后。

（4）调查表的内容要简明，尽量使用简单、直接、无偏见的词汇，保证被调研者能在较短的时间内完成调查表。

◆ 5. 调研的地区范围

调研的地区范围应与企业产品销售范围相一致。当在某一城市做市场调研时，调研范围应为整个城市，但由于调研样本数量有限，调研范围不可能遍及城市的每一个地方，一般可根据城市的人口分布情况，主要考虑人口特征中的收入、文化程度等因素，在城市中划定若干个小范围调研区域，划分原则是使各区域内的综合情况与城市的总体情况分布一致，将总样本按比例分配到各个区域，在各个区域内实施访问调研。这样可相对缩小调研范围，减少实地访问工作量，提高调研工作效率，减少费用。

◆ 6. 样本的抽取

调研样本要在调研对象中抽取，由于调研对象分布范围较广，应制定一个抽样方案，以保证抽取的样本能反映总体情况。样本的抽取数量可根据市场调研准确程度的要求确定，市场调研结果准确度要求愈高，抽取样本数量应愈多，但调研费用也愈高，一般可根据市场调研结果的用途情况确定适宜的样本数量。实际市场调研中，在一个中等以上规模城市进行市场调研，按调研项目的要求不同，可选择200～1 000个样本。样本的抽取可采用统计学中的抽样方法。具体抽样时，要注意对抽取样本的人口特征因素的控制，以保证抽取样本的人口特征分布与调研对象总体的人口特征分布相一致。

◆ 7. 资料的收集和整理方法

市场调研中，常用的资料收集方法有调查法、观察法和实验法。一般来说，前一种方法适用于描述性研究，后两种方法适用于探测性研究。企业做市场调研时，普遍采用调查法。调查法又可分为面谈法、电话调查法、邮寄法、留置法等。这几种调查法各有优缺点，适用于不同的调研场合，企业可根据实际调研项目的要求来选择。资料的整理一般可采用统计学中的方法。利用Excel或SPSS软件，可以很方便地对调查表进行统计处理，获得大量的统计数据。

（三）制定调研工作计划

◆ 1. 组织领导及人员配备

可由企业的市场部或企划部来负责调研项目的组织领导工作，针对调研项目成立市场调研小组，负责项目的具体组织实施工作。

◆ 2. 访问员的招聘及培训

访问员可从高校经济管理类专业的大学生中招聘，根据调研项目中完成全部问卷所需要的实地访问的时间来确定每个访问员每天可完成的问卷数量，核定需招聘访问员的人数。对访问员须进行必要的培训，培训内容包括：① 访问调研的基本方法和技巧；② 调研产品的基本情况；③ 实地调研的工作计划；④ 调研的要求及要注意的事项。

◆ 3. 工作进度的安排

针对市场调研项目整个进行过程安排时间表，确定各阶段的工作内容及所需时间。一般来说，市场调研包括以下几个阶段：① 调研工作的准备阶段，包括调查表的设计、抽取样本的设计、访问员的招聘及培训等；② 实地调研阶段；③ 问卷的统计处理、分析阶段；④ 撰写调研报告阶段。

◆ **4. 费用预算的确定**

市场调研的费用预算主要有调查表设计印刷费、访问员培训费、访问员劳务费及礼品费、调查表统计处理费用等。企业应核定市场调研过程中将发生的各项费用支出，合理确定市场调研的总费用预算。

（四）组织实地调研

市场调研准备阶段的各项工作完成后，开始进行问卷的实地调研工作。组织实地调研要做好两方面工作。

第一，做好实地调研的组织领导工作。实地调研是一项较为复杂烦琐的工作，要按照事先划定的调研区域确定每个区域调研样本的数量、访问员的人数、每位访问员应访问样本的数量及访问路线，每个调研区域配备一名督导员；明确调研员及访问员的工作任务和工作职责，做到工作任务落实到位，工作目标、责任明确。

第二，做好实地调研的协调、控制工作。调研组织人员要及时掌握实地调研的工作进度情况，协调好各个访问员间的工作进度；要及时了解访问员在访问中遇到的问题并帮助解决，对于调研中遇到的共性问题，提出统一的解决办法。每天访问调研结束后，访问员要首先对填写的问卷进行自查，然后由督导员对问卷进行检查，找出存在的问题，以便在后面的调研中及时改进。

（五）调研资料的整理和分析

实地调研结束后，即进入调研资料的整理和分析阶段。收集好已填写的调查表后，由调研人员对调查表逐份进行检查，剔除不合格的调查表，然后将合格调查表统一编号，以便于调研数据的统计。调研数据的统计可利用 Excel 软件完成；将调研数据输入计算机，经 Excel 软件运行后，即可获得已列成表格的大量的统计数据，利用上述统计结果，就可以按照调研目的的要求，针对调研内容进行全面的分析工作。

（六）撰写调研报告

撰写调研报告是市场调研的最后一项工作内容，市场调研工作的成果将体现在最后的调研报告中，调研报告将提交企业决策者，作为企业制定市场营销策略的依据。市场调研报告要按规范的格式撰写，一个完整的市场调研报告由标题、目录、概要、正文、结论和建议、附件等组成。

经典案例1-3

电子优惠券为何成为一种时尚？

现在的商业市场，不管是淘宝、京东，还是朴朴超市、盒马鲜生，或美团外卖等平台，都将优惠券上升到一个高度，增加了各式各类的模式与玩法，将满减牢牢地刻在我们的心中，使得消费者不管买什么东西都尽可能去找优惠券。既然消费者都喜欢优惠券，那么商家有利可得吗？研究表明，不仅消费者喜欢优惠券，对于商家来说，优惠券其实也是一种常见的营销方式，运用得好就能帮助商家提高转化率、复购率以及客单价。很多电商平台都在思考如何将优惠券的效果发挥最大。

有人会问，为什么不直接选择降价而用优惠券呢？简单来说，是因为优惠券更能刺激用户，使用户因冲动而消费。例如，你在网上购物时刚好领取了满299元减150元的优惠券，当你购买价格达不到299元时，是不是会为此"凑单"？大部分人是会的。

电子优惠券便捷与及时触达客户的特性是一个非常好的流量入口，在降低成本的同时有利于沉淀用户，提高复购率，帮助商家形成一个消费闭环，再结合各种营销小道具可帮助商家实现高收益。

资料来源：优惠券如何效益最大？https：//www.sohu.com/a/625302531_688680？scm＝1019.20001.1085002.0.0&spm＝smpc.csrpage.news-list.5.1673177396630uTZdDMR。有改动。

问题与思考

1. 天猫会像京东一样使用优惠券战略吗？
2. 你认为京东在实施优惠券战略之前需要做更多的市场调研吗？如果是，需要知道些什么？
3. 你认为实施市场调研对零售电商平台是必需的吗？为什么？

数字资源1-2
经典案例1-3
问题参考答案

第三节 市场调研的产生、发展与职业道德

一、市场调研的产生与发展

市场调研作为一种获取市场有效信息的手段，随着商品经济的产生而产生，并随着商品经济的发展而发展。在自给自足的自然经济环境下，由于生产力水平低下，人们生产出来的产品只能满足自己的需要，没有市场，更不需要对市场进行调研。随着生产力水平和劳动者劳动效率的提高，商品经济产生，人们生产出的产品不仅能够满足自己的需要，还可以进入市场进行交换。市场出现后，市场信息收集工作的重要性凸显，市场调研得以发展。18世纪出现的工业革命使得西方市场经济得到快速发展，市场规模不断

扩大，市场上的竞争也日益激烈。对于企业而言，只有及时了解市场动态，准确把握掌握市场需求，才能生产出适销对路的产品，企业才能生存下来并得到发展，由此市场调研得到进一步发展。直到20世纪初，随着市场调研给企业带来更多竞争优势，市场调研作为一门学科逐渐得以建立和完善，并随着统计学方法的改进和计算机的普及应用得到了快速发展。

（一）市场调研在世界范围内的发展

市场调研在世界范围内的发展可以分为四个阶段。

◆ 1. 建立阶段

20世纪初到20世纪30年代是市场调研的建立阶段。在这一阶段，消费者需求的不断增大和大规模生产的发展，促使更大的市场出现。为获取市场中消费者购买习惯和对企业生产产品的需求态度等信息，市场调研作为一个行业在各个领域得到了蓬勃发展，美国的一些大学为此专门成立了市场调研所，一些企业也成立专门的市场调研机构。1907—1912年期间，美国的哈佛商务学校创建了市场调查所。1918年西北商业学校创建了所属的商务调查所。1911年美国纽约的柯蒂斯出版公司建立第一家正式的市场调研机构，该机构主要针对汽车行业进行调研，调查研究目标消费者的消费需求和消费偏好，以便实施更有利的促销策略。在市场调研的建立阶段，实地调查法、观察法、实验法逐渐应用于解决商业问题，这样企业可以定期对市场进行连续、定期的分析，并在总体上了解和掌握市场和行业不断变化的环境。20世纪30年代末，问卷调查法得到了广泛使用，使得市场调研作为正式课程在大学得到普及。

◆ 2. 发展成熟阶段

20世纪30年代末到20世纪50年代是市场调研的发展成熟阶段。在这一阶段，人们不再满足于在市场调研中做简单分析，而是将统计和数学方法运用于市场调研中，市场调研逐渐由一门不成熟的学科演变为一个界定清楚的专业。20世纪40年代，在罗伯特·莫顿的领导下，焦点小组访谈法发展起来。到了20世纪40年代末，随机抽样的重要性得到广泛认识，在抽样方法和调查过程等方面取得了很大进步。在市场调研发展成熟期，广泛应用和发展的调研技术和方法包括配额抽样、随机抽样、消费者固定样本调查、问卷访问、统计推断、回归分析、简单相关分析、趋势分析等。

◆ 3. 大发展阶段

20世纪50年代后，由于卖方市场向买方市场转变，企业更加重视通过市场调研获取更好的市场情报，以便生产出与市场需求相匹配的产品，满足消费者的需要。在这一阶段，各种调查技术，如动态分析、运筹学运用、态度量表、多元回归分析、数理模式、计算机模拟、经济计量模型、决策理论和方法都得到创新和发展。更为重要的是20世纪60年代计算机的普及又促进了各种分析工具，如SPSS、SAS等的应用。这些分析工具提高了分析速度、简化了分析过程，进一步推动了市场调研业的电脑化。

◆ 4. 互联网与大数据背景下的发展阶段

互联网给市场调研带来了意义深远的改变。已有调研数据显示，94%的调研公司在进行线上调研。一些调研公司正在利用智能手机、iPad等移动终端进行移动访谈、数据收集和信息管理。进入21世纪，市场调研中最热的行话是大数据分析（指大量信息的积累和分析)。数据分析师可以通过计算机网络技术分析 YouTube 视频、社交媒体的文章、网页点击行为、GPS 追踪数据、卫星影像、店内跟踪摄像等巨量用户网络行为数据。

(二) 市场调研在我国的发展

我国市场调研业的发展在借鉴世界各国发展方式的基础上,又有根据我国国情和经济、政治体制不同的创新,具有明显的中国特色。特别是随着我国经济的高速发展和科技的迅速迭代更新,我国市场调研业发生了巨大的变化。一方面,本土企业市场调研意识不断增强,促进市场调研业快速发展;另一方面,互联网与大数据快速发展,助力调研行业规模持续增长。

市场调研在我国的发展可以分为三个阶段。

◆ 1. 初创阶段

自中华人民共和国成立至改革开放前是我国市场调研业的初创阶段。中华人民共和国成立以后,政府部门是进行市场调研的开山鼻祖和主导力量。国家、地方、各部门都设立了统计机构,开始对国民经济、社会发展等资料进行全面收集、整理和分析,以了解城市职工生活状况及市场变动。同时,少数企业也开始设立了专门的调研机构,并由专门的调研人员从事市场调研。在这个阶段,对市场经济和市场信息的认识不足,市场调研也没有得到足够重视,业务范围也基本局限于政府市场调研的范围,市场调研业暂时还没有得到发展。这是我国市场调研业在初创阶段的主要特征。

◆ 2. 规范和发展阶段

20 世纪 80 年代中期到 20 世纪 90 年代末,市场调研业在我国得到了迅速的发展。在这个阶段,市场调研作为一个行业正式建立,并且由原来的政府主导转变为政府和市场调研公司共同发展。1987 年 8 月,广州市研究公司作为我国第一家专业性市场调研公司正式注册。进入 20 世纪 90 年代后,北京、上海和广州等国内较发达城市先后创建了一批商业性的专业市场调研公司。同时,国际上有影响力的跨国调研公司,如盖洛普、麦肯锡公司等,纷纷进入我国开展业务。根据《中国信息报》报道,1995 年我国市场调研业的营业额为 3.5 亿元,相较于 1990 年增长了 30 多倍。根据相关资料,1997 年我国市场调研业的营业额为 4.5 亿元,1999 年约为 11 亿元,2001 年超过 19 亿元,2003 年已经达到 32 亿元。可见,进入 20 世纪 90 年代后,市场调研业在我国一直处于高速发展的阶段,年平均增长率一直保持在 20% 以上。

◆ 3. 互联网和大数据背景下的高质量发展阶段

21 世纪初至今,在互联网和网络新技术的加持下,我国市场调研业逐渐走向互联网化,当下又在向数字化转型,不同类型的市场调研齐头并进迈向高质量发展阶段。在加入 WTO 后,我国市场进一步开放,大量外国企业涌入国内市场,我国市场调研业也得到了蓬勃发展,市场调研机构也如雨后春笋般出现。2000 年中国市场调查协会调查数据显示,我国已有调研机构近千家,其中专业性调研机构只有 400~500 家。到 2005 年,根据《中国信息协会市场研究分会第四届双年会开幕式致辞》,我国已经有 2 000 家左右专业市场与媒介研究公司服务于国内外大大小小、无以计数的各种营利和非营利机构。2016 年后,随着互联网的普及和网络技术的快速发展,调研行业内部出现了新一轮的调整和转变,超大型调研公司比重大幅降低,中型调研公司迅速增长,整个行业逐步走向全面互联网化。近年来，随着国内市场逐渐由增量市场转变为存量市场，市场调研的种类与日俱增，传统调研公司的数字化转型加速进行。在移动互联网、5G、大数据、云计算等新技术的加持下，市场调研行业可以对海量市场数据进行收集汇总和分析，进一步获取更加准确、真实的数据，从而对消费者行为和市场趋势进行精准营销和市场预测。

二、市场调研的职业道德

（一）市场调研职业道德的含义

道德是指人们共同生活及其行为的准则和规范，它通过社会或一定阶级舆论对社会生活起约束作用。职业道德作为道德的一个分支，是人们在职业生活中的道德规范，是指人们在从事一定职业的特定工作中，应当遵循的道德要求、行为准则和规范。职业道德与一般道德的区别主要体现在职业道德的职业性或行业性方面。一般道德调整的是整个社会人们之间的关系；而职业道德调整的是行业或职业之间、员工之间、从业者与服务对象之间的关系，并且不同行业或职业具有不同的职业道德规范和要求。

对于市场调研业来说，市场调研职业道德是市场调研主体在从事市场调研活动中所应当遵循的基本道德要求、行为准则和规范，主要包括对科学性操作的承诺、对诚实研究的承诺、对公平交易的承诺、对公众利益的承诺以及对公众和私人利益服务的承诺等五个方面的内容。市场调研职业道德主要调节三种关系：一是调研者与被调研者之间的关系；二是调研者与委托人之间的关系；三是调研者个人与调研团体之间的关系。

（二）市场调研职业不道德行为的表现

市场调研职业道德用来规范和应对处理市场调研活动中的各种不道德行为。在市场调研活动中，市场调研不道德行为包括如下几类。

（1）针对市场调研公司的不道德行为主要表现为：虚假报价，调研带有主观性，粗暴对待被调研人员，出售无意义的调研结论，侵犯客户机密等。

数字资源 1-3
市场调研职业
不道德行为案例

（2）针对市场调研客户的不道德行为主要表现为：通过招标获取免费的建议和改进方法；未经市场调研公司同意，将市场调研公司的方案、报价、研究技术细节和有关记录对外披露；未征求调研人员的意见，公布调研结果；追查被调研人员的相关信息。

（3）针对市场调研活动过程中的不道德行为主要表现为：选用职业的受访者和未经证实的数据。

（三）市场调研职业道德的基本遵循

市场调研活动一旦开始组织实施，委托人与受托人之间就形成了一种对等互换的关系，彼此之间应该对市场调研活动操作的科学性、研究的诚实性、交易的公平性以及对公众或个人最大利益性等做出承诺，互相协作、配合和信任，并遵守各自的道德准则。总的来说，市场调研活动应该遵循以下道德准则。

（1）在调研者与被调研者的关系中：一是在调研开始前对被调研者就调研目的、数据用途以及为什么调研进行简要介绍;二是要确保被调研者完全出于自愿而不是迫于压力参与调研;三是在调研过程中注意调研用词,避免冒犯他人,尤其注意对特殊人群的用词。

(2)在数据收集和处理过程中:一是要具备有关数据安全和数据储存的技术解决方案;二是在问卷设计中避免出现逻辑混乱、语言模糊;三是采用科学的调研技术和方法确保调研结果的正确性和科学性。

(3)在调研者与委托人(赞助者或客户)的关系中:一是应尽可能向委托人展示调研所采用的方法、样本选择及大小、数据处理过程;二是诚实地解释研究的局限性及可能需要进一步观察和研究的部分;三是对所掌握的所有研究记录和相关信息保密,确保不损害委托人及被调研者的利益。

经典案例1-4

市场调研公司类别及常设职位

目前,世界上每年有超过 320 亿美元被花在营销、广告或公众态度的研究上。世界上最大的 25 家市场调研公司的年收入占到全球调研费用的 58%。全球最大的 25 家市场调研公司中,有 16 家总部在美国,其他总部在中国、日本、英国、法国等。表 1-1 和表 1-2 分别呈现了市场调研公司的主要类型、市场调研公司的主要岗位及职责。

表 1-1 市场调研公司的主要类型

市场调研公司类型	活动、功能和服务
外资市场调研公司	如尼尔森、益普索、捷孚凯、麦肯锡公司,等等。其中,尼尔森公司是全球首屈一指的媒介和资讯公司,其业务遍布全球 100 多个国家,总部位于美国纽约。提供全球领先的市场资讯、媒介资讯、在线研究、移动媒体监测、商业展览服务以及商业出版资讯服务
合资市场调研公司	如北京新生代市场监测机构有限公司(简称新生代公司)。新生代公司成立于 1998 年,2003 年引进外资,成为中外合资企业。新生代公司从 1998 年开始持续跟踪和监测中国市场的变迁,记录中国市场的风云变幻,洞察市场和消费者,协助客户在商战中制定成功决策
	如央视市场研究股份有限公司(CTR)(总部位于北京)。CTR 是中国领先的市场研究公司,成立于 1995 年,2001 年改制成为股份制企业。业务内容覆盖消费者固定样组和个案研究、媒介与产品消费形态研究、媒介策略研究、媒体广告及新闻监测,可提供连续性的多客户研究,还可以为不同客户提供量身定制的具有针对性的解决方案

续表

市场调研公司类型	活动、功能和服务
民营市场调研企业	如深圳中为智研咨询有限公司、广州策点市场调研有限公司、赛立信研究集团等。其中，深圳中为智研咨询有限公司是中国领先的产业与市场研究服务供应商，公司围绕客户的需求持续努力，与客户真诚合作，在行业调查报告、行业研究报告、市场调查分析报告、商业计划书、可行性研究、IPO咨询等领域构筑了全面专业优势。广州策点市场调研有限公司成立于2010年，是国内具有较强竞争力的跨行业市场研究公司，基于基础市场数据的采集，为企业提供决策支持，从而让企业更了解市场；擅长领域为满意度研究、消费者研究、公共服务研究、市场进入研究、房地产专项研究、行业研究等，总部位于广州，在成都、南京、北京均有分公司

资料来源：市场调查机构有哪些？https：//xue.baidu.com/okam/pages/strategy-tp/index?strategyId=133258800892811&source=natural。有改动。

表 1-2　市场调研公司的主要岗位及职责

主要岗位	岗位职责
调研公司总裁	调研公司总裁是公司经营决策和业务执行的最高领导，是公司的法定代表人，主要负责公司的组织、经营、管理、决策以及人事任免，协调各部门关系，领导制定公司基本管理规章制度并确定人员职责，对外代表公司进行联络
调研部主任	调研部常根据具体的内容设置若干研究部门，如市场环境研究部、市场价格研究部等。调研部主任负责承担调研项目，审查项目经理拟定的调研方案、调查问卷、调查进度及提交的调查报告等，领导制定调研规程并组织实施，对调查项目的执行进行监督管理
项目经理	项目经理是调研公司的高级研究人员，专门对某一具体调研项目负责。项目经理负责自项目设计至主报告提交全过程的工作，向客户汇报调研结果、提供咨询服务
数据处理专家	数据处理专家主要负责调研数据的处理。他们通常借助电子计算机，运用统计分析软件，对数据进行各种分类汇总，制作统计图表，进行统计分析
分析师	分析师的主要任务是对经过处理的数据进行分析，发现市场中存在的问题及规律，预测市场的未来走势，提出相应的对策及建议。根据职业等级不同，分析师可以分为高级分析师、中级分析师、初级分析师

续表

主要岗位	岗位职责
调查实施部主任	调查实施部主任一般要同时负责多个项目的实施，其职责主要是深入了解调查项目的性质、目的以及具体的实施要求。规模不大的市场调研组织，调查实施部主任往往就是项目主管
运作督导员	运作督导员是调查员的直接管理者，在调查实施部主任的领导下，具体负责调查员的招聘和督导培训，对调查员的工作进行指导、监督和检查
调查员	调查员通常包括专职调查员和兼职调查员。调查员的工作就是采集资料，即对被调查者进行调查访问，获取原始资料和数据
电脑录入员	电脑录入员主要负责对收集的资料进行编码，并将数据录入电脑，以便研究人员进行统计分析处理。此外，他们也常负责一般资料性文件的电脑编辑、打印工作
资料员	资料员负责一般性的商业资料的收集、分类、整理和归档，以便研究人员查询。一个公司要有一个或一个以上的资料员，且资料员要具备档案管理方面的经验

资料来源：《市场调研与分析》，陈凯主编。有改动。

经典案例1-5

把羽绒服"卖给夏天"，他是怎么做到的？

新加坡是一个没有冬天的城市，但芮默·卢福尼却想在这里卖出他的羽绒服。2015年9月，他在新加坡的ION Orchard购物中心开设了一家卢福尼专卖店。

卢福尼品牌曾是法国一个主打户外运动的羽绒服品牌，后来在"接盘侠"芮默的运作下打造时尚单品，并以每件上万元的定价，跻身轻奢领域。但这还不足以说明芮默的商业才能。他最值得称道的是，将羽绒服卖到拥有暖冬的热带城市，而且还打破羽绒服的季节限制，让羽绒服在春夏之际进入消费者的购物清单。这不是简单的销售技巧，需要从产品到营销进行系统考量。芮默是如何运筹帷幄，决胜于冬季之外的？

卢福尼品牌在新加坡的专卖店位于著名的商业街乌节路，店面装潢极力在温暖热闹的新加坡街头营造出一抹冬日的意境。白色纹路、略带3D效果的大理石地板让人感觉像是站在雪地上,墙面展示区悬挂的也是雪山的照片,再加上整体黑白色调给人高山般纯净雄浑之感,很容易让人产生放下工作、立马飞去冰雪世界滑雪度假的冲动。

这是芮默的小心机,他洞悉了生活在热带的人对冰雪的憧憬。

卢福尼品牌为了拓展市场,加大了对户外运动诉求的营销。2014年,探险家们身披卢福尼品牌的羽绒服攀登乔戈里峰,这是卢福尼品牌第二次登上乔戈里峰。早在创立之初,卢福尼品牌就备受探险家的推崇,常常跟随探险者出现在喜马拉雅山、喀喇昆仑山、阿拉斯加山脉顶峰这样的高海拔极寒之地。芮默希望人们能想起卢福尼品牌曾经的荣耀,在户外运动、探险度假时将卢福尼品牌作为必备的装备。2015年底,芮默还邀请意大利著名探险家迈克尔·蓬特兰多尔福跟卢福尼品牌一起,完成南极洲跨年之旅。不仅如此,2015年的最后一个月,卢福尼品牌还推出了一组名为"激情运动,燃情人生"的纪录片。这部纪录片以运动爱好者挑战不可能为主题,试图激发出平凡人生中的澎湃激情。配合这些营销活动推出的是卢福尼Grenoble专业登山滑雪系列服饰。该系列是卢福尼品牌不可或缺的经典,强调卓越的防寒性能。除了卢福尼Grenoble,芮默还试图通过开发周边产品,为消费者提供更好的户外体验。置身于冰天雪地的消费者,不仅穿着卢福尼品牌的羽绒服,还佩戴着卢福尼品牌的太阳镜,拉着卢福尼品牌的箱包。

2015年,卢福尼品牌和德国百年相机品牌Leica合作推出Leica X "Edition Moncler"相机,全球限量1 500部。其机身是皮革质地,印有蓝、白、红三色条纹,看上去像给相机穿了一件时尚的羽绒服。开业三个多月,卢福尼新加坡专卖店的表现没有让芮默失望,于是2015年10月他又接连在匈牙利布达佩斯和意大利都灵开设了新的专卖店。这两个城市的冬季都不寒冷。

羽绒服是季节性商品。国内羽绒服品牌的销售期通常只有9个月,每年的6月至8月,一些品牌会选择把店铺转租出去,但芮默希望能冲破这种限制。他首先在需求上寻找突破口。北半球的商务人士很有可能在7、8月间前往南半球公干,截然相反的季节会让他们产生对羽绒服的需求。于是卢福尼品牌推出商务款,不仅能满足他们对羽绒服轻便易携带的需求,还能适用于稍微正式的场合。其次在材质和技术上寻找突破口。2014年,优衣库等快时尚品牌的轻薄羽绒服颇受青睐。但事实上,2009年卢福尼品牌就已经推出重量只有150 g的超轻羽绒服。这款羽绒服专为暖冬设计,也适合略微寒冷的春秋季节。为了达到轻薄的效果,卢福尼品牌使用非常优质的,被称为"四片绒"的法国产羽绒,它既能起到很好的保暖效果,又极其轻薄。卢福尼品牌有一套独创的填充系数,羽绒填充量甚至精确到每平方厘米。不同面料、不同风格的衣物每平方厘米衣物所填充的羽绒均有精确的数学比例可供遵循。这样就能用最少的重量,达到最好的保暖效果。此外,卢福尼品牌还有一套独特的绗缝技艺,经此工艺制造而成的羽绒服,男款仅重220 g,女款则重160 g。最后在陈列时用一些巧思。比如让轻薄的夹克、羽绒背心同连衣裙、短装一起亮相。这样可以把羽绒服当成一件可以搭配的单品来对待。消费者可能因为搭配的美感,而在购买裙子、短装时将羽绒服一并放入购物车。

2015年的纽约时装周期间,卢福尼品牌在纽约市第五大道与第四十二大街交汇处的纽约公共图书馆举办了一场名为"ART FOR LOVE"的摄影展。来自不同国家的32位摄影大师以卢福尼品牌羽绒服为载体,表达自己对爱和人生的感悟。总之,芮默希望卢福尼品牌的羽绒服能引领消费者对时尚的追求。因为要把羽绒服卖到没有冬天的地方去,这是基础。

资料来源:靠羽绒服打拼天下,卢福尼凭什么这么红? http://www.yifu.net/detail/news_23640.html,有改动。

问题与思考

你认为芮默的成功之处在哪里?他具备哪些优秀的市场调查能力?

数字资源 1-4
经典案例 1-5
问题参考答案

本章小结

返回到情景导入的案例中可以看到,健力宝公司委托优秀的市场调研团队进行调研发现,决策者精准的判断和决策离不开市场调研。从管理学角度来看,决策者派遣不同的推销员去了解市场,得到了不同角度的市场信息,通过对反馈回来的信息进行深入剖析,得到最为有利的信息资源。从市场调研员的角度分析,作为专业的市场调研从业者,对一个市场的判断,不仅仅要有敏锐的市场直觉与敏感度,更要做详细而深入的实地调研,并要在充分了解消费者习惯、当地消费习惯、消费群体动态需求、竞争者动向等的基础上提出可行性方案。

由此可见,市场调研是一个"把脉"市场的工具和手段,要透过现象看本质,善于收集数据、总结分析,做出准确判断。通过对本章的学习,学生应了解市场调研与企业管理决策之间的关系、市场调研的定义、市场调研的作用以及中国市场调研业的发展变化与市场调研岗位职责,激发对市场调研工作的兴趣,提高后续学习市场调研方法和技术的积极性、自觉性和主动性。

复习思考

1. 解释市场调研与企业管理决策之间的关系。

2. 为什么市场调研对企业管理者来说很重要？请给出一些原因。

3. 对以下几个对象进行市场调研时你会注意到哪些不同？① 零售商；② 消费品生产商；③ 工业品生产商；④ 学校；⑤ 儿童福利院。

4. 列举市场调研职业不道德行为的具体表现。

数字资源1-5

第一章
"复习思考"
问题参考答案

第二章
确定市场调研方案

学习目标

1. 理解市场调研目标的确定。
2. 掌握市场调研方案的设计。
3. 掌握市场调研方案的评价标准。
4. 熟悉中国企业如何识别市场调研问题。

情景导入

小米公司成功走上国际市场带来哪些启示？

小米公司是国内第一家利用智能手机互联网拓展业务的创新型科技企业，并且通过实施国际化战略得到了快速的发展。2014年初，小米公司首先进入新加坡市场，随即与运营商新加坡电信、星空传媒和M1达成产品分销的相关协议。2014年7月，小米公司在印度开设了第一家公司，同时发布了首款智能手机小米Mi3。2017年11月，小米公司以西班牙为切入点进入西欧市场。小米公司在西班牙的线上业务与Ingram Micro和阿里全球速卖通在产品销售、配送以及售后服务等方面进行合作。海外市场的扩张已经成为小米公司发展的新增长点。2020年全年小米公司在多个国家的海外销售位列当地前五名。

那么，小米公司为了成功走上国际市场，做了些什么？一是探索新兴市场作为目标市场。对目标市场、进入模式以及具体实施策略等进行充分调研，结合企业实际情况做出决策。二是分析新兴目标市场消费者消费习惯和偏好，了解消费者消费行为，明确自身品牌定位。当产品的广告、包装、设计、口号等有听觉和感官效果时，产品才能根植于消费者的心中。三是选择"互联网＋"营销模式，降低营销成本和生产成本，并以小米公司独创的互联网饥饿营销、口碑营销等模式，获得最大的产品收益。此外，小米公司注重开发自主知识产权，建立国际战略联盟。

资料来源：1.《国际化战略下小米公司的海外市场进入浅析》，邓晓诗。有改动。

2. 成功走上国际市场，小米公司，给我们带来哪些启示：https://baijiahao.baidu.com/s?id=1716854263724572200&wfr=spider&for=pc。有改动。

问题与思考

从小米公司的国际化战略来看，我们可以得到什么样的启示呢？试想，小米公司在进入新兴目标市场之前，要不要做市场调研？如果需要进行市场调研，小米公司的市场调研目的和目标是什么？调研的主要内容与主要研究对象是什么？假如你是一名调研人员，如何根据小米公司国际化战略需求，拟定一份好的市场调研策划书？

带着上述这些问题，我们一起学习市场调研目标确定的方法、市场调研方案设计的步骤以及市场调研策划书的评价标准。

第一节　市场调研目标的确定

开展市场调研包含一系列步骤，其中第一个步骤就是要确定市场调研的目标。只有调研目标确定好了，才能清楚地知道调研要去向哪里以及如何去。市场调研目标就是整个市场调研活动中的核心和方向。市场调研目标清晰有助于市场调研活动顺利进行。

一　调研问题的识别

市场调研目标的确定首先必须正确识别调研问题。常言道，发现问题就等于解决了问题的一半。只有清楚地界定了调研问题，调研人员才能围绕该问题准确、系统地阐述调研目标，从而为市场信息的收集指明方向，避免企业的管理决策发生重大失误。

企业经营管理包括不同层面和方面，涉及不同的领域，每个方面和领域中的问题都值得去调研。因此，对一项具体的调研来说，只能在众多的可能性问题中选择其中一个方面的问题进行具体的调研——可以是企业经营管理中的各种疑惑，也可以是有待解决的问题。从某种程度上讲，调研问题就是企业经营管理问题的具体化和明确化。调研问题的选择越具体、越明确，问题的解决也就越容易。因此，调研问题的选择，既可以帮助调研人员确立正确的调研目标，也体现了调研人员的调研水平，需要调研人员具备专业理论知识，掌握各种调研方法、各种操作技术，并具有开阔的视野、敏锐的洞察力、出色的判断力和相关从业经验。

数字资源 2-1
调研问题的识别

经典案例2-1

小米公司进入新兴国际市场的调研问题

小米公司于2014年7月进入印度市场，2017年第三季度已经成为印度市场出货量排名第一的智能手机公司，这是小米公司在新兴国际市场扩张的成功范例。小米公司在进入新市场要做哪些调研？结合小米公司实际情况，整个调研活动需要确定的调研问题有：印度手机行业/市场是否存在进入的机会？如果存在机会，目标用户是谁？如何满足他们的需求以及以什么方式进入印度手机市场？销售渠道和营销沟通策略怎么制定？

在调研人员与企业决策者进行沟通并理解目标之后，在一定预算的情况下，需要考虑以下调研内容。

1. 印度手机行业/市场机会判断。

(1) 对印度手机行业整体的市场规模或者销量发展做梳理，并对未来几年的发展趋势进行预测；

(2) 对行业展开进一步的细分，可以从低端、中端、高端不同层次对行业进行细分；

(3) 对细分行业从发展历程、环境、竞争格局、产品格局、区域格局、趋势变化等方面进行调查研究；

(4) 通过对印度行业/市场的研究，得出是否存在进入机会。

2. 印度手机使用的人群定位及产品需求满足。

(1) 手机用户画像；

(2) 产品需求测试：各用户群对该手机型号的评价及购买意向如何？各用户群对小米手机的产品需求如何？各用户群对小米手机价格的接受度及期望价格是多少？各用户群对销售渠道和售后服务的期望是什么？

3. 小米手机国内营销策略的引进。

通过对印度市场标杆企业进行分析研究，了解印度市场标杆企业的销售渠道及营销策略，结合小米公司在国内市场实施的营销策略，为小米公司进入印度市场寻找最佳方式。

资料来源：新市场进入该如何决策？https://www.woshipm.com/user-research/5662778.html。有改动。

调研问题界定的并不总是那么清晰。当市场信息或所要解决的问题没有得以清晰表达，或者表达不恰当时，市场调研人员可以采取以下措施进行调整和重新界定：

（1）讨论利用市场调研信息和调研结果制定什么决策，并通过详尽的信息和调研结果帮助管理者澄清所要解决的问题；

（2）采用不同的表达方式对问题重新进行界定，并讨论不同之处；

（3）优先考虑企业管理者的问题，在比较不同问题中梳理核心问题；

（4）制定样本数据并确保这些数据有助于问题的回答，最后对决策过程进行模拟。

二、调研问题的分析

调研人员一旦选择和界定了调研问题，就需要借助更多的背景信息对这个问题进行全面的分析和理解。这就意味着调研人员要跟企业决策者、相关人员进行交流沟通，阅读企业报告，查阅相关网站，分析二手资料，咨询相关专家，甚至要和相关供应商进行沟通等。市场调研人员对包括行业、企业、所调查产品和目标市场在内的背景信息了解得越深入，问题就越有可能被正确地界定。每一个调研人员在具体从事一项市场调研时，都应该养成将调研问题明确化和具体化的习惯。调研问题的分析包括以下内容。

（一）分析相关历史资料和发展趋势

调研人员通过分析企业或调研产品和行业相关的各种历史资料和发展趋势，有助于认识到潜在的问题或机会。这些资料包括所调研产品的销售状况、市场份额、盈利状况、技术水平、人口统计和生活方式，以及相关竞争品牌的销售状况等。通过对这些资料的分析，初步判断调研产品或行业变化趋势所呈现出的问题。

（二）分析企业和决策者的目标

调研人员要明确企业利用市场调研信息和调研结果到底要制定什么决策、实现什么目标。调研人员通过与企业管理者、相关部门的交流沟通，弄清问题的症结所在。调研人员必须仔细区别症状与真正的问题。症状是由于其他事物的存在而出现的一种现象，例如，利润下滑、消费者投诉增加、某产品市场占有率下降等。调研人员要透过这些现象发掘本质的问题。深入一个问题的核心就像剥洋葱，一层一层剥开，挖掘问题产生的根本原因。

（三）分析企业的资源条件和面临的制约因素

企业目标的实现和问题的解决，都是一定约束条件下的结果，受到各种资源条件的制约，这些资源条件包括财务状况和相关单位的支持力度。调研人员要通过对企业财务状况的分析，了解可用于调研的费用，根据预算费用把调研目标确定在一定范围之内。调研人员必须考虑到的现实问题是如何利用有限经费做出最有效的调研。

（四）分析市场需求结构情况

市场需求结构情况由居民购买力投向（也称产品需求构成，指居民购买力在各类产品之间的分配比例）决定。市场需求结构调查包括两方面的内容：一是从宏观上对居民在吃、穿、用、住、行等方面的需求及其比例进行调查，即弄清楚居民在吃、穿、用、住、行上各花多少钱，占居民消费总支出的比例各是多少；二是从微观上了解居民对每类产品的数量、质量、价格、品种、规格、包装等需求的具体结构。前者一般由政府有关部门进行调查，后者一般由企业开展调查。通过开展市场需求结构调查，企业可以详细了解市场需要何种产品及需要的数量等，从而为企业的生产与营销决策提供重要依据。

> **经典案例2-2**
>
> 啤酒品牌市场需求下降的症结在哪里？
>
> 某啤酒品牌的啤酒销量在两年内下降了5%。该品牌每年的啤酒销量为800万吨，下降5%就意味着两年少卖了80万吨，这是一个庞大的数字。为了找到啤酒销量下降的原因，该品牌进行了一次市场调研。该品牌发现如今人口红利没有了，年轻人的数量在减少，因此喝啤酒的人也在减少。虽然找到了问题的根源，但人口数量的多少是该品牌无法左右的，该品牌只能制定相应的策略来应对当前的人口情况。于是该品牌进行了第二次市场调研。该品牌在研究啤酒行业时发现，几乎整个啤酒行业的销量都在下降，唯独高端啤酒的销量上升了5.6%。由此，该品牌决定调整产品策略，增加高端啤酒的产品线数量。
>
> 资料来源：《市场调查与分析（慕课版）》，黎娟，石林，杨阳主编。有改动。

三、调研目标的确定

通过与企业决策者及相关人员的交流沟通以及对相关背景信息的了解、分析，调研人员已经对市场调研问题有了清晰的界定，而且也清楚了企业进行市场调研的目的、意义以及决策层想要获得的信息。调研目标的确定实际就是对为什么要进行调研、谁要调研、通过调研想获得什么信息以及根据调研结果怎样进行决策等四个问题的回答。

调研目标是调研问题的陈述。调研目标的确定是一个从抽象到具体、从一般到特殊的过程。确定调研目标，切记不要将调研目标定得太大，也不能将调研目标定得太小。调研目标定得过大、过宽，常常导致后续工作缺乏明确的方向；调研目标定得过小、过窄，可能导致决策者不能掌握全面的市场信息。正确确定调研目标可以采取将宽泛的问题窄化，将一般性问题转化为特定的问题的措施。同时，在陈述或明确化的过程中，最好能用变量的语言对调研目标进行陈述。比如，"坚果市场销售额下降的困境"是一个十分宽泛的问题，其内涵并不具体明确。一项具体的市场调研，通常只能选择其中的一个方面进行研究。调研人员可以采取限制和缩小调研内容范围的方法，将其转化为诸如"坚果市场夏季销售额下降的原因研究"。

第二节 市场调研方案的制定与评价

在确定市场调研目标之后，调研人员就要根据调研目标要求，对市场调研整个过程进行设计，形成市场调研方案。充分、周密、严谨的市场调研方案在很大程度上保障着市场调研活动的顺利开展，并确保获得好的市场调研工作质量。

一、调研方案的设计

调研方案的设计就是根据调研目标和要求，对整个调研工作的内容、方法、程序进行规划，包括确定调研问题，确定调研的最佳途径，选择恰当的数据收集与分析方法，以及制定具体的操作步骤和实施方案等。具体来说，调研方案设计的内容包括如下几个方面。

（一）确定调研内容

调研内容是企业调研目标的具体化，即要向被调研者了解些什么具体内容。例如，某企业如果想了解金融机构开展住宅储蓄及购房抵押贷款业务的市场需求和潜力，那么需要调研的内容包括：被调研者及其家庭的基本情况、其家庭的住房现状和改善意向、其储蓄观念、其对住宅存贷业务的看法等。调研目标确定之后，就需要考虑调研哪些具体方面的内容。如果在调研方案中列入一些无关紧要的调研内容，漏掉一些重要的调研内容，则很有可能无法满足实际调研的需要，进而影响调研目标的达成。因此，在确定调研内容时，要根据调研内容的重要性、各项内容与调研目标的匹配性、调研经费及调研人员理论水平等情况进行统筹安排。调研内容的确定影响问卷的设计和访谈提纲的范围划定，也影响调研对象和调研方法的选择。

（二）选择调研类型

调研内容确定好之后，调研人员就要对调研类型进行选择。调研类型主要有描述性调研和因果性调研两种。

◆ **1. 描述性调研**

描述性调研主要是对市场上存在的客观状况如实进行描述和反映，以便从中找出各种因素的内在联系和问题。例如，市场潜在需求量调研、市场占有率与市场面的调研、消费者行为调研、竞争状态调研等都属于描述性调研的范畴。洽洽小黄袋坚果的描述性调研包括洽洽小黄袋坚果典型的、轻度的和重度的购买者的人文和生活方式特征，以及购买时间、购买方式等。通过调研，可以把洽洽小黄袋坚果市场占有率现状如实地描述出来。

◆ **2. 因果性调研**

因果性调研是指对市场上出现的各种现象之间或问题之间的因果关系进行调研，目的是找出问题的原因和结果，也就是专门调研"为什么"的问题。例如，洽洽小黄袋坚果的销售增长与广告费增加、技术服务费增加、消费者收入有所增长等有关，因果性调研就是要找出在这些关联中何者为"因"、何者为"果",哪一个"因"是主要的、哪一个"因"是次要的,各个"因"的影响程度是怎样的,等等。

(三)确定调研对象和调研单位

在明确了调研类型之后,就要确定调研对象和调研单位。调研对象是根据调研目标确定的一定时空范围内的所要调研的总体,它是由许多某些特征相同的调研单位所组成的整体;而调研单位则是调研总体中的个体,它是调研项目的承担者和载体。简单地说,确定调研对象和调研单位就是要明确向谁调查和谁来提供数据的问题。比如对某市洽洽瓜子的消费情况进行调研,其对象就是该市所有购买洽洽瓜子的人。

(四)选择抽样方法

在确定好调研对象和调研单位之后,就要考虑选择采用什么样的方式方法收集调研资料和数据。由于现实世界的复杂性和不确定性,即便在大数据背景下,我们也不可能穷尽所有调研总体的数据,需要从调研总体中选择合适的调研对象进行资料和数据的收集。既符合调研目标和要求,又便于抽取到有代表性的被调研者样本的方法叫抽样调研方法。抽样调研方法可以分为随机抽样和非随机抽样。抽样是调研方案设计中的一部分,且在整个调研过程中是一个独立的步骤。

(五)收集和分析数据

样本是一个大总体中的子集。样本选择好之后,接下来就是选择收集数据的方法。现在大多数调研数据都是从互联网上收集而来的,也有通过面对面或电话访谈收集数据的。除了访谈法之外,收集数据还有观察法、实验法等基本方法。

(1)访谈法是指调研人员通过与被调研人员面对面(线上或线下)互动获得事实、观点和态度等方面的信息的一种方法。

(2)观察法是指调研人员通过人或机器观察消费者的行为模式的方法。RFID电子标签通过射频信号来识别目标对象并获取相关数据,已经广泛用于各大商超中。

(3)实验法是指调研人员改变一个或多个变量,观测其变化对另一个变量的影响。比如通过改变价格、包装、设计、货架摆放位置、广告主题等来观测是否可提高产品销售额或改变产品消费偏好。实验的目的是在控制其他所有因素不变的情况下,研究一个或多个变量变化时会引起的因变量变化的效果。由于现实世界的不确定性,不可能控制其他各种潜在可能的变量的影响,实验法得出的结论具有一定的局限性。

数据收集完成之后,调研过程的下一步就是进行数据清理和数据分析。分析的目的是解释所收集的大量数据并提出结论。调研人员可以做简单的频次分析和复杂的多变量技术分析。

(六)制定调研组织计划和时间进度

调研组织计划是实施整个调研活动过程的具体工作计划,主要包括确定组织领导、机构设置、任务分工、人员的选择和培养、工作步骤及进度安排等。一般情况下,一项较具规模的调研活动,从问卷设计到整个活动完成,需要45~60个工作日,甚至有的会持续1年之久。表2-1列出了市场调研各阶段工作安排。

表 2-1 市场调研各阶段工作安排

序号	项目任务	负责人	时间占比	完成日期
1	调研计划起草、合议			
2	抽样方案设计、论证与实施			
3	问卷设计、测试与合议			
4	访问员的挑选和培训工作			
5	调研实施			
6	数据的录入和统计分析			
7	报告撰写			
8	与客户的说明会			
9	报告建议与修正、定稿			

（七）编制调研预算

市场调研经费预算是调研方案设计中的一项重要内容。调研费用通常与调研范围、规模、方法等相关。一般来说，一项市场调研活动的预算包括以下内容：

（1）调研方案设计、策划费用；

（2）抽样设计、实施费用；

（3）问卷设计费；

（4）调研实施费用（包括差旅费、邮寄费、调研人员劳务费、礼品费以及其他费用）；

（5）数据录入、审核和统计分析费用；

（6）调研报告撰写费用；

（7）办公费用（会议组织费、专家咨询费、劳务费等）；

（8）其他相关费用。

编制调研预算的大致比例原则为：调研前期准备阶段占总预算费用的20%，调研实施阶段占总预算费用的40%，后期报告撰写阶段占总预算费用的20%。

二 调研方案策划书的撰写

调研方案策划书是根据调研方案设计，以书面形式提交的调研方案策划报告，用于指导后续的实际操作。一份完整的调研方案策划书具有可行性和可操作性，主要包括以下几个方面的内容。

（1）前言：主要用来简要介绍调研项目产生的背景、原因和相关概括。

（2）调研目的和意义：这部分需要写得详细点，它要描述调研要达到的目标、想调研的问题以及备用决策，指明该调研项目的结论给企业带来的决策价值、经济效益、社会效益等。

（3）调研内容和具体调研项目：调研内容和具体调研项目是由调研目的决定的，具体调研项目的选择要尽量做到"精"和"准",减少不必要的调研项目,避免增加工作量和相应费用。

（4）调研对象：调研对象就是根据调研目的、调研内容而确定的调研范围及所要调研的总体,它是由某些性质上相同的调研单位组成的。

（5）调研方法：调研方法用来详细说明选择什么方法收集资料、具体采用哪些步骤去操作,如电话询问、面对面访谈、邮寄问卷等。

（6）调研工作安排和时间进度表：清楚地列出调研活动不同阶段的工作安排、人员安排、完成时间以及全部项目完成的准确日期。

（7）调研费用预算：用来阐述项目实施过程中的资金需求和具体去向。

（8）调研成果：调研成果报告的主要内容。

（9）附录：各种相关资料。

三 调研方案的评价

市场调研方案最终用于指导市场调研的组织和实施。要确保市场调研实现目标,需要先评价调研方案的可行性,并对存在的问题进行讨论和修改,提高调研方案的可行性。然后再对调研方案总体进行评价。

（一）市场调研方案的可行性分析

在调研方案的制定过程中,我们通常综合考虑各种影响因素,先设计多套调研方案,再通过必要的可行性研究,经分析比较后,从中选择最合适的一个调研方案。对调研方案进行可行性分析主要有三种方法：逻辑分析法、经验判断法和试点调研法。

◆ **1. 逻辑分析法**

逻辑分析法即按照逻辑和情理来分析所设计的内容是否合理,一般用来分析调研项目的设计是否可行。例如,要调研某女装品牌的消费者结构,设计的调研对象却以男性居多,则不符合逻辑,因为女装品牌的受众一般以女性为主,其设计的调研对象很显然不符合要求。

◆ **2. 经验判断法**

经验判断法即请一些具有丰富的调研经验的人员,结合过往案例,对已设计的调研方案进行初步的研究与判断,以初步确认调研方案的可行性。这种方法虽然省时省力,但是往往会局限于人们的认知,以经验为主,忽略了调研的差异性与时限性,导致因主观判断而产生准确性影响。

◆ **3. 试点调研法**

我们通常在大规模的市场调研之前,开展小规模的试点调研,以验证调研方案的可行性。这种方法兼具实战性与可行性。开展试点调研时应该注意：第一,试点调研的成功离不开调研队伍的共同努力,从方案设计者到调研负责人,再到具体调研人员,需要上下协同、团结一致；第二,试点调研对象需要选择规模小、代表性强的调研单位；第三,试点调研可以尝试灵活选择多种调研方式与方法,在实际对比后最终做出最合适的选择；第四,试点调研后需要认真总结,分析出影响调研结果的各种因素,并寻求解决问题的方法,从而完善修改原有方案。

一个设计好的市场调研方案在正式采用前还可以进行自评。具体内容包括：确认方案设计是否体现了调研目的和要求；确认方案设计是否科学、完整和可操作；确认方案设计能否使调研质量有所提高；调研实效检验，即通过实践检验调研方案的科学性。

（二）调研方案的评价

一个调研方案制定得好不好，需要从不同维度进行评价。调研方案的评价标准可以概括为如下两点。

（1）方案设计是否准确体现了调研目的和要求，调研结果能否对解决问题提供有益的帮助，这是大方向的问题。

（2）方案设计是否科学、完整和适用，能否使调研数据的质量有所提高。例如，抽样框架是否合理，分析方法是否科学，时间、地点等条件是否恰当，能否降低各种误差（如前期测量误差、生理条件误差、历程误差、工具误差、选择误差、流失误差、相互作用误差、反应误差、测量时间误差、替代情境误差等）。

当然，一个调研方案的优劣，最终要通过调研的实施来检验。

实操练习2-1

1. 实训项目：手机市场竞争调研。

2. 实训目标：通过这次实操，学生应学会识别调研问题、分析调研问题，最终确定调研目标，提出调研内容。

3. 实训内容：以小米智能手机为例进行调研，确定调研内容，在调研的基础上对小米智能手机的市场情况进行分析。

4. 实训组织：按照班级将学生分成若干小组，每组4～5人。

5. 实训考核：要求每个小组撰写一份市场调研方案策划书，每个小组推举一名代表在全班进行交流、分享。教师对每一份调研方案进行批阅和点评。

经典案例2-3

我国门禁市场调研方案策划书

一、调研背景与目的

由于我国安防市场的快速发展，门禁产品在我国有极大的市场潜力。应某公司委托，北京慧聪国际资讯有限公司（以下简称慧聪）安防市场研究所拟对我国门禁市场状况进行调研。为便于委托与加强双方沟通，特拟定本方案策划书。希望通过本次调研达到以下目的：

（1）明确门禁产品整体市场及细分市场的历史规模、现状与未来的发展趋势；

（2）明确门禁产品市场主要竞争厂商的基本状况；

（3）明确门禁产品的用户分布状况。

二、调研对象和范围

1. 调研对象

（1）我国门禁产品主要厂商；

（2）我国门禁产品主要代理商和经销商；

（3）我国门禁产品主要工程商；

（4）安防行业专家。

2. 调研范围

全国主要城市。

三、调研内容和具体项目

1. 主要营销（宏观、微观）环境分析

（1）我国门禁产品市场外部宏观环境分析（相关政策规定等）；

（2）我国门禁产品市场内部环境分析（技术发展趋势等）；

（3）我国门禁产品市场发展的影响因素分析。

2. 市场规模与未来潜力分析

（1）2021年我国门禁产品市场的总体销售规模（以销售额计）；

（2）2021年我国门禁产品市场各种产品的销售规模（以销售额计）；

（3）2021年我国门禁产品市场的区域市场销售规模（以销售额计）；

（4）2021年我国门禁产品市场的应用行业分布及销售规模（以销售额计）；

（5）2022—2025年我国门禁产品市场的总体市场销售规模（以销售额计）预测；

（6）2022—2025年我国门禁产品市场各种产品的销售规模（以销售额计）预测。

3. 竞争环境分析（竞争市场）

（1）我国门禁产品市场的主要竞争品牌；

（2）我国门禁产品市场的主要竞争品牌在2021年的销售额与市场占有率；

（3）我国门禁产品市场主要竞争品牌的基本背景状况；

（4）我国门禁产品市场主要竞争品牌的产品线分布；

（5）我国门禁产品市场主要竞争品牌的产品价格状况；

（6）我国门禁产品市场主要竞争品牌的销售渠道状况；

（7）我国门禁产品市场主要竞争品牌的应用行业分布；

（8）我国门禁产品市场主要竞争品牌的竞争力分析。

四、调研方法

（1）文案调研法，即对已有资料及其他二手资料进行案头分析和研究，为大规模的调研提供指导。通过文案研究预期将取得以下成果：通过对门禁产品厂商与代理商样本名单、各品牌的相关产品资料、门禁产品用户样本名单、门禁产品应用的基础资料的收集，对门禁产品市场及相关技术形成基本认识。

（2）深度访谈法，即与门禁产品厂商渠道中的代理商、经销商、工程商和行业专家开展深度访谈，获取门禁产品相关市场与用户方面的进一步信息。开展深度访谈过程中，厂商及渠道中代理商、经销商和工程商的采访对象为对市场非常了解的市场负责人。深度访谈主要以面访为主，在多对一的深访过程中，须保证采访内容的完整和采访过程中受访对象的配合，以保证采访结果真实有效。对各种无法面访的厂商进行电话采访，采访过程完全按深度访谈的流程进行。

（3）问卷调查法，即对渠道代理商、经销商和工程商各品牌产品的销售程度及销售规模概况进行统计调查，了解门禁产品的品牌市场份额、整体市场规模等相关信息。

五、样本数量

1. 深度访谈法（85个）
（1）门禁产品重点厂商10家；
（2）门禁产品一级代理商、经销商20家；
（3）门禁产品代理商、经销商30家；
（4）门禁产品工程商20家；
（5）行业专家5人。

2. 代理商、经销商、工程商问卷调查法（150个）
各地区问卷发放数量如表2-2所示。

表2-2　各地区问卷发放数量

区域	数量/份
深圳	60
广州	20
上海	20
北京	30
其他地区（武汉、成都等）	20
合计	150

六、调研实施流程

1. 前期准备阶段

自协议书签署之日起，慧聪将开始并完成如下工作：

（1）成立项目小组，全面负责本项目的计划、组织、执行、监督工作；

（2）由项目负责人向小组成员说明本次调研的具体内容及要求，分配工作，并与调研中心协调；

（3）项目小组对整体情况进行案头调查，为下阶段大规模调研采访及采访提纲撰写做准备；

（4）撰写采访提纲、设计调查问卷；

（5）由调研人员与调研督导人员进行厂商与经销商试访；

（6）调研中心安排采访人员与调研人员的工作量；

（7）对调研人员进行本次调研的培训。

2. 访问阶段

本阶段的任务为具体调研，主要是预约、深度面访、电话采访、问卷调查等工作：

（1）向各位访问对象预约、确定访问时间；

（2）厂商访问；

（3）分销商、总代理访问；

（4）二级代理及下一级代理访问；

（5）工程商访问；

（6）行业专家访问；

（7）调研结果的交叉验证；

（8）在项目执行期间，项目负责人要对调研工作进行监督，并及时解决调研工作中出现的问题，且与委托公司保持紧密联系，双方就项目中出现的问题随时协商解决。

3. 数据收集整理及汇总分析阶段

（1）对深度访谈的资料进行整理、分类、录入；

（2）对采访资料进行整理、分类、录入，并进行纵向比较；

（3）对调查问卷进行录入与统计；

（4）项目小组将数据整理好后进行初步分析。

4. 报告撰写及提交阶段

（1）报告撰写前集中培训，以便统一思路，把握方向；

（2）报告各章节的分工合作安排；

（3）报告的撰写；

（4）报告的审定（由科研总监负责）；

（5）内部报告演示会；

（6）修改报告；

（7）提交报告；

（8）报告交流会。

七、调研时间安排

本次调研所需时间为 30 个工作日（每周工作日为 5 天）（详细时间表略）。

八、调研结果的表达形式

以 Word 形式提交分析报告，书面文本一式两份，电子文本一份。

九、调研预算及付款方式

人民币××元整，具体收费项目略。按惯例，委托方在合同签订之日预付本调研费用的 60% 作为调研启动资金；合同期满后的 10 日内，付清余款。

保密协议：（略）

资料来源：《市场调查与分析》，肖苏，张建芹主编。有改动。

经典案例2-4

小米成功的背后

一、小米商业模式全球发力，海外互联网收入占比连续扩大

根据 Canalys 数据，2022 年第三季度小米全球智能手机出货量排名保持第三，市占率为 13.6%。在全球 52 个市场中小米智能手机出货量排前三，64 个市场中小米智能手机出货量排前五，其中小米在欧洲地区智能手机市占率为 23.3%，排名第二。

在此基础上，小米全球用户规模稳定增长。2022 年第三季度，小米在全球及中国大陆的 MIUI 月活用户数再创新高。2022 年 9 月，全球 MIUI 月活用户数达 5.64 亿人，中国大陆 MIUI 月活用户数达 1.41 亿人。其中，中国大陆 MIUI 月活用户数已连续 8 个季度实现用户递增。

随着全球市场深入运营和用户规模扩大，小米全球商业模式迸发活力。2022 年第三季度，小米境外互联网业务收入为 17 亿元，同比增长 17.2%，占整体互联网服务收入的比重连续 6 个季度环比提升并创单季历史新高，达 24.2%。

二、加码研发突破创新，高端实力获市场高度认可

小米始终坚持技术为本，加码研发，以科技创新带动产品力提升。2022 年第三季度，小米研发支出达 41 亿元，同比增长 25.7%。公司研发人员占员工总数的比重约 48%，研发团队规模持续扩大。

2022 年前三季度以来，小米持续发力高端化，以优越的产品力和极致体验赢得高端市场口碑。通过对手机影像技术的极致探索，小米推出与徕卡合作的高端影像旗舰手机 Xiaomi 12S Ultra；同时，小米持续探索折叠屏体验，推出 Xiaomi

MIX Fold 2折叠屏高端旗舰手机，其超轻薄使用体验持续吸引更多商务人群。截至10月19日，两款高端机型在京东平台好评率分别达到98.5%和99.6%。得益于小米在高端市场的持续进化，2022年第三季度小米中国大陆地区智能手机ASP同比增长约9%，3 000元以上智能手机出货量实现同比约14%的增长。小米也致力于提升高端产品的互联互通。报告期内，Xiaomi Buds 4 Pro和Xiaomi Watch S1 Pro两款高端可穿戴新品，自2022年8月11日发售起至2022年10月31日，连接用户中，小米高端手机产品用户占比超50%（据内部未去重数据，高端手机产品定义为中国大陆地区定价在3 000元及以上的机型）。

在巩固原有技术优势的同时，小米积极探索创新，布局前沿科技。2022年第三季度小米智能电动汽车等创新业务费用达8.29亿元。小米所展现出的创新活力也获得国际市场认可，2022年10月，小米入选波士顿咨询公司（BCG）评选的"2022年全球最具创新力公司50强"名单。

三、全场景智能生态布局，智能大家电收入同比涨超70%

随着智能时代的到来，小米万物互联领先优势更加突出。2022年第三季度，小米手机×AIoT战略持续发力。截至2022年9月30日，小米AIoT平台已连接的IoT设备（不包括智能手机、平板电脑及笔记本电脑）数达5.58亿台，同比增长39.5%；拥有5件及以上连接至AIoT平台的设备（不包括智能手机、平板电脑及笔记本电脑）用户数同比增35.4%，达1 090万台。随着智能生态日益完善，小米对用户的吸引力也明显增强。2022年9月，小爱同学月活用户数同比增长9.0%，达1.15亿人，米家App月活用户数同比增长20.9%，达7 240万人。

报告期内，小米不仅用户基数及智能生态布局实力显著提升，而且持续构建全场景智能体验，带来了更加丰富的多场景智能产品。

2022年第三季度，小米智能大家电品类（空调、冰箱、洗衣机）保持强劲增长，收入同比增长超70%，再创历史新高。其中，空调产品出货量同比增超70%，超100万台；冰箱产品出货量超34万台，同比增长超150%。

此外，基于对市场需求的敏锐洞察以及对创新技术的探索，2022年第三季度，小米推出米家户外电源1 000 Pro和米家太阳能板100 W两款生态链新品，在有效缓解户外用电问题的同时，也进一步开拓智能新场景，助力万物互联的多场景渗透。

四、互联网业务稳健向上，商业变现能力持续优化

受益于成熟的运营管理及庞大的用户规模，小米互联网业务扎实前进。报告期内，互联网服务收入环比提升1.4%，达71亿元。全球及中国大陆MIUI月活用户规模再创历史新高，2022年9月，全球MIUI月活用户数达5.64亿人，同比增长7 810万人。中国大陆MIUI月活用户数达1.41亿人，同比增长1 410万人。其中，中国大陆MIUI月活用户数已连续8个季度实现用户递增。

报告期内，小米互联网业务盈利能力稳定，广告业务和游戏业务均实现稳步增长，广告业务收入达 47 亿元，环比提升 2.9%；游戏业务收入达 10 亿元，同比增长 1.8%。同时，小米高度重视互联网业务多元化发展，挖掘新增长空间。电视互联网收入与境外互联网收入持续增加。

2022 年第三季度以来，小米积极推动大屏电视普及，智能电视全球出货量实现逆势增长，激活小米电视互联网业务活力。2022 年 9 月，小米智能电视（含小米盒子、小米电视棒）全球月活用户数超 5 400 万人，创历史新高。其中，第三季度小米电视互联网付费会员数超 500 万人，电视增值服务的付费会员平均收入同环比均提升。

得益于用户规模的扩大及内容运营的精进，电视互联网服务收入同比增长。2022 年第三季度，在中国大陆地区，电视互联网服务收入创历史新高，在中国大陆互联网服务收入中占比超过 15%。

随着全球业务稳步推进，小米商业模式韧性持续显现。境外互联网服务业务保持稳健发展，收入在整体互联网服务收入中的占比提升至 24.2%，连续 6 个季度环比提升。

面对外部环境的多重变化和挑战，小米将依托深厚的技术创新实力、稳健的运营能力以及强大的抗风险能力，坚持"技术为本、性价比为纲、做最酷的产品"发展铁律，有望穿越经济周期波动，迎来新一轮增长格局。

资料来源：小米集团披露 2022 年第三季度业绩，https://www.cet.com.cn/itpd/itxw/3282632.shtml。有改动。

问题与思考

1. 你认为小米成功背后可能是什么原因？
2. 你认为这个调研报告是因果性的还是描述性的？为什么？
3. 为了做更深入的调研，市场调研方案策划书应该包括什么？

数字资源 2-2
经典案例 2-4
问题参考答案

本章小结

可以简单地将调研分为企业调研与市场调研两部分。不同的调研项目，目的与目标并不相同。也正是由于调研目的与目标不同，需要根据不同的调研来设计合适的调研方案。一般调研方案的主要内容包括：调研目的和要求，调研对象，调研内容，调查研究进度，经费开支预算，调研地区范围，调查研究采用的方法介绍，样本的抽取，资料的收集和整理方法，课题负责人及主要参者名单等。根据其内容，将调研方案的设计程序依次列为：确定调研目的和内容，确定调研类型，确定调研对象和调研单位，确定抽样和资料收集、分析方法，确定调研时间和调研工作期限，确定调研预算经费，确定提交报告的方式，制定调研的组织实施计划，撰写并修改完善调研方案。为了对调研方案进行评价，引入了逻辑分析法、经验判断法、试点调研法等来对其可行性进行探讨。

复习思考

1. 为什么说界定调研问题是调研过程中关键的步骤之一？
2. 描述性调研与因果性调研有什么区别？
3. 拟定一份调研方案策划书有哪些步骤？
4. 什么样的调研方案才算得上是好的调研方案？如何评价调研方案？

数字资源 2-3
第二章
"复习思考"
问题参考答案

第三章
制定抽样计划

学习目标

■ 1. 了解抽样的概念与作用。
■ 2. 理解抽样的程序。
■ 3. 掌握抽样调查的方法。

情景导入

华为松山湖基地2018年第二季度满意度调查结果发布

华为后勤服务东莞中心在2018年第二季度对华为松山湖基地的员工进行了满意度调查并发布了结果。

此次调查对象为华为编制员工,抽样比例为东莞BCD园区人数的25%,样本抽取方式为抽工号尾数为3和7的员工,如不够从工号尾数是9和0的员工中抽取。

从调查结果来看,东莞行政服务满意度结果较第一季度有明显改善,但是还是有很大的努力空间。

通过对比各个模块的得分可以发现,除安保业务得分略微下降外,其他各业务的得分均有较大幅度的提升。

第三季度的改进主要围绕膳食、车辆、物业来展开。

资料来源:华为后勤服务东莞微信公众号。有改动。

问题与思考

为什么发起者不选择以全面调查的方式进行调查?为什么选择工号尾数为3和7的员工来作为样本?又应该采用什么随机抽样方法?如何确保抽样的方法适用于推算总体?

第一节　抽样的基本概念与作用

市场调研的一个重要环节和核心组成部分是市场调查。从调查范围上看，市场调查可以分为全面调查和非全面调查两大类。全面调查的范围广、工作量大、耗费人力物力多。非全面调查只针对调查对象中的一部分单位进行调查，调查范围小、节时省力、运用灵活，可以深入细致地进行调查研究，其主要形式是抽样调查。通常所讲的市场调查，实际上指的是抽样调查，即对总体中的一部分个体所进行的调查。它是借助了在现代统计学和概率论基础上发展起来的抽样理论与方法进行的调查。

数字资源 3-1
抽样调查的
定义

上述华为进行的员工满意度调查，采用的就是抽样调查，不仅便捷，节省经费和人力，而且对总体较小比例的抽样会有更准确的估计结果。那么，到底什么是抽样？抽取什么样本？抽取多少样本？怎么抽取样本呢？这些就是本章要介绍的内容。

一、抽样的基本概念

（1）总体。总体是所有构成元素的集合。元素是构成总体最基本的单元。比如研究武汉地区的坚果消费情况时，该地区每一个购买坚果的人便是构成总体的元素，而该地区所有已购买坚果的人的集合就是调查的总体。

（2）样本。样本就是按照一定原则和程序从总体中抽取出来的一部分元素的集合。比如从武汉地区已购买坚果的总体中，按照一定方式抽取出 200 名已购买者进行调查，这 200 名已购买者就是该总体的一个样本。在市场调研中，调查的具体实施工作都是针对样本进行的。

（3）抽样。抽样指的是按照一定原则和程序从总体中抽取一部分元素或样本的过程。如，从 3 000 名员工总体中按照一定原则和程序抽取 200 名员工作为样本。抽样调查是从调查的总体中抽取部分元素进行调查，以此推断总体指标数值的一种调查方法。

（4）抽样框。抽样框指的是抽样范围，就是一次直接抽样时总体中所有元素的名单。如，从某研究院 3 000 名全体员工中直接抽取 200 名员工作为调查的样本，那么，该研究院 3 000 名全体员工的名单就是这次抽样的抽样框。

（5）抽样设计。抽样设计是在对某一群体的样本数据进行抽样之前，提前确定抽样程序和方案，在确保所选样本完全代表该群体的前提下，力求取得经济有效的结果。抽样设计的任务是在给定的人力、物力和财力条件下，在从被调查群体中抽取数据之前，设计出一个高精度的、能够根据调查目的从样本中正确推断出结论的抽样调查方案，从而获得经济有效的调查结果。抽样设计主要研究如何使用样本数据来估计总体目标。构造合适的估计量是实现这一目标的基本手段。估计量构造的质量由估计误差的大小来衡量。测量的科学依据是估计量的抽样分布，总体、样本、估计量和样本分布构成了抽样设计的一些基本概念。

二、抽样的作用

从上述抽样的基本概念中可知，抽样涉及的主要内容就是总体与部分之间的关系问题。抽样作为调查人员从部分认识整体这一过程中的关键环节，就是解决在市场约束条件下，实现从部分认识总体目标这一问题的途径和手段。事实上，这种方法和手段在日常生活中经常碰到。比如，顾客在购买水果时，习惯先尝一下，从而了解这批水果质量的好坏或者是否符合自己的口味。当然，日常生活中的尝一尝、品一品只需要很少的元素就能代表和反映总体，但市场调查涉及面广、复杂性高，其抽样的关键问题就是调查对象的选择，即如何从总体中选出一部分能更有效地代表和反映总体情况的对象。具体来说，在市场调查中，抽样的作用主要体现在以下几个方面。

◆ **1. 良好的经济性**

抽样调查可以根据调查需要选择一定数量的样本。与综合调查相比，样本量大大减少，可以显著节省人力、物力和财力，具有良好的经济性。

◆ **2. 高及时性**

抽样调查是对少数单位的整体调查，可以比其他调查更快地获得调查结果。例如，中国的住户调查是一项抽样调查，每月可以获得住户消费和需求数据。

◆ **3. 高精度**

抽样调查单位数量少，参与调查的人员能力强，登记性误差小。它能很好地控制非抽样误差，提高调查质量，具有较高的精度。

尽管抽样调查具有上述优点，但它也存在某些局限性。通常它只能提供总体的一般资料，而缺少详细的分类资料，在一定程度上难以满足对市场经济活动分析的需要。此外，当抽样数目不足时，将会影响调查结果的准确性。

三、抽样的类型

根据从总体中产生样本的方法不同，可以将抽样分为随机抽样和非随机抽样两种。

◆ **1. 随机抽样**

随机抽样也称为概率抽样，遵循随机性原则，将部分单位作为观察样本。与非随机抽样相比，随机抽样复杂、耗时、成本高。然而，单位是从总体中随机选择的，它可以计算每个单位的概率，因此能够得到可靠的估计值及抽样误差的估计值，并对总体进行推断。

◆ **2. 非随机抽样**

非随机抽样也称为非概率抽样，是指调查人员根据主观（非随机的）判断和便利性从总体中选择样本的方法。非概率抽样的实现是快速、简单和经济的。这主要取决于研究人员和调查人员的个人经验和判断。它不能计算抽样概率，不能保证样本对总体的代表性，不能估计和控制抽样误差，不能根据样本的数据特征推断总体。

非概率抽样和概率抽样都有许多不同的抽样方法（或称抽样设计），选用哪一种方法取决于多种因素，如可利用的抽样框形式、总体的分布情况、调查的费用、数据使用者将如何分析数据等。在对概率抽样方法进行选择时，宗旨是使那些最重要的调查指标估计量抽样误差最小，同时使调查的时间最短、费用最少。

第二节　抽样调查的程序

一、确定调查目的与要求

在抽样设计中，我们最先应该确定的就是调查的目的和要求。

调查的目的一般包括两个方面：

第一，为什么要组织调查？

第二，应该获得哪些数据？

调查的要求包括调查时间（数据资料所属时间）、调查期限（调查工作的时限）、数据资料的精度（误差范围与可靠程度）、数据的准确性等。

调查的目的和要求在抽样设计中起着重要作用，并直接影响抽样方法、抽样单位、抽样框和样本大小。调查方案的设计者应非常明确调查目的和要求。

二、确定总体和样本

总体包括调查对象和调查范围。调查对象是指总体由什么个体单位组成，调查范围是指总体由哪些个体单位组成。比如想通过抽样调查方式了解武汉市小学生的视力状况，这个总体就是武汉市的所有小学生。由此看出，总体的限定是人为的。在一项具体的调查项目中，调查对象必须是明确的而不能是模糊的。所以在抽样调查中，总体总是明确的。

样本是总体的一部分，它由从总体中按一定原则或程序抽出的部分个体组成。因此与总体一样，样本也是一个集合。每个被抽中进入样本的单位称为入样单位。样本中包含的入样单位的个数称为样本量。抽样调查中调查的具体实施是针对样本而言的。对于一个完全唯一确定的总体，随着样本容量和抽样方式的不同，可以从中抽选多个不同的样本。样本中包含总体的有关信息。

目标总体必须被精确定义，不精确的目标总体定义将会导致抽样调查无效。目标总体定义源于调查设计开始阶段对调查问题和目标的系统陈述，涉及调查将从哪里获取数据信息，哪些人的观点、态度或反应对调查问题至关重要，以及谁应该或谁不应该被包括进样本当中的准确说明。

在确定总体和样本时，为了满足研究的需要，必须详细说明可提供信息或与所需信息有关的个体或实体（如顾客、公司、商店等）所具有的特性，也就是确定同质总体。同质总体可以从以下几方面进行描述：地域特征、人口统计学特征、使用情况、认知程度等。在调查中，从调查表开始部分的过滤性问题，可以看出某个个体是否属于同质总体。即使有总体和样本清单，仍有必要使用过滤性问题识别合格的应答者。经典案例 3-1 中给出了一系列简单的过滤性问题。

经典案例3-1

过滤同质总体实例

您好,我是_____调研机构的_____。我们正在实施一项关于家庭使用产品情况的调查,我们可以问您几个问题吗?

(如果应答人同意,邀请他(她)参与并在下面签名。)

1. 在过去的三个月中,您接受过关于任何产品或广告的访问吗?
   (1) 是　　　　　(终止调查)
   (2) 否　　　　　(继续)

2. 过去一个月中,您使用过下列哪些洗护发产品?(向应答者展示产品卡片,标出所有提及的产品)
   (1) 普通洗发水　　　(2) 去头屑洗发水　　　(3) 护发素

3. 在上周您用过护发素吗?
   (1) 是(在上周用过)　　　(继续)
   (2) 否(在上周没用过)　　　(终止调查)

4. 您属于哪一年龄组?(勾选年龄指标)
   (1) 18岁以下
   (2) 18~24岁
   (3) 24~34岁
   (4) 34~44岁
   (5) 44岁及以上

5. 您或您的家庭成员现在有为广告代理商、市场调研公司、咨询公司或制造和销售个人护理产品的公司工作的吗?
   (1) 是　　　　　(终止调查)
   (2) 否　　　　　(继续)

另外,为了确定总体包括哪些个体,通常情况下,重要的其实是确定那些应排除在外的个体的特征。例如,大部分商业市场调查就因为一些所谓的安全性问题而排除某些个体。通常,问卷调查表上的第一个问题就是询问采访对象或其家庭成员是否从事市场调查、广告或者生产与调查内容有关的产品的工作。如果采访对象指出他从事其中的某项工作,那么就没必要去采访他了。这就是所谓的安全性问题,因为这样的采访对象不保险。他们也许是竞争对手或者为竞争对手服务的。所以,我们不能给予他们关于我们打算干什么的暗示。

此外，排除某些个体还有其他原因。例如，可口可乐公司就宁愿采访一些在一周内喝5瓶或5瓶以上各种碳酸饮料的人，而不愿采访一些只喝可口可乐的人。因为公司要加深对这些不喝可口可乐而喝其他碳酸饮料的人的了解，所以就会排除那些过去一周内经常喝可口可乐的人。

三、确定调查内容与调查表

确定了总体和样本后，需要确定调查哪些指标，并将这些指标分解成具体的项目（调查标志），拟定出调查表或问卷。简单来说，指标是用来说明总体数量特征的基本概念和具体数值。指标都可以用数值表示出来。例如，某年某月我国××城市职工工资总额是×××万元。这句话包括了以下几个要素：基本概念——职工工资；具体数值——×××；计量单位——万元；空间限制——我国××城市；时间限制——某年某月。

标志用来说明个体特征名称，如个人年龄、性别、职业等，可以是数量标志，也可以是品质标志。数量标志是指用数量来反映的标志。数量标志有标志值，如年龄、收入等。不可以用数值来加以反映的标志叫品质标志，例如职业、性别等。虽然品质标志可以用0、1来表示，但0、1只是代号，不代表数值。还有一种既可以用数值来表示，也可以不用数值来表示的标志，如每个同学的成绩等。

四、确定资料收集方法

资料收集方法的选择对抽样过程有很重要的影响。信件调查由于低回复率的原因可能会导致结果带有一定的误差；电话调查低回复率的问题相对较小，但是会受到潜在受访者使用电话屏蔽手段的影响，以及许多只有手机的人的影响；互联网调查会受到专业受访者的影响，同时样本组或电子邮件名单提供的受访者有时不能充分代表同质样本组。

在使用微博、推特以及其他社交媒体平台作为样本来源时，存在同样的问题。

大数据之"大"常使人们忽视数据的代表性。某些情况下，数据由于来源有限而不能代表总体，比如不同年龄段的人在社交媒体的使用上也有极大的不同，当使用单一的平台作为数据来源时，"大"不能保证其代表性。研究者越来越倾向于采用多种收集方式来获得样本，比如信件—电话—互联网、互联网—短信、互联网—社交媒体等。旧的方法已经很难得到回应，我们需要使反馈简便有效，同时保证样本具有代表性和结果准确。

五、编制抽样框

在确定了合适的抽样单位，列出抽样单位的名单之后，可以形成抽样框。

抽样框是指提供给抽样用的所有调查单位的详细名单。它提供了一条辨别和联系调查总体中个体的有效途径。一个抽样框一般包含识别资料、联系资料和辅助资料。识别资料是帮助识别抽样框中每个单位的项目，例如姓名、地址、身份证号等。联系资料是指在调查时用来确定总体单位所在位置的项目，例如通信地址或联系电话。辅助资料是指用来分类与维护的资料信息。如果调查的单位是"个人"，则其性别、年龄和文化程度等都是辅助资料。抽样框可以是名录框、区域框，也可以是多重抽样框，还可以是概念框。抽样框一般可采用现成的名单，如企业名录、企事业单位职工名册、学生名册等，或单位所在的地理区域，或名单与地理区域的结合。在没有现成名单的情况下，可由调查员自己编制。

作为抽样直接依据的抽样框（清单）与目标总体不一致，可能遗漏了总体中的某些个体，或者包含了不属于这个总体的个体，都可能导致抽样框误差。有时目标总体和抽样框之间的差异比较小，可以忽略；但是大多数情况下，研究人员应该重视抽样框误差问题并进行处理。

六 选择抽样方法

在选择抽样方法时，需要决定是采用重复抽样还是采用不重复抽样，是采用随机抽样还是采用非随机抽样。

七 确定样本容量

根据抽样方法、估计量、预算经费，确定样本量。样本中包括的总体单位数称为样本量。它是决定抽样误差大小的重要因素，同时也是影响调查费用的一个重要因素。从误差角度看，总是希望误差小，这样样本量应该多一些；但从费用角度看，一项调查总是希望调查费用低，这样样本量应该少一些。因此，样本量的大小需要在误差和费用之间进行平衡。

八 试验性调查和修订

为了及时发现问题，便于及时修订，通常可以在调查方案定稿之前进行试验性调查。包括但不限于：被调查者是否积极配合？调查经费安排是否合理？调查时长是否足够？调查结果能否满足数据要求？等等。然后根据通过试验性调查发现的问题进行修订，以完善调查方案。

第三节 抽样的方法

抽样可以分为随机抽样和非随机抽样。下面对这两类抽样方法进行详细的介绍。

一 随机抽样

随机抽样是指根据随机原则，从总体中选择单位，形成调查样本的方法。这里的随机并不意味着随意。尤其是调查人员不能随意选择受访者，因为在这种情况下，抽样受到个人意愿的影响。随机抽样是遵循概率原理进行的抽样，必须遵循两个基本标准。一是样本单位的选择必须基于随机原则。所谓随机原则，就是在选择样本时，排除主观意识选择调查单位。选定的单位不取决于调查人员的意愿、受访者的态度。二是调查总体中每个单位都有被选择的概率。

被选择的概率有两层含义。第一层含义是每个单位都有被选择的机会，用数学语言表示，就是每个单位都有非零抽样概率。这意味着每个单位被选择的概率可以大也可以小，为了有机会被选中，可以指定被选中的概率为1，但是一旦有机会被选择，不能指定某个单位被选择的概率为0，因为这意味着该单位被排除在整体之外。第二层含义是每个单位的抽样概率应该是已知的，或者可以计算出这些概率。总体中所有单位都要有抽样概率，但概率不一定完全相同。下面介绍几种随机抽样的具体抽样方法。

（一）简单随机抽样

简单随机抽样不需要对调查对象进行任何的分类分组处理，采取的是一种完全随机的组织形式，结果通常完全由随机性决定。这样的方法没有对抽样单位进行限制，也称为无限制随机抽样或完全随机抽样。这种抽样方法因组织形式在随机抽样中是最简单的而得名。

◆ 1. 直接抽样法

直接抽样法就是指不在抽样前对任何调查单位、抽样数量做任何准备，也不在抽样前准备抽样框，直接对调查单位进行随机抽样的方法。例如，随机采访购物中心的一些销售人员和客户，了解购物中心的运营情况；海关人员从停靠的货船上随机抽取某舱的商品，检查商品的质量和品种。

◆ 2. 抽签法

抽签法就是将调查对象整体中的每个单位进行编号，各单位以完全相同的形式呈现出后混合均匀，以保证每个单位被抽取的概率相同，再随机抽取，直至满足抽样数量要求。于是，被抽取的单位即是抽样的样本单位，对样本单位进行检查与登记，用于抽样内容的调查。例如，在同一年毕业于工商管理专业的100名学生中，有15人被选为行业状况调查对象。将有编号的学生卡混合在一起，随机选择15张。选定的毕业生是调查的个人用户。

◆ 3. 随机数表法

随机数表法是先对总体中的每个单位从1到N都编上一个号码，然后使用随机数表查出所要抽取的调查单位的方法。表3-1所示为随机数表的部分示例。

表3-1 随机数表示例

行序	列序				
	75～79	80～84	85～89	90～94	95～99
00	82 838	04 190	96 579	90 464	29 065
01	96 621	43 918	01 896	83 991	51 141
02	61 891	27 101	37 855	06 235	33 316
03	59 798	32 803	67 708	15 297	28 612
04	94 335	34 936	02 566	80 972	08 188

实操练习3-1

随机数表法实操

为了说明随机数表抽样方法,以商业零售店的调查为例。这项调查的目的是估算某一年商业零售店的运营成本。假设有一份现成商业零售店的网点名录,该名录是根据现有材料建立的,用作抽样框。假设该名录中有1 530家商业零售店,需要选择90家商业零售店网点作为样本。下一步是决定如何选择这90家商业零售店网点。使用随机数表进行抽样(见表3-1),提取过程如下。

第一步:提取一个四位数(抽四位数是因为$N=1\,530$,是四位数)。我们在表格的任何位置选择一个四位数。

第二步:向任何方向连续抽取。如果决定向下连续抽,则将选择前90个不大于1 530的不同四位数。假设选择第01行和第85~89列作为起点,沿列方向向下跟随该起点抽,直到获得90个不同的四位数。由此获得的样本由总体中编号为这些数字的商业零售店网点组成。

应该注意的是,这里讨论的是无放回简单随机抽样,当这些数字重复出现时,它们应该被省略。从实际情况来看,这么长的商业零售店网点名录很可能以计算机文件的形式存在。在这种情况下,使用计算机程序生成样本。使用SPSS实现简单随机抽样的步骤如下:在已建立的抽样框数据编辑窗口中,单击"数据"—"选择个案"—"随机个案样本"—"样本",并出现"选择个案:随机样本"对话框,对于近似抽样,根据抽样比率输入百分比;如果要进行精确抽样,输入样本量和总体大小,然后单击"继续"—"过滤掉未选定的个案"—"确定",可以获得抽取的样本编号;最后单击"删除未选定个案"—"确定",保存数据并获得简单随机样本数据集。

◆ 4. 简单随机抽样的优点和局限性

简单随机抽样是一种基本的随机抽样方法。在市场调研中,这种抽样方法适用于总体分布较均匀、总体单位差异较小、总体单位布局不整齐的情况。

简单随机抽样有如下优点:

(1)简单随机抽样方法简单直观。它是随机抽样理论的基本组织形式,是抽样理论的基石。

(2)简单随机抽样是其他抽样方法的基础,其他各种随机抽样组织形式都是简单随机抽样的衍生。

(3)简单随机抽样是衡量各种抽样方法效果的标准。利用样本指标对相应的总体指标进行估计和推断,在不同的组织形式下,同一调查指标估计结果的有效性是不同的。

简单随机抽样在实际应用中同时有一定的局限性:

(1) 采用简单随机抽样，一般需要对整个单位进行编号。但当个体总数较大时，编号工作比较困难。例如，对连续生产的大量产品的质量检验，无法对所有产品进行随机抽样。

(2) 调查对象范围广，即单位整体分散，调查所需的人力、物力、财力大。所以，简单随机抽样适用于总容量不大、总体分布较均匀的情况。

（二）等距抽样

等距抽样需要对每一个调查单位按照一定的标志进行标记，按照标志顺序排列；然后从总体中随机选择第一个样本点，也就是随机起点；接着按照一定的顺序与规律选择其他的样本点，最终形成系统样本。等距抽样也称为系统抽样或机械抽样，除了第一个起点是完全随机的以外，其他的采样样本都完全由第一个采样点决定。"牵一发而动全身"，在提取了第一个采样点后，整体的样本其实已经确定了。

从等距抽样的组织形式可以看出，该方法的实施应考虑到所有单位的排名依据、每个抽样点的间隔确定与总体容量之间的关系，以及每个抽样点的抽样规则。

我们可以很容易发现，在实施等距抽样时，第一步便是选择一个排序的标志。通常情况下，我们所选择的调查对象都有多种标志可以作为排序标志，而不同的排序标志也会导致不同的样本、不同的估计和不同的抽样精度。所以，排序标志需要根据调查对象的性质与调查的目的谨慎选择。

根据使用何种标志排序方法可分为以下两种。

(1) 有关标志排序法。

有关标志排序法即用于排序的标志与调查项目（指标）密切相关。例如，在调查商品销量时，应根据当年预期销量、近三年平均销量等指标进行排序；进行居民消费状况调查时，应当按照居民的平均收入等进行分类。

(2) 无关标志排序法。

无关标志是指用于排序的标志与调查项目（指标）没有直接关系，二者关系较小。例如，在流水生产线上每隔一段时间选择一个或多个产品进行产品质量检查。

等距抽样应满足以下三个条件：

第一，调查对象中的每个整体单位必须属于一个抽样系统；

第二，任何系统样本中的总单位数通常相等；

第三，任何系统样本都有相同的被选中机会。

根据样本单位的抽样方法不同，市场研究中常用的等距抽样方法可分为以下三种类型。

◆ 1. 随机起点等距抽样

随机起点等距抽样是指抽样的起点是随机确定的。当确定采样间隔为 K 时，可以从编号的调查对象中的 1 到 K 总体单位中随机选择第一个样本单位，并且可以每 K 个总体单位选择一个样本单位，直到满足样本单位数量要求。例如，开始随机抽取第 2 个样本单位，n 个样本单位的顺序为 2，$K+2$，$2K+2$，…，$(n-1)K+2$，构成随机起点的系统样本。对于按无关标志排序的总体，可以采用随机起点等距抽样。对于按相关标志排序的总体，这种方法有其缺点。在与标志排序相关的总体中，每个单位的标志值都有增加或减少的趋势。在这种情况下，对于由随机起点确定的系统样本，如果起点样本单位位于总体第一部分的低端，则一些样本单位位于总体相应部分的低端，反之亦然。例如，对购物中心的每周商品销售额进行系统抽样调查。第一个采样点为周末，采样间隔为 7 天。抽样单位是周末，周末的商品销售量很大。本例表明，当采样间隔与调查对象本身的周期一致时，调查的准确性将受到影响。在估计总体指标时，按相关标志排序的系统样本往往具有系统误差，这影响了系统样本的代表性。

◆ **2. 半距离起点等距抽样**

半距离起点等距抽样，又称中点等距抽样，是以中间项为起点，在总体的第一部分每 k 个单位抽取一个样本单位，直至抽取 n 个样本单位。实际上，该方法使用 N 个部分中每个部分的中间项来形成一个容量为 N 的系统样本。当 k 是偶数时，中间项是 $k/2$，$k+k/2$，$2k+k/2$，…，$(n-1)k+k/2$，或 $k/2+1$，$k+k/2+1$，$2k+k/2+1$，…，$(n-1)k+k/2+1$。当 k 是奇数时，中间项是 $(k+1)/2$，$k+(k+1)/2$，$2k+(k+1)/2$，…，$(n-1)k+(k+1)/2$。半距离起点等距抽样的优点是简单，易于理解和操作。当按照相关标志的大小顺序排列总体时，总体中每个部分中间项的标志值接近相应部分标志值的平均值，即每个样本单位的标志值接近该部分的中值，这可以确保样本对总体具有良好的代表性的要求。这种确定起点的方法不符合随机原则，这是它的缺点。因为根据这个方法，总体中有一到两个样本，在确定总体排名标志和样本量时，将相应地确定样本单位。不能保证群体中的 K 个样本有机会被选择，无法进行样本轮换，抽样框利用率低。

◆ **3. 随机起点对称等距抽样**

随机起点对称等距抽样是指当第一个抽样单位的数目为 i 时，在第一部分中随机选择，每 k 个单位抽取一个样本单位，在第二部分和第一部分之间对称的 $2k-i$ 位置选择第二个样本单位，在第三部分中选择 $2k+i$ 号样本单位，在第四部分中选择 $4k-i$ 号样本单位，交替对称进行。这种随机起点对称抽样方法可以总结如下：第 $jk+i$（$j=2$，4，…）个单位是从整体排名的奇数部分提取的，第 $jk-i$（$j=0,2,4,…$）个单位是从整体排名的偶数部分提取的。在按相关标志排序的总体中，采用随机起点对称等距抽样。在一部分总体中，绘制高端标志值的样本单位，在一部分总体中，绘制低端标志值的样本单位。这样，每个样本单位的高、低标志值都会发生偏移，有效避免了采样中的系统偏差，有效地减小了采样误差，提高了采样效率。这意味着随机起点对称等距抽样不仅弥补了随机起点等距抽样的不足，而且保留了半距离起点等距抽样的优点，避免了其局限性，是一种更为优越的抽样方法。

等距抽样的抽样程序简单，抽样方法简单易行。当调查对象的某些相关信息已知时，可以确保样本单位在总体中均匀分布，提高样本对总体的代表性，减小抽样误差。因此，等距抽样调查在世界各国得到了广泛的应用。

等距抽样的优势是：① 当没有抽样框时，可以构造一个概念抽样框，从而代替简单随机抽样；② 与简单随机抽样一样，等距抽样不需要辅助的抽样框信息；③ 与简单随机抽样相比，等距抽样样本的分布更好，这取决于抽样间隔及名录的排列方式；④ 与简单随机抽样一样,等距抽样有较好的理论支持,估计值易于计算;⑤ 只需要一个随机起点,等距抽样比简单随机抽样简单。

等距抽样也有一定的局限性:① 如果抽样间隔恰好满足整体变化的某些未知周期性,则将获得"差的"系统样本,从而形成系统误差;② 与简单随机抽样相比,由于不利用抽样框中的辅助信息,进行抽样的效率不高;③ 使用概念抽样框时,无法提前知道最终样本量;④ 等距抽样的抽样方差没有一个无偏估计量,为了估计方差,必须将系统样本视为简单随机样本,只有当列表中的单位随机排列时,这才是合适的;⑤ 在总体大小 N 不能被样本量 n 整除且不使用圆形抽样法时,会得到不同样本量大小的样本。

(三) 分层抽样

分层抽样也称分类抽样或类型抽样。这种抽样方法是在抽样之前将总体分为同质的、互不重叠的若干子总体,也称为层,然后在每一个层中独立地抽取样本,在各层中的抽样可以选用比较简单的简单随机抽样、等距抽样,也可以选用较复杂的与规模大小成比例的概率抽样、整群抽样等。因此,分层抽样也称为分层随机抽样。采用分层抽样的前提是每层有各自的抽样框。假如在调查前总体单位的抽样框中所有单位都具有辅助信息,就可以利用这些信息来对总体进行分层。若这种已知信息是总体单位所处的地理位置,我们就可以按地理位置分层,或按行政区域分层。如果有收入的信息,就可以按收入高低对总体分层。通常用于分层的辅助变量还有年龄、性别、家庭规模、企业类型、资产总额、员工数等。

根据各层的特点,各层可以采用不同的抽样组织形式,也可以采用相同的抽样组织形式。如果每一层都是简单随机样本,则得到的分层样本称为分层随机样本。

分层抽样是基于对被调查者的理解而进行的深思熟虑和有意识的安排。从本质上讲,它是科学分组方法和抽样原则的有机结合,以减少调查标志的可变性,并提高样本的代表性。随机抽样可以有效控制抽样误差,以更少的样本获得更准确的调查指标估计值,提高推断结果的准确性。

分层抽样机制及其实现具有以下显著特点:

(1) 每个被调查者的总单位必须属于一个层次。

(2) 每层的采样是独立的。

◆ **1. 等比例抽样**

等比例抽样要求样本单位内各层的分配比例等于整个单位内各层的分配比例。等比例抽样是一种简单而合理的方法,因此在实践中得到了广泛应用。

◆ **2. 不等比例抽样**

不等比例抽样不会对每一层中每个样本分布的百分比加以限制。也就是说,一些层可能使用更多的样本单位,而一些层可能使用更少的样本单位。当每一层中的单位数变化很大或层内的方差变化很大时,通常使用不规则抽样。在这种情况下,如果按比例对具有少量单位的层进行抽样,则抽样单位的数量太少,并且可能代表性不足,因此可以对这些单位进行充分抽样。

分层抽样通常比简单的等距抽样和随机抽样更精确，并且允许用更小的样本进行更精确的估计和推断。因此，分层抽样一般用于对结构复杂、个体众多、个体差异较大的受访者进行市场调查。

分层抽样技术实际上是应用最广泛的抽样技术之一。因为它有很多其他抽样方法所没有的特性，具体可以总结为以下四点：

（1）可以同时估计每一层的指标。由于分层抽样是在每一层上独立进行的，因此每一层的数据可用于估计该层的参数和总体的参数。例如，在全国抽样调查中，如果对省份进行分层，则只有在数据来自这些省份时才能获得全国数据。这种方便的统计抽样方法受到各级主管部门的好评。

（2）分层抽样不仅灵活方便，而且易于配置和实施。由于每一层都是独立抽样的，因此可以根据不同层的具体情况采用不同的抽样方法，便于组织管理。另外，分层抽样的数据处理比较简单，每一层的处理都可以独立完成，层间聚合的方式也比较简单，精度估计也不复杂。例如，按照省级行政区域划分来考察中国家庭收入和支出，分层抽样是在每个省独立进行的，每个省单独负责这样的调查。各省可以选择符合自己情况的抽样方式，这不仅需要行使省级行政机关的组织权收集本省居民和住户的相关信息，还需要收集其他相关信息，进行数据加工。

（3）样本分布更均匀，更能代表总体。因为从每一层中抽取一个分层样本，所以分层抽样不仅可以防止分层样本出现局部不平衡，而且与简单随机抽样相比，还可以使样本更均匀地分布在总体中。例如，如果我们使用简单随机抽样方法来考察我国的家庭收入和支出，一些民族或人烟稀少的地区可能很少或没有抽样点。

（4）可以减小抽样误差，提高调查的准确性。由于分层抽样的精度只取决于各层内的方差，与层间的方差无关，因此只要一个层内的方差小，分层抽样的精度就高。事实上，研究人员利用了每一层内的均匀分布和每一层内减小的方差，这可以在调查之前将具有相似属性的个体归类为一个层，也就是说，每一层都是随机分类的。分层选择的分层样本更好地代表了各层的性质，减小了层内的抽样误差，使抽样率更能体现其特点。

在市场研究中，分层抽样通常用于人口统计学差异较大的受访者。将整个单位划分为不同的层级，大大减小了层级单位之间的差异。为此，需要在深入分析一般体质特征的基础上进行分层抽样，结合调查对象的定性特征作为分层的基本依据和反映一般体质的定量限度。

一个好的分层抽样应该充分体现上述特点，尤其是分层标志的选取是分层抽样的关键步骤，它决定了这种抽样组织是否具有比简单随机抽样更低的抽样误差和更高的估计精度。因此，必须按照以下原则进行分层。首先，以与调查核心要素密切相关的要素为标准。例如，在交通调查中，与交通量和周转量密切相关的车辆吨位被用作分层标志，以提高估计的准确性。其次，如果人口标志值之间的差距很大，人口分布非常稀疏，则使用主因或稀疏原因标志作为分层标志。这样，可以使各层的标志值差异较小，减少层内的变化。例如，在家庭生活水平调查中，成员按职业进行分层；而在商业调查中，按行业和企业规模进行分层。

分层抽样的不足在于：

（1）要求抽样框中的所有单位，而不仅仅是抽入样本的那些单位都必须有高质量的、能用于分层的辅助变量。

（2）由于需要辅助信息，对抽样框的要求更高，较简单随机抽样和等距抽样需要更多的费用。

（3）如果调查变量与分层变量不相关，抽样效率可能比简单随机抽样还低。

（4）估计值的计算比简单随机抽样和等距抽样稍复杂。

（四）整群抽样

整群抽样也称集团抽样、群体抽样，是指将总体划分为若干个有联系的基本单位所组成的群，以群为抽样单位抽取样本的方法。首先将调查对象按某一标志分组后形成的每个群视为单位进行随机抽样，而后对抽中的每个群进行全面调查。这种抽样方法同分层抽样有相似之处，二者都是先选择分组标志，将总体分为一些群（层），并要求群（层）与群（层）之间不重叠，使每一个总体单位只能属于一个群（层）。

整群抽样的分群与分层抽样的分层的目的截然相反：分层抽样中，分层标志的选择是要尽量使各层内调查变量的各个变量值（标志值）相近，降低层内各标志值的变化程度，抽取的单位是总体单位；而整群抽样分群的目的是使各群内部各单位之间在所要调查的指标上的差别增大，使所要收集的数据资料能够在每个群内的总体单位之间拉开距离，以扩大每个群内各标志值的变异程度，抽取的单位是总体的群。比如，仍以居民收入作为调查的主要指标，按照某地区居民的不同职业分成不同的群，然后整群地抽取样本进行调查。

正是由于整群抽样中，群的作用与分层抽样中层的作用正好相反，因此市场调查中，对于给定的调查对象，其分组的原则取决于选用的抽样组织形式。也因此，对于整群抽样，应该采用尽量使群间方差小，而群内方差尽量大的标志作为分群标志。

采用整群抽样进行市场调查时，当群的大小接近，即群内的个体数接近时，常用简单随机抽样抽取群；当群的大小相差比较大时，为了提高效率，更多地采用不等随机抽样方法，即按群的大小成比例地随机抽样。例如，要了解某地区农村居民固定电话、移动电话的使用和配备状况，将该地区按乡或村划分为若干个群，然后随机抽取若干个乡或村而不是抽取居民户作为样本，对抽中的乡或村所管辖的农村居民进行全面调查，了解这些乡或村通信设备的使用情况。抽到的若干群应该是调查对象的缩影，能很好地反映总体的性质，这就要求抽到的群中各单位最好能均匀地分布于调查对象中，群中调查变量的各个标志值尽量体现总体可能取到的值，使各个抽中的群之间差别不太大，而群的内部差别增大。这样，各个群就有了足够的代表性。如果所有的群都很相似，则只需抽1到2个群作为样本就足够了；如果每个群的内部差别都很小，整群抽样效果也就不明显了。这一点将在整群抽样误差的来源上反映出来。

市场调查中经常采用整群抽样，这使我们认识到该抽样方法有较强的适应性，其原因主要有如下几点：

第一，在某些情况下，由于单独抽取样本单位并不合适，因此不得不采用整群抽样。前面提到抽样调查需要有一个抽样框，它应包括所有总体单位的名录或地图，抽样时需要编上号码，这样才能应用随机数表或其他方式从中抽取所需的样本。然而，有时候总体很大、没有现成的名录,而要着手编制一个抽样框也十分费时、费工。如果总体单位是自然分成组或群的,创建一个这种群的抽样框并对它们进行抽样,比创建总体中所有单位的抽样框更为容易。例如,我们需要调查武汉市中学生中近视的比例有多大,就需要武汉市所有中学生的名录,这是不太容易办到的,如果我们以中学作为抽样单位,编制一个中学的名录就方便得多。

第二,即使在抽样调查中能够一个个地取样,出于经济的考虑也会选择整群抽样。例如,在某市居民家庭汽车拥有率的调查中,如果不是以街区或居委会为群进行整群抽样调查,而是以居民户为单位进行抽样调查,如果被抽到的居民户是分散居住的,必然会遇到增加交通费用、延长调查时间等情况。所以,出于对工作时间、经费等客观条件的考虑,也应采用整群抽样调查。

整群抽样之所以是市场调查中常用的抽样调查方法之一,还因为它具有其他抽样所没有的如下特点:

第一,调查单位比较集中,进行调查比较方便,可以减少调查人员与调查单位之间来往的时间和费用。

第二,设计和组织抽样比较方便。例如,调查某市居民住户食品的消费状况,不必列出该市所有居民住户的抽样框,可以利用现成的行政区域,如街道、居委会,将居民户划分为若干群,这给抽样设计方案带来很大方便。尤其是对那些无法事先掌握总体单位情况的调查对象,采用整群抽样更为适宜。又如,调查由上百幢居民楼组成的新建居民区住户的人均年收入和人均住房面积情况,最适宜的方法是采用整群抽样调查。若采用对住户的简单随机抽样,则必须有该居民区所有住户的抽样框,可这正是该新建居民区的不足,可能造成抽样无法进行。

由于调查单位只能集中在若干个群中,而不能均匀分散在总体的各个部分,因此,一般情况下,整群抽样的误差大于简单随机抽样的误差,即估计精度通常比简单随机抽样的精度差,一般也低于分层抽样的估计精度。因而,在市场调查的抽样实践中采用整群抽样时,一般都要比其他抽样组织方式选择更多的单位,以减小抽样误差,提高抽样结果的准确性。

经典案例3-2

随机抽样的实际运用

某种成品零件分装在20个零件箱中,每箱各装50个,总共1 000个。以选取100个零件作为样本进行测试研究为例。

简单随机抽样:将20箱零件倒在一起,混合均匀,并将零件从1~1 000编号,然后用查随机数表或抽签的办法从中抽出编号毫无规律的100个零件组成样本。

　　　　等距抽样：将20箱零件倒在一起，混合均匀，并将零件从1～1 000编号，然后用查随机数表或抽签的办法先决定起始编号，按相同的尾数抽取100个零件组成样本。

　　　　分层抽样：对于20箱零件，每箱都随机抽取5个零件，共抽取100个零件组成样本。

　　　　整群抽样：从20箱中随机抽出两箱，以该两箱零件组成样本。

　　　　资料来源：随机抽样的类型及实际应用案例，https：//zhuanlan.zhihu.com/p/375343012。有改动。

二、非随机抽样

　　非随机抽样没有严格的定义。其抽样方法的共同特点是使用主观（非随机）方法从总体中选择抽样单位。非随机抽样也称非概率抽样，是指在抽取样本时不遵循随机原则，而是根据调查人员的主观判断、经验或其他原则来抽取样本。在没有完整的抽样框的情况下，非随机抽样是一种快速、简单、经济的数据获取方法。非随机抽样的问题是，我们不知道是否可以从样本中推断出总体，因为从总体中选择单位的非随机方式可能会导致很大的偏差。由于市场调查总会遇到复杂且变化的市场因素，有时候调查对象不具备随机抽样的条件，这时候只好进行非随机抽样的市场调查。

　　在非随机抽样中，调查人员倾向于选择人群中容易接触到的友好单位，因此人群中的大多数单位根本没有被选择的机会，而且这些单位和被选择的单位之间可能存在系统性差异。这样，非随机抽样会使调查结果产生偏差。为了避免这样的偏差，调查人员可能会故意选择具有平均特征的单位，并导致结果倾向于排除极端值，也就会减少群体中的明显变异性。

　　非随机抽样包括便利抽样、判断抽样、配额抽样和滚雪球抽样。

　　非随机抽样方法简单易行，且可用于以下几个方面：形成一种想法；作为设计和开展随机抽样调查的初始步骤；在后续步骤中帮助理解随机抽样调查的结果。近年来，依托网络大数据，人们开始关注利用相关信息研究非随机抽样的统计推断问题。例如，非随机抽样可以在调查的早期提供有价值的信息。它可以用于探索性或诊断性研究，了解人们的态度、信仰、动机和行为，并分析随机抽样调查的结果。

　　在某些情况下，非随机抽样是唯一可行的选择。例如，在医学实验中，由于伦理和安全原因，使用志愿者样本可能是获得数据的唯一途径。市场调查中经常采用非随机抽样通常出于以下几方面的原因：

　　第一，受客观条件限制，无法实施随机抽样调查。如调查对象的边界不清而无法编制抽样框。

　　第二，为尽快取得调查数据资料，以提高实效性。比如，对调查结果的时间要求紧，无法从容地进行随机抽样。

第三，节约调查成本。

第四，总体各单位间差异不大，且有关的调查人员具有丰富的抽样调查经验。

非随机抽样通常具有操作简便、省时省力的优点，并有助于节约成本。然而，由于它是基于主观观念进行的抽样调查，因此无法确保样本对整体的代表性，也不能控制概率意义上的误差，从而可能影响调查结果的准确性。非随机抽样获得的数据不具备统计推断功能，无法计算抽样误差，也无法评估估计结果的准确性，抽样效果的质量主要取决于调查人员的主观判断能力和经验。在市场调查中，这种以牺牲部分准确性为代价的非随机抽样是在对总体指标进行区间估计的情况下使用的，不要求抽样误差，尤其是在不了解总体以及待调查总体过于复杂的情况下。

从统计分析的角度来看，非随机抽样通常比随机抽样更简单。这种简单是基于对目标总体调查对象的充分了解基础上的。如果能够确保这种了解的准确性，非随机抽样确实可以取得成功。应注意的是，在非随机抽样中，由于每个总体单位进入样本的概率未知，且受调查人员主观因素的影响很大，因此无法说明样本对总体的代表性，以及误差的大小。有时这种估计误差很大，给整个市场调查带来麻烦。在操作方面，如果非随机抽样的具体抽样过程与某些随机抽样的具体抽样过程几乎没有区别，或者只有理论上的区别。那么，也可以通过随机抽样调查方法对非随机抽样获得的样本进行研究和推断。

经典案例3-3

国家互联网服务供应商联合会雇用了市场调研集团（RG）来弄清以下问题：

（1）哪些具体因素促使人们选择某个特定的互联网服务供应商（电信）？

（2）在选择电信时，家庭用户和企业用户有哪些不同的考虑因素？

（3）为什么人们选择电信而不选择其他的互联网服务供应商？去年有多少人更换了他们的互联网服务供应商？为什么他们要更换互联网服务供应商？

（4）他们对现在的互联网服务满意度如何？

（5）使用者还想从供应商处得到哪些增值服务？（例如，为解决问题和麻烦提供电话支持。）

RG以低于其他三家公司的出价得到了这一合同，实际上它的出价比第二低价低了25%以上。RG之所以报出这一最低价与它的抽样方法有关。在方案中，RG指明用大学生来收集资料，它计划从全国随机选出20所高校，与其市场营销系负责人取得联系，要求他呈递一份有兴趣赚取额外收入的10个学生的名单。最后，调研组分别与这些学生取得联系，从每个学校选择5个学生来完成10份完整的调查问卷。每完成一份问卷，学生将获得50元报酬。被选择为调查人员的唯一要求是现在他们必须是互联网服务的活跃用户。调研组计划建议学生采取最简单的办法，就是在午餐时间到学生会或学生活动中心挨个问是否有兴趣参加这项调研。

1. 你怎样描述这种抽样方法？
2. 这种抽样方法将产生什么问题？
3. 给国家互联网服务供应商联合会建议另外一个能获得更满意信息的抽样调查方法。

数字资源 3-2
经典案例 3-3
问题参考答案

经典案例 3-4

上海外来人口与本市居民抽样调查说明

为了把握上海外来人口现状，更好进行对外来人口的服务和管理工作，受上海市农委委托并资助，复旦大学人口研究所于 2006 年 9 月对上海外来人口和本市居民进行了抽样调查。这次调查的特点有两个：一是对外来人口和本市居民进行了同步调查；二是涉及问题多，外来人口调查问卷涉及 137 个问题（或指标），本市居民调查问卷涉及 61 个问题。这次调查获得了丰富的第一手资料，为进行上海外来人口服务和管理研究提供了很好的数据基础。

一、外来人口调查

（一）调查地区与样本规模

由于上海外来人口主要分布在郊区——2005 年分布在郊区的外来人口已接近全市的 80%，因此，本次抽样调查将调查地区确定为上海郊区的 10 个区县。考虑到样本的代表性、调查经费的限制以及调查操作的可行性，本次抽样调查确定外来人口样本为 1 000 人。

（二）抽样方法

根据外来人口的特点，本次抽样调查采用了分类（层）、分组、等量随机抽样调查法。

1. 分类（层）确定调查样本

根据外来人口工作的稳定性和流动性，将其大致划分为两类人：一类是在企业工作、比较稳定的人；另一类是主要在劳务市场寻找工作的、流动性较强的人。这两类外来人口在数量上差不多，因此确定在企业调查 500 人，对流动性比较强的外来人口调查 500 人。

2. 分组等量调查

因为每个区县的外来人口规模都很大，所以确定对在企业工作、比较稳定的 500 人在 10 个区县等量调查，每个区县调查 50 人。同样道理，上海市劳动部门分别在闵行、松江两区建立了两个大型劳务市场，大量的、流动性比较强的人都在这里寻找工作,所以由此确定在两个大型劳务市场分别调查 200 个流动性比较强的人。为了尽可能使调查样本分布均匀,郊区 10 个区县中每个区县再调查 10 个流动性较强的外来人口。

3. 样本的选取调查

对每个区县 50 个在企业工作、比较稳定的外来人口的调查方法是:首先把雇佣外来人口较多的企业汇总排队,在其中随机抽取 10 家企业,每家企业再随机抽取 5 人进行调查。在两大劳务市场调查的外来人口由于流动性比较强,所以均采用随机抽样调查的方法。对于各区县调查的 10 个流动性较强的外来人口,也同样采取随机抽样调查。

二、本市居民调查

(一)调查地区与样本分布

对应于外来人口调查样本的分布,在郊区 10 个区县调查 600 人,每个区县等量调查 60 人。另外,分别在市级党政机关、群众组织的管理人员和高等院校及科研院所的研究人员中调查 50 人。

(二)抽样方法

各区县对本市居民的调查,采用分层、等量随机抽样调查方法。第一,各区县随机抽取 3 个街道或乡镇;第二,每个街道或乡镇随机抽取 2 个居委会;第三,每个居委会再随机抽取 10 名成人居民进行调查。其他 50 名本市居民,按党政机关 15 名、群众团体(工、青、妇)15 名、高等院校 10 名、科研院所 10 名的比例分配,并分别根据随机抽样方法确定对象、进行调查。

另外,需要说明的是,本次抽样调查最后的汇总问卷,都比以上调查的样本问卷数量多 20 份左右,这是因为在汇总问卷中,包括具有同样质量的对外来人口和本市居民的试调查问卷。

资料来源:《中国城市农民工市民化研究——以上海为例》,王桂新,沈建法,刘建波。有改动。

经典案例 3-5

社区银行职员乔·斯图亚特接到该银行董事会的任务,让在其服务的社区进行一场市场调研。社区银行有五个支行,分布在一个都市区,所服务的顾客主要是中等规模的商家,满足顾客的特殊需求是该行的一大优势。社区银行很好地绕开大型国家银行所用的单一无差异的策略,并比同地区的竞争对手做得更灵活。

然而,该银行的增长在放缓,董事会和高层管理者觉得应该在顾客中进行市场调研,以发掘新的商机。他们认为,在专注于商家的时候,他们忽略了一些新的商机。一些董事会成员和高层管理者最初的计划是在顾客中进行随机抽样。

乔用 Excel 做研究后有了一些发现。例如，如果他们进行随机抽样，则只有 3.8% 的受访者年收入大于或等于 200 000 美元，这个数据与美国最新的人口普查得出的比例数是相同的。由于社区银行拨下的预算只能采集 1 000 份样本，因此年收入大于或等于 200 000 美元的样本中只能有 38 个人。其他关键分组也是这样，乔总觉得这些关键分组的样本容量太小，由这个样本容量得出的研究结果不足以使人信服。

问题与思考

1. 有其他抽样方法能够更好地满足社区银行的需要吗？那是什么抽样方法？将如何更好地满足社区银行的需要？

2. 假设乔认为你在问题 1 的答案中给出的方法更好，他要怎么使董事会和高层管理者信服，并采用你的建议呢？

3. 银行所寻求的关键分组的样本容量应该为多大？你的回答依据是什么？

本章小结

总体是指能够提供信息的群体的总和。一个样本仅仅是总体的一个子集。非概率抽样法包括按非随机原则从总体中选择特定单位的各种方法。

概率抽样法有非概率抽样法所没有的一些优点，包括信息来源于总体中具有代表性的各个层次，抽样误差可被估计出来，并且可以用调查结果来推断总体。然而，概率抽样法的费用比非概率抽样法高，并且通常需用更多的时间来设计和实施调查。

抽样调查结果的准确度是由抽样误差和非抽样误差决定的。抽样误差是因为样本不能完全代表总体特征而产生的。有两种形式的抽样误差：随机抽样误差和管理性抽样误差。随机抽样误差是由偶然事件引起的，是无法避免的，只能通过增大样本容量来减小。

当前，互联网样本多为便利性样本，这种状况在未来随着更好的电子邮件抽样框的出现将得到改善。

复习思考

1. 在哪些情况下普查优于抽样调查？为什么人们通常选择抽样调查而不选择普查？

2. 给出一个理想抽样框的例子。为什么一个具体城市的电话号码簿通常不能作为可用的抽样框？

3. 区分概率抽样和非概率抽样，它们各有哪些优劣？为什么在市场调查中非概率抽样更受欢迎？

4. 区分整群抽样、等距抽样和分层抽样，各举一个例子。

5. 中国人民银行有 1 000 个客户，经理想从中抽取 100 个进行抽样调查。如果用等距抽样应该怎样去做？如果名单是按照平均存款额顺序排列的，会对抽样调查结果有影响吗？如果有，有什么影响？

数字资源 3-3
第三章
"复习思考"
问题参考答案

第四章
制定测量方案

学习目标

■ 1. 理解测量的基本概念。
■ 2. 掌握测量的各项程序。
■ 3. 掌握市场调研常用的量表。
■ 4. 熟悉顾客满意度测量表的应用。

情景导入

2022年中国手机满意度：华为第一，OPPO逆袭

2022年末，第三方平台Chnbrand公布了2022年中国顾客手机满意度排行榜，共有九大手机品牌上榜，其中仅两家为海外品牌。

此次在榜的七大国产手机品牌分别为华为、小米、OPPO、荣耀、iQOO、红米、vivo，其中华为凭借85.5的满意度指数稳居国产第一位。上榜的两大海外品牌分别是苹果和三星，其中苹果蝉联榜首，三星则跌至第九位。

小米依然稳居榜单第三位，满意度指数为83.1。从细分指标上来看，小米在客户忠诚度、总体满意度、要素满意度三个方面的得分分别为76.3、86.6、82.9，而作为国产手机第一阵营的另外两大手机厂商，OPPO成功逆袭，从2021年的榜单第八位上升到2022年的榜单第四位，满意度指数为76.1。

苹果能位居榜首，与其出色的品牌影响力、产品力有关。另外，苹果自研A15芯片，配上iOS系统在稳定性上获得广泛好评。而华为凭借自身强大的专利体系，在手机系统、智能全屋等方面持续发力，2022年更是推出鸿蒙3.0，适配的机型得到进一步扩展，交互也更完善，得到很多用户的认可。

资料来源：https://baijiahao.baidu.com/s?id=17490967761739783060&wfr=spider&for=pc。有改动。

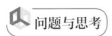

试问,假如让你来开展2022年中国手机消费者满意度的调研工作,你该如何对中国手机消费者满意度进行度量呢?度量的可信度是否足够高呢?

要回答上述问题,市场调研人员必须掌握测量这项基本技能。在市场调研中,我们经常需要对一些市场现象或者确立的调研问题进行度量,如消费者购买意向、消费者对产品的态度以及市场需求等。如何度量这些现象或问题将极大影响到对这些现象或问题的解释。在这一章中,我们对测量的概念、市场调研常用测量量表以及信度与效度的评估等内容进行介绍。

第一节 测量的概念、要素与程序

一、测量的概念

美国学者史蒂文斯认为,测量就是依据某种法则给物体赋予数字或符号表示。具体来说,测量就是一个分配数字或符号的过程,是调研人员按照规则将某种代表了一定特征的数量或质量的数字或符号分配给某个特定的人、目标或事件的过程。这些数字和符号反映了事件、个人或物体所具有的特性。这里需要注意的是,要测量的不是事件、个人或物体本身,而是它们的特性。例如,调研人员不是去测量某个消费者,而是测量消费者的态度、收入、品牌忠诚度、年龄和其他相关因素。

数字资源 4-1
测量的概念

二、测量的要素

为了更好地理解测量的概念,有必要对构成上述测量定义的四个必不可少的要素进行专门的说明。这四个要素是测量客体、测量内容、测量规则、数字和符号。

(一)测量客体

测量客体即测量的对象。它是客观世界中存在的事物或现象,是我们要用数字或符号来表达、解释和说明的对象。比如,我们测量游客对黄鹤楼景区的满意度时,黄鹤楼景区就是我们测量的客体或对象。测量客体所对应的是"测量谁"的问题。

(二)测量内容

测量内容即测量客体的某种属性或特征。实际上,在任何一种测量中,我们所测量的对象虽然是某一客体,但所测量的内容却并不是客体本身,而是这一客体的特征或属性。比如,黄鹤楼景区是我们的测量客体,而满意度本身我们却无法测量,只有用游客预期、景区服务品质、票价等，才能构成我们测量满意度的内容。测量内容所对应的是"测量什么"的问题。

（三）测量规则

测量规则即用数字和符号可以表达事物各种属性或特征的操作规则。规则的概念是测量的关键。规则（rule）是一种指南、方法或指令，它告诉调研人员应该做什么。测量的规则也许会这样陈述："请您对华为手机使用满意度做出评价，将数字1~5配给它。如果认为非常满意，则将数字1配给它；如果非常不满意，则将数字5配给它。"按相应标准分配数字2、3、4。又比如，在市场调研中，我们要测量人们的收入状况，那么，"将被调查者工资单上的应发金额数加上每月奖金发放统计表上他所得的奖金数额"就是一种测量规则。测量规则所对应的是"怎么测"的问题。

（四）数字和符号

数字和符号即用来表示测量结果的工具。比如，120 cm、110 cm等就是测量桌子高度所得的结果；2 350元、2 460元等就是测量人们收入的结果。数字和符号所对应的是"如何表示"的问题。

三、测量的程序

测量是一个从抽象到具体的过程。测量的程序主要包括四个基本步骤：第一步是概念的操作化；第二步是分派指标；第三步是实施测量；第四步是评估信度与效度。

（一）概念的操作化

概念的操作化是测量中的一个重要环节，也是一个难点。所谓概念的操作化，是指确定要测量的可观察的事物特征，并分配给概念某一数值的过程。换句话来说，概念的操作化就是将抽象的概念转化为可以观察的具体指标的过程。概念的操作化是市场调研中的一个重要环节，也是一个从理论到实际的过程。

概念的操作化过程包括两个方面：一是界定概念；二是确定具体指标。比如，我们要对消费者消费态度进行调研，就要对态度进行测量。然而，态度是不可能直接进行测量的，它是一个抽象概念，存在于人的脑中。要对消费者消费态度进行测量，首先就要对态度这个概念进行操作化定义，具体步骤如下。

第一步：界定概念的定义，即要对态度这个概念进行清楚的、可描述性的界定。

第二步：列出概念的维度，即指出概念所具有的不同维度或者若干不同的方面。

第三步：确定具体指标，即确定一组可以观察的具体指标。

具体指标的确定有两种方法：一种是采用已有的指标，尤其是测量顾客满意度、消费者态度方面的一些指标，很多研究者已经多次运用和修改，可以直接为我们使用；另一种是采用探索性调研自行进行编制，可以在实地观察和深度访谈的基础上，从被调查人员的视角来选择和编制具体指标。

总的来说，概念的操作化架起了理论概念和真实世界中活动之间的桥梁。

经典案例4-1

"顾客满意度"的概念操作化

1. 对概念进行界定

顾客满意度是顾客对其消费过的特定商品或服务所感受到的一种心理体验，这种体验主要通过顾客在消费产品或服务后的实际感受和其期望相比较后的差异程度来反映。

2. 列出测量维度

根据ACSI模型，顾客满意度确定为六个维度：顾客预期、感知质量、感知价值、顾客满意度、顾客抱怨、顾客忠诚。

3. 确定具体指标

在顾客预期维度上可以询问：产品符合个人特定需要的预期、产品可靠性的预期和产品质量的总体预期。

在感知质量上可以询问：对产品符合个人特定需求程度的感受、对产品可靠性的感受和对产品质量总体的感受。

在感知价值上可以询问：给定价格条件下对质量的感受和给定质量条件下对价格的感受。

在顾客满意度上可以询问：实际感受同预期质量的差距、实际感受同理想产品的差距和总体满意程度。

在顾客抱怨上可以询问：顾客的正式或非正式抱怨。

在顾客忠诚上可以询问：顾客重复购买的可能性和对价格变化的承受力。

4. 游客对黄鹤楼景区的满意度的主要维度及测量

以游客对黄鹤楼景区的满意度为例，其主要维度及测量如表4-1所示。

表4-1 以游客对黄鹤楼景区的满意度为例的主要维度及测量

概念	维度	具体指标
游客对黄鹤楼景区的满意度	游客预期	对旅游景区的总体印象
		对旅游景区产品满足其需要的期望
	感知质量	住宿的方便性
		购物特色
		游览路线安排
		宣传资料
		停车场

续表

概念	维度	具体指标
游客对黄鹤楼景区的满意度	感知价值	对总体成本的感知
		对总价值的感知
	游客抱怨	游客投诉
		负面口碑宣传
	游客满意度	总体满意度
		与期望中的旅游景区相比
		与理想中的旅游景区相比
	游客忠诚	重游该地的可能性
		正面口碑宣传

资料来源：ACSI：360度无死角测量顾客满意度，https://baijiahao.baidu.com/s?id=1673643763663067408&wfr=spider&for=pc. 有改动。

（二）分派指标

分派指标是指通过对指标分派数字或者其他符号，从而确定测量规则的过程。许多抽象的概念，如某品牌的知名度、顾客忠诚度是无法直接观察测量的，需要用一系列可以测量的指标来反映。在市场调研中，对于某品牌的知名度，我们可以用"消费者中知道该品牌的人数百分比"进行测量。

（三）实施测量

实施测量是指按照已确定的规则，对测量对象进行测量，收集信息，并用数字或符号记录测量结果的过程。例如，顾客对产品的评价信息可通过调查问卷收集，而购买行为则可通过口头报告和日志记录收集。

（四）评估信度与效度

信度与效度的评估是对测量结果的精确度和准确度的评估，旨在保证测量结果能很好地反映所测属性的真实值。信度可以通过重测信度、复本信度和内部一致性信度进行评价。效度可以通过内容效度、标准关联效度和结构效度进行评价。在评估信度和效度之前，需要对测量的准确性有一定的了解，因为它是评估量表的基础。

第二节 制定测量量表

一、测量的基本尺度

在市场调研中，由于调研所涉及的现象具有各种不同的性质和特征，因而对它们的测量也就具有不同的标准和尺度。目前，市场调研主要采用四种测量尺度：一是定类测量（nominal measure）；二是定序测量（ordinal measure）；三是定距测量（interval measure）；四是定比测量（ratio measure）。

（一）定类测量

定类测量也称为类别测量或定名测量，是测量尺度中最低的一种，本质上是一种分类体系。具体来说，定类测量就是将调查对象的不同属性或特征加以区分，标以不同的名称或符号，以确定其类别。定类测量的数学特征主要是"属于"与"不属于"（或者"等于"与"不等于"）。比如，对人们的性别、职业、婚姻状况、宗教信仰等特征的测量，都是常见的定类测量。它们分别将被调查者划分成"男性与女性""工人、农民、教师、商人……""未婚者、已婚者、离异者……""信佛教、信天主教……"等各种不同的群体或类别，而每一个被调查者则分别属于或者不属于其中某一类别。

由于定类尺度的测量实质上是一种分类体系，在采用定类尺度进行测量时，要注意所分的类别既要有穷尽性，又要有互斥性。我们所测量的每一个对象都会在我们的分类体系中属于一个类别，且只会属于一个类别。比如，将性别分为"男性"和"女性"两类，将职业分为"工人""农民""干部""专业人员""商人""其他"六类，等等。

在市场调研中，定类测量使用频率较高，处于四种测量尺度中的最低层次，其他几种尺度的测量都把分类作为其最基本的测量内容。或者说，其他尺度层次的测量中，都无一例外地包含着定类测量的分类功能。定类测量实例如表4-2所示。

表4-2 定类测量实例

性别	（1）男	（2）女	
地理区域	（1）城市	（2）农村	（3）郊区

（二）定序测量

定序测量，也称为等级测量或顺序测量。定序测量可以按照某种逻辑顺序将调查对象排列出高低或大小，确定其等级及次序。比如测量顾客的满意度，可以以1～5进行排序，1表示最满意，5表示最不满意。在市场调研中，调研人员可用定序测量对态度、观点、感受和偏好进行等级排列。

定序测量不仅能够和定类测量一样，将不同的事物区分为不同的类别，而且还能反映出事物或现象在高低、大小、先后、强弱等级序列上的差异。它的数学特征是大于（＞）或小于（＜），比定类测量的数学特征高一个层次。定序测量所得到的信息比定类测量更多。

定序测量的目的是排序，因此任何可以代表顺序关系的系列数字都可以接受，但数字之间的间距并不一定相等，所以普通的算术运算，如加、减、乘、除都不能用于定序测量，对中心趋势的测量可以使用众数、中位数，对离散程度的测量可以使用百分数或四分位数。定序测量实例如表4-3所示。

表 4-3　定序测量实例

请对下列网络订票服务按从 1 到 5 进行排序（1 表示最喜欢的；5 表示最不喜欢的）：

www.spark.com	
www.eharmony.com	
www.match.com	
www.zoosk.com	
www.friendfinder.com	

（三）定距测量

定距测量也称为间距测量或区间测量。它不仅能够将市场现象或事物区分为不同的类别、不同的等级，而且可以确定它们相互之间的间隔距离和数量差别。

比如，测量人的智商和测量自然界中的温度就是定距测量的典型例子。在定距测量中，我们不仅可以说明哪一类别的等级较高，而且还能说明这一等级比那一等级高出多少个单位。这也就是说，定距测量所测出来的结果相互之间可以进行加减运算。如果测得张三的智商为 125，李四的智商为 110，那么，125—110＝15，由此可以说张三的智商比李四的智商高 15。

需要注意的是，定距测量所得的值虽然可以为 0，但这个 0 却不具备数学中常规 0 的含义。以冬天北京的气温为例，测得的 0 ℃ 并非表示"没有温度"，而是指气温降至水的冰点。从测量的角度看，此时的 0 只不过是一个特定的数字而已，它是人们主观认定和选取的，因为在另一种温度量表（华氏温度）中，0 ℃ 则是 32 °F。

对于定距测量得到的数据，除了计算其众数、中位数、平均数外，还可以计算算术平均数、标准差和相关系数。

（四）定比测量

定比测量也称为等比测量或比例测量。定比测量除了具有上述三种层次测量的全部性质之外，还具有一个绝对的零点（有实际意义的零点）。所以，定比测量所得到的数据既能进行加减运算，又能进行乘除运算。比如，对人们的收入、年龄，以及某一地区的出生率、性别比等所进行的测量，都是定比层次的测量。它们的测量结果都能进行乘除运算。如测得张三的收入为 4 800 元，李四的收入为 2 400 元，那么，4 800 元÷2 400 元＝2。由此我们可以说，张三的收入是李四收入的 2 倍（或李四的收入是张三收入的一半）。应该注意，是否有一个具有实际意义的零点（绝对零点）存在，是定比测量与定距测量的唯一区别。

上述四种测量的尺度由低到高，逐渐上升。高层次的测量尺度具有低层次测量尺度的所有功能，即它既可以测量低层次测量可以测量的内容，也可以测量低层次测量无法测量的内容，同时，高层次的测量尺度还可以作为低层次测量尺度处理。比如，定序测量具有定类测量的分类功能，且可以作为定类测量使用；同样，定距测量具有定序测量的排序功能与定类测量的分类功能，也可以作为这两种测量使用，但反过来则不行。选择恰当的测量尺度对市场调研中的测量具有重要作用。表 4-4 是四种测量尺度的比较。

表 4-4　四种测量尺度的比较

尺度/层次	测量描述	目的/举例	统计
定类	用数字识别对象，判断属于还是不属于，其数学表达为＝，≠	归类，如男/女、购买者/非购买者	频数、百分比、众数
定序	除识别类别外，数字还用于识别顺序，判断其大小、多少等相关信息，其数学表达为＞，＜	排序，如对不同手机偏好的排序或对不同银行偏好的排序等	频数、百分比、众数、中位数
定距	除识别类型、顺序外，数字还用于判断相邻间的间距，判断间距的相等性	考察态度、观点等，如对某品牌的认知水平	频数、百分比、众数、中位数、算术平均数
定比	综合上面三种特性，再加上绝对零点，判断等比的相等性	进行精确测量，如销售收入、市场份额、成本等	频数、百分比、众数、中位数、算术平均数、几何平均数、调和平均数

> **经典案例4-2**
>
> ## 四种测量尺度的使用
>
> 1. 定类尺度
> 请问你最常使用哪个平台？（　　）
> A. 新浪　　　　　　　　　　B. 腾讯
> C. 搜狐　　　　　　　　　　D. 其他
> 2. 定序尺度
> 以下三类微博中，你关注最多的是（　　），其次是（　　），最后是（　　）。
> A. 明星微博　　　　　　　　B. "草根"名博
> C. 普通微博
> 3. 定距尺度
> 你使用微博的频率是（　　）。
> A. 几乎每时每刻都在使用　　B. 有时间就使用
> C. 偶尔使用　　　　　　　　D. 几乎不使用

> 4. 定比尺度
>
> 你平均每天使用微博的时间是（　　）小时。
>
> 资料来源：ACSI：360度无死角测量顾客满意度，https://baijiahao.baidu.com/s?id=1673643763663067408&wfr=spider&for=pc。有改动。

二 市场调研常用的量表

在市场调研中，调研人员常常需要测量人们的态度、看法、意见、性格等主观性较强的内容。这些主观性较强的内容一方面具有潜在性特征，另一方面构成也比较复杂，一般很难用单一的指标进行测量。因此，为了达到这种测量的目的，调研人员常常需要借助于各种量表（scales）。量表在心理学的研究中运用比较普遍。在市场调研中，更多的是运用量表来测量人们对某产品的消费态度和满意度。从许多市场调研所用的问卷中，常常可以看到各种形式的态度量表。

（一）量表的概念及指标

◆ 1. 量表的概念

测量量表通常有一个从"非常确定"到"非常不确定"的跨度。量表是一系列结构化的符号和数字，这些符号和数字可以按照一定的规则分配给适用于量表的个人（或他们的行动、态度）。这种量表的分配代表了量表所要测量内容的个人判断。

◆ 2. 量表的指标

量表的指标是测量好与坏、对与错、是与否或美与丑的量具。量表指标的作用是价值取向，不具有数量形态，这是与其他指标不同之所在。量表的指标由指标群构成，而其他的一般图表也可以不是指标群。

（二）常用量表类型

◆ 1. 总加量表

总加量表（summated rating scales）也称为总和量表，由一组反映人们对事物的态度或看法的陈述构成，回答者分别对这些陈述发表意见，根据回答者同意或不同意分别记分，然后将回答者在全部陈述上的得分加起来，就得到了该回答者对这一事物或现象的态度的得分。这个分数是回答者态度的量化结果，它的高低就代表了个人在态度量表上的位置。表4-5就是总加量表的一个例子。

表4-5　贝利生育量表

序号	陈述	同意	不同意
1	结婚的主要原因是要生孩子	1	0
2	只生一个孩子是错误的，因为独生子女在孤独中成长，且容易因无兄弟姐妹而忧郁	1	0

续表

序号	陈述	同意	不同意
3	生育孩子是一个妇女所能具有的最深刻的经历之一	1	0
4	两种性别的孩子至少有一个比仅有一种性别的孩子好	1	0
5	没有孩子的妇女绝不会感到完全的满足	1	0
6	男人直到证明自己成了孩子的父亲时,才算是真正的男人	1	0
7	(由于生育控制、绝育或年老等因素)不能导致怀孕的性活动是不道德的	1	0
8	未结婚的或者结了婚而没有孩子的男人可能是同性恋者	1	0
9	妇女的首要职责是做母亲,只有在不影响其母亲职责时,才谈得上她的事业	1	0
10	没有孩子的夫妇实在可怜	1	0

贝利生育量表测量的是人们对生育子女所持的态度。它由在同一方向(强调生育)的10个陈述句构成,每一陈述句后都有2种答案。凡回答同意者,记1分;回答不同意者,记0分。这样,将一个回答者对这10条陈述的得分相加,就得到其在这一问题上的态度的总得分。在此例中,总分最高为10分,它表明回答者对生育孩子有强烈的义务感;总分最低为0分,它表明回答者感到没义务生孩子。需要说明的是,一方面,总加量表的回答类别可以是2个(如上例),也可以是3个、4个或者更多个;另一方面,要注意每条陈述所表达的态度方向,如果上例中出现了与这10条态度陈述相反的陈述,比如只生一个孩子是最明智的选择,则此时对它的记分方法应与其他9条相反,即同意者记0分,不同意者记1分,以保持整个态度量表测量方向的一致性。

上述这样的总加量表有一个潜在的假设或前提:每一条态度陈述都具有同等的效果,即它们在反映人们的态度方面是"等值的",不同的陈述之间不存在数量的差别(它们的分值都一样)。只有在这样的假定下,我们才能说,那些总得分为2分的回答者具有同样程度的不主张生育的态度;同样,也只有在这样的假定下,我们才能分辨出同意其中8条陈述的回答者比仅同意其中2条陈述的回答者有更强烈的生育义务感。

然而,我们在实际应用中却有一个很大的困难,就是指标(即表中的陈述)的测量效度问题。我们想测量人们对生育孩子的态度,但往往难以保证用来进行这种测量的所有指标(本例中的10条陈述)都是在完全地测量着同一事物。比如,第5条陈述和第9条陈述所测量的或许是人们对女性角色的态度,第6条和第8条所测量的或许是人们对男性角色的态度,而第2条和第4条则可能是在测量人们对孩子社会化的态度,因而,对于同样的2分,这一量表所实际测量的并不一定是同样的态度和在这种态度上完全一样的程度。

◆ **2. 利克特量表**

利克特量表(Likert scale)是总加量表的一种特定形式,也是社会调查问卷中用得最多的量表形式之一。它是由美国社会心理学家利克特于1932年在原有的总加量表基础上改进而成的。利克特量表也由一组对某事物的态度或看法的陈述组成,与前述总加量表所不同的是,回答者对这些陈述的回答不是被简单地分成"同意"和"不同意"两类,而是被分成"非常同意""同意""不知道""不同意""非常不同意"五类,或者"赞成""比较赞成""无所谓""比较反对""反对"五类。由于答案类型的增多,人们在态度上的差别就能更清楚地反映出来。表 4-6 就是利克特量表的一个例子。

表 4-6 有关婚事的利克特量表

序号	看法	非常同意	同意	不知道	不同意	非常不同意
1	婚事应该尽量办得简单些					
2	结婚是人生的一件大事,婚事应该办得隆重、热闹,花再多钱也值得					
3	就是有钱,婚事也不应大操大办					
4	为了不让别人笑话,就是借钱也要把婚事办得像个样子					

在表 4-6 中,四条陈述所代表的态度倾向是不同的,可按下列方式记分:对于赞同节俭办婚事的看法,我们按 1=非常同意、2=同意、3=不知道、4=不同意、5=非常不同意来赋值;而对赞同婚事大操大办的看法,我们则按 5=非常同意、4=同意、3=不知道、2=不同意、1=非常不同意来赋值。表 4-7 说明了四种看法的具体赋值情况。

表 4-7 四种看法的具体赋值情况

看法	非常同意	同意	不知道	不同意	非常不同意
1	1	2	3	4	5
2	5	4	3	2	1
3	1	2	3	4	5
4	5	4	3	2	1

每一个回答者在这一量表上的四个得分(每行一个答案所对应的分值)加起来,就构成其对婚事操办方式的态度得分。按上述赋值方式,一个回答者在该量表上的得分越高,表明其态度越倾向于婚事大操大办。

利克特不仅改进了总加量表的形式,更重要的是他还提出了一种帮助研究者从量表中消除有问题的项目(即陈述)的方法。这种方法成为研究者设计总加量表时确定量表项目的主要依据,其基本程序如下:

(1)围绕要测量的态度或主题,以赞成或反对的方式写出与之相关的看法或陈述若干条(一般为 20~30 条)。对每一条陈述都给予 5 个答案——非常同意、同意、不知道、不同意、非常不同意,并根据赞成或反对的方向分别赋以 1 分、2 分、3 分、4 分、5 分。

(2)在所要测量的总体中,选择一部分对象(一般不能少于 20 人)进行测试。

(3)统计每位受测者在每条陈述上的得分以及每人在全部陈述上的总分。

（4）计算每一条陈述的分辨力系数，删除分辨力不高的陈述，保留分辨力高的陈述，形成正式的量表。

分辨力系数的计算方法是：根据受测者全体的总分排序；然后取出总分高的25%的人和总分低的25%的人，并计算这两部分人在每一条陈述上的平均分；将这两个平均分相减，所得出的就是这一条陈述的分辨力系数。该系数的绝对值越大，说明这一条陈述的分辨力越高。

表4-8就是计算分辨力系数的一个很好的例子。

表4-8 计算分辨力系数的例子

被调查者		题目												个人得分
		1	2	3	4	5	6	7	8	9	10	11	12	
总分高的25%的人	工人1	4	5	5	4	3	5	4	4	3	5	2	5	49
	工人2	5	4	4	5	5	4	3	2	5	4	1	4	46
	工人3	5	4	4	3	4	5	4	3	4	4	2	5	46
	工人4	4	4	4	4	3	5	3	3	4	5	1	4	44
	工人5	5	5	3	2	4	4	3	4	5	2	2	4	43
	工人6	4	3	2	5	4	5	4	4	2	3	1	5	42
	工人7	4	4	4	3	5	4	3	2	4	4	1	3	41
	工人8	3	3	4	4	2	3	5	4	2	3	2	5	40
	⋮	⋮	⋮	⋮	⋮	⋮	⋮	⋮	⋮	⋮	⋮	⋮	⋮	⋮
	工人14	2	3	3	2	3	2	3	4	3	4	2	4	35
	工人15	2	4	3	2	3	2	3	3	4	3	1	4	34
总分低的25%的人	工人16	2	2	4	2	3	3	2	1	4	2	2	5	32
	工人17	2	2	2	3	4	2	4	1	3	2	3	4	32
	工人18	1	3	2	3	3	3	2	1	2	2	2	5	29
	工人19	1	1	2	2	2	3	2	3	4	1	1	4	26
	工人20	1	1	1	2	1	2	1	2	3	2	2	3	21
总分高的25%的人的平均分		23/5=4.6	4.4	3.8	3.6	4.2	4.2	3.4	3.2	4.2	4.0	1.6	4.4	
总分低的25%的人的平均分		7/5=1.4	1.8	2.2	2.6	2.2	2.6	2.4	1.8	3.0	2.0	1.8	4.2	—
分辨力系数		3.2	2.6	1.6	1.0	2.0	1.6	1.0	1.4	1.2	2.0	−0.2	0.2	

从表 4-8 最下面一行的结果中可以看出，题目 11、12 列陈述的分辨力系数很小，故在制作正式的量表时，应将这两条陈述删除。

表 4-9 呈现了一个关于购买新能源汽车风险感知的利克特量表。

表 4-9 关于购买新能源汽车风险感知的利克特量表

序号	项目	非常不同意	不同意	不知道	同意	非常同意
1	我认为搜寻产品和销售商的信息需要花费大量的时间	1	2	3	4	5
2	我认为充分了解新能源汽车的性能需要花费大量时间	1	2	3	4	5
3	我担心法律、保险体系不健全而导致财物损失	1	2	3	4	5
4	我担心相关设施如充电设施不健全而导致财务损失	1	2	3	4	5
5	我担心新能源汽车设计不良可能会对身体造成潜在的影响	1	2	3	4	5
6	我担心新能源汽车存在潜在的电池安全问题而购买时未能及时发现	1	2	3	4	5
7	我担心长时间驾驶汽车会对身体造成伤害	1	2	3	4	5
8	我担心所选择的汽车性能达不到我的预期	1	2	3	4	5
9	我担心所选择的汽车性能和商家宣传的不一致	1	2	3	4	5
10	我担心新产品技术不成熟，存在缺陷或瑕疵	1	2	3	4	5

资料来源：《基于感知收益——感知风险框架的新能源汽车购买意愿研究》，陈凯，顾荣，胡静。有改动。

◆ **3. 语义差别量表**

语义差别量表（semantic differential scale）也称为语义分化量表，主要用来研究概念对于不同的人所具有的不同含义。这种量表最初是美国心理学家奥斯古德等人在他们的研究中使用的。它在研究小政治群体、态度或更一般性的政治问题时特别有用。在社会学和心理学研究中，语义差别量表主要用于文化的比较研究、个人及群体间差异的比较研究，以及人们对周围环境或事物的态度、看法的研究等。

语义差别量表的形式由处于两端的两组意义相反的形容词构成，每一对反义形容词中间分为七个等级，每一等级的分数从左至右分别为 7、6、5、4、3、2、1，也可以为 +3、+2、+1、0、−1、−2、−3。被测量的概念或事物（比如某一群体、某种问题、某个国家等）放在量表的顶端，调查时要求被调查者根据自己的感觉在每一对反义形容词构成的量表中的适当位置画记号，比如画×号。研究者通过统计和计算这些记号所代表的分数，来深入了解人们对某一概念或事物的看法或态度，或者进行个人或团体间的比较分析。比如，要了解人们对女性角色的理解或看法，可用语义差别量表对若干反映女性角色的概念，如母亲、妻子、姐妹、女儿、女朋友、女强人等进行测量。表 4-10 就是这种测量的示例。

表 4-10　语义差别量表示例

姐妹							
热情的：	＿＿＿	： ＿＿＿	： ＿＿＿	： ＿＿＿	： ＿＿＿	： ＿＿＿	：冷漠的
主动的：	＿＿＿	： ＿＿＿	： ＿＿＿	： ＿＿＿	： ＿＿＿	： ＿＿＿	：被动的
强　的：	＿＿＿	： ＿＿＿	： ＿＿＿	： ＿＿＿	： ＿＿＿	： ＿＿＿	：弱　的
快　的：	＿＿＿	： ＿＿＿	： ＿＿＿	： ＿＿＿	： ＿＿＿	： ＿＿＿	：慢　的
大　的：	＿＿＿	： ＿＿＿	： ＿＿＿	： ＿＿＿	： ＿＿＿	： ＿＿＿	：小　的
慈善的：	＿＿＿	： ＿＿＿	： ＿＿＿	： ＿＿＿	： ＿＿＿	： ＿＿＿	：残忍的

语义差别量表所采用的数对形容词要能够考察被调查者对研究对象的感觉和态度的各种要素或各种维度。许多研究者认为，这种形容词中通常包括三个一般的维度：评价（比如好与坏、善良与残酷、重要与不重要等）、力量（比如强与弱、硬与软、刚与柔等）和行动（比如主动与被动、快与慢等）。

对于社会调查中经常需要了解的态度问题，比如"你认为……是否重要""你觉得……如何"等，通常的做法是列出"非常重要、比较重要、一般、不大重要、很不重要"或"非常赞成、比较赞成、一般、不大赞成、很不赞成"这样的答案来进行测量。如果改用语义差别量表来测量，其效果是一样的，而且往往会显得十分经济。奥斯古德等人在其研究报告中还指出，这种方法具有很高的再测信度和表面效度。

第三节　评估量表的信度和效度

对于任何一种测量工具或测量手段来说，必然会涉及这样一些基本问题：测量所得的数据或资料是否与调研人员感兴趣的特征有关？测量所得的结果是否正是调研人员所期望得到的？当这种测量的时间、地点、操作者发生改变时，测量的结果是否也会发生改变？这些都涉及测量的信度和效度问题。

一　信度

信度（reliability）即可靠性，指的是采取同样的方法对同一对象重复进行测量时，所得结果相一致的程度。换句话说，信度是指测量结果的一致性或稳定性，即测量工具能否稳定地测量所测的事物或变量。

比如，用同一台磅秤去称某一物体的重量，如果称了几次都得到相同的结果，则可以说这台磅秤的信度很高；如果几次测量的结果各不相同，则可以说它的信度很低，或者说这一测量工具是不可信的。

因此，我们将信度定义为：在测量中可以避免随机误差，从而提供前后一致的数据的程度。随机误差越小，调查就越可靠。因此，能够摆脱随机误差影响的测量是准确的。如果在被测概念的值保持稳定的情况下，测量结果保持不变，那么这个测量量表就是可靠的。但是，如果被测概念的值发生了变化，可靠的测量应该能揭示出这一变化。那么，究竟什么样的测量工具是不可靠的呢？如果你的体重一直稳定地保持在 68 kg，但你在浴室秤上反复测量，结果总在不断波动，这种测量就是不可靠的，这种不可靠可能是因为一个弹簧不牢固。

大部分信度指标都以相关系数来表示，具体的信度类型主要有以下三种。

（一）再测信度

对同一群对象采用同一种测量，在不同的时间点先后测量两次，根据两次测量的结果计算出相关系数，这种相关系数就叫作再测信度（test-retest reliability）。这是一种最常用、最普遍的信度检查方法之一。使用这种方法时，两次测量所采用的方法、所使用的工具是完全一样的。再测信度的缺点是容易受到时间因素的影响，即受到前后两次测量之间的某些事件、活动的影响，后一次测量的结果客观上会发生改变，使两次结果的相关系数不能很好地反映两次测量的实际情况。

（二）复本信度

复本信度（alternate form reliability）采取的是另一种思路：如果一套测量可以有两个量表，则可以根据同一群研究对象同时接受这两个量表测量所得的分数来计算其相关系数。比如，学校考试时出的 A、B 卷就是这种测量的一个近似的例子。在社会调查中，研究人员可以设计两份调查问卷，每份使用不同的项目，但都用来测量同一个概念或事物，对同一群对象同时用这两份问卷进行测量，然后根据两份问卷所得的分数计算其复本信度。复本信度可以避免上述再测信度的缺点。但是，它的要求是：所使用的复本必须是真正的复本，即二者在难度、长度、排布、内容上尽可能相似。然而，在实际调查中，使调查问卷或其他类似的测量工具达到这种要求往往是一件十分困难的事情。

（三）折半信度

将研究对象在一次测量中所得的结果，按测量项目的单双号分为两组，计算这两组分数之间的相关系数，这种相关系数就叫作折半信度（split-half reliability）。比如一个态度测量包括 30 个项目，若采用折半法技术来了解其内在一致性，则可以将这 30 个项目分为相等的两部分，再求其相关系数。通常，研究者为了采用折半信度来检验测量的一致性，需要在量表中增加一倍的测量项目。这些项目与另一部分项目在内容上是重复的，只是表面形式不同而已。如果被调查者在前后两部分项目上的得分高度相关，则可以认为这次测量是可信的。这种方法与复本信度的情况类似，它要求前后两个部分的项目的确是在测量同一个事物或概念。一旦二者所测量的并不是同一个事物或概念，那么，研究者就无法用它来评价测量的信度了。

二、效度

测量的效度（validity）也称为测量的有效度或准确度。它是指测量工具或测量手段能够准确测出所要测量的变量的程度，或者说能够准确、真实地度量事物属性的程度。我们也可以说，效度指的是测量标准或所用的指标能够如实反映某一概念真正含义的程度。当一项测量所测的正是它所希望测量的事物时，我们就说这一测量具有效度，或者说它是一项有效的测量；反之，则称为无效的测量或者测量不具有效度。

比如我们打算测量某个样本中大学生的智商分布情况，采用一份标准的智商测量量表对他们进行测量，并用他们每个人在测量中所得的分数来表示他们的智商，那么这一测量是有效的。但是，如果采用的是一份英文的智商测量量表，那么，当我们同样用所得到的分数来表示他们的智商时，我们的测量就不具有效度了。因为此时我们所测量的并不是大学生的智商，而是他们的英文水平（所测量到的并不是我们所希望测量的）。

测量的效度具有四种不同的类型，即表面效度、内容效度、准则效度和结构效度，它们分别从不同的方面反映测量的准确程度。人们在评价各种测量的效度时，也往往采用这四种类型作为标准。

（一）表面效度

表面效度（face validity）也称为逻辑效度，指的是测量内容或测量指标与测量目标之间的适合性和逻辑相符性。也可以说，表面效度是指测量所选择的项目是否"看起来"符合测量目的和要求。评价一种测量是否具有表面效度，首先必须知道所测量的概念是如何定义的，其次需要知道这种测量所收集的信息是否和该概念密切相关，然后评价者才能尽其判断能力之所及，做出这一测量是否具有表面效度的结论。比如，用问卷去测量人们的消费观念，那么，首先要弄清消费观念的定义，然后看问卷中的问题是否都与人们的消费观念有关。如果问卷中的问题明显是有关其他方面的，则这种测量就不具有表面效度。如果发现问卷中的问题所涉及的都是有关消费观念方面的内容，而看不出它们是在测量与消费观念无关的其他内容时，则可以说这一测量具有表面效度。

（二）内容效度

内容效度（content validity）是指测量工具内容的代表性或样本充分程度。换言之，量表是否足够覆盖要研究的主题。例如，麦当劳公司（简称麦当劳）要测量年龄在18~30岁，每月至少吃一次快餐汉堡的成年人对公司的印象。调研人员设计了如表4-11所示的内容效度量表并要求顾客对其打分。

表4-11 内容效度示例

现代的建筑	1	2	3	4	5	老式的建筑
环境好	1	2	3	4	5	环境差
停车场清洁	1	2	3	4	5	停车场肮脏
标志有吸引力	1	2	3	4	5	标志没有吸引力

麦当劳的一位执行经理可能很快就提到有关量表的问题：从来不吃汉堡的人只要经过麦当劳的店门，就能够对这些做出评价。事实上，一位路过麦当劳的人就能简单地做出评估。其也可能进一步争辩到，这份量表不具备内容效度，因为许多重要的形象要素，如食品质量、休息室和进餐室的清洁卫生以及服务的快速和礼貌等，都没有被测量。

判断测量是否具有内容效度不是一件简单的事。要想识别麦当劳形象的所有方面非常困难，而且是不可能的。内容效度的判断最终是一种评判性行为，调研人员可以通过下列步骤来判断内容效度：

（1）对所要测量的概念、对象进行仔细和准确的界定；

（2）竭力收集相关的文献资料以及举行焦点小组访谈，尽量列举出可能包括的内容；

（3）召开专家座谈会，研讨量表中应包括哪些内容；

（4）对量表进行预先测试，也可以通过开放式提问来了解可能包括在内的其他内容，例如，可以在测量麦当劳形象的量表后面，附带提这样的问题："你对麦当劳有什么其他想法吗？"对这类预测性问题的回答，可能会提供先前没有涉及的其他形象内容的线索。

（三）准则效度

准则效度（criterion validity）也称为实用效度、预测效度或共变效度，指的是用一种不同以往的测量方式或指标对同一事物或变量进行测量时，将原有的一种测量方式或指标作为准则，用新的方式或指标所得到的测量结果与原有准则的测量结果做比较，如果新的测量方式或指标与原有的作为准则的测量方式或指标具有相同的效果，那么，就可以说这种新的测量方式或指标具有准则效度。

为了说明这一点，假设需要设计一个判断能够出色地主持小组访谈的调研人员测试。首先，从能够很好地主持小组访谈的调研人员的姓名地址目录中确定一些公正的市场调研专家。然后，构建一个拥有300多项条款内容的量表询问各主持人，请他们回答"是"或"否"。例如，"我相信强迫小组中害羞的参与者发表言论是很重要的""我愿意和一些小群体的人们接触"。接着检查回答，挑选出有关的条款。在这些条款中，好的小组主持人以一种类型回答，而其余人以另一种类型回答。假设这一过程产生了84项条款，将这些条款组合在一起就形成了上面所说的小组主持人的效度测试。这个测试能够确定优秀的小组主持人，这里感兴趣的标准是好的焦点小组访谈指导能力，并可以通过实施对一组新主持人的测试来对效度测试的相关准则效度进行深入的探讨。最后，确定测试识别每个被指定的调研人员的程度。

（四）结构效度

结构效度（construct validity）涉及一个理论的关系结构中其他概念（或变量）的测量。比如设计了一种测量方法来测量人们的婚姻满意度，为了评价这种测量方法的效度，需要用到与婚姻满意度有关的理论命题或假设中的其他变量。假定有下列与婚姻满意度有关的理论假设：婚姻满意度与主动做家务的行为有关，且婚姻满意度越高，越是主动承担家务。那么，如果测量在婚姻满意度与承担家务方面的结果具有一致性，则称测量具有结构效度；如果不同的对象在承担家务方面的行为都是一样的，那么，测量的结构效度就面临挑战。

最后需要特别注意的是，测量的效度与信度都是相对量，而不是绝对量，即它们都是"程度事物"。对于同一种对象，人们常常会采用各种不同的测量方法和各种不同的测量指标。也许这些方法和指标都没有错，但它们相互之间一定会在效度与信度这两方面存在程度上的差别。对它们进行评价和选择的标准是：在准确性和一致性上程度更高的方法和指标，就是更好的测量方法、更高质量的测量指标。

三 信度与效度之间的关系

测量的信度与效度之间存在着一定的关系。这种关系主要体现为三种情形。

第一，有效度的测量一定是有信度的测量。简单地说，就是有效必可信。这一点从信度和效度的定义中很容易理解，当每次测量所得到的正是想要测量的概念或事物时，这种测量同时也一定是稳定的。如果一种测量是有效的，则它将在任何时候都是正确的，从而也必定是可信的。

第二，有信度的测量既可能是有效度的，也可能是无效度的。因为一种测量是可信的，只说明它具有稳定性，即多次重复测量的结果的一致性程度很高。但这种可信并不涉及所测量的对象的准确性问题。当它所测量的的确是研究者所希望测量的对象时，它同时也是有效的；但当它所测量的并不是研究者所希望测量的对象时，它就是无效的。

第三，无信度的测量一定也是无效度的。如果一种测量工具或手段的多次测量结果之间互不相同（即可信度很低），显然就无法保证这每一次的测量都准确地测出了同一个对象。

经典案例4-3

当考虑到美国女性控制7万亿美元以上的美国消费，以及在大多数主要类别中85%以上的购买决策时，就不奇怪市场人员要说服女性打开她们的钱包了。

为了更好地了解如何刺激女性，洞察女性行为和购买决策的无意识的驱动因素，位于伊利诺伊州威尔梅特市的调研公司LLC建立了五种女性行为洞悉（female behavioral insight，简称FBI）简介，旨在创造一个完全的、更清晰的关于美国女性看重的是什么的图景。

下面是对FBI简介的介绍。

（1）简介1（26%的女性）：她受到驱动，有了目标后不论做什么都成功。她想要拥有一切。不论她是500强公司的领导者还是家里的"CEO"，她下决心要实现目标。她经常在工作生活和家庭生活中犹豫不决。但是，有了明确的目标后，她从不会忘记，知道拥有了足够的韧性，她就能够成功。

（2）简介2（21%的女性）：她是一个快乐的传统主义者，很保守且规避风险。她很可能经常和朋友以及家人待在家里。她是一个通过照顾别人来照顾自己的典型"营养家"，不论是心理上还是身体上的。比起中心位置，她更喜欢在风景背后，有强烈的信念系统、结构和惯例指导。

（3）简介3（20%的女性）：她经常思考，很想知道为什么人们会做他们所做的事。惯例是她生活的支柱，她对知道接下来会发生什么感到舒服。当事情按计划进行时,她是一个快乐主义者,但预测之外的世界会使她感到失去了平衡。她可以解决几个难题,但是遇到太多难题时会很勉强。如果有规则,她会遵从,因为规则定义了指导方针和期待。

(4)简介4(17%的女性):她自我信赖,试图对她身边所有的事保持控制,她感觉只有自己能够解决自己的问题。她能敏锐地意识到挫折和降临在身上的失望,促使情感的堡垒保护自己。尽管看起来独立,但她也需要"援军"以及来自他人的积极反馈。

(5)简介5(16%的女性):她由不可遏制的好奇心驱动,是一个活泼的、社会型的、对任何事都保持开朗的享乐主义者。她不会仅仅为了炫耀而爬山或者尝试最新的餐馆,她做这些只是为了满足自己的好奇心。无畏的、坦白的她会抗拒一切无聊或重复的事。她相信人们会发现并且追求使她们开心的事。她想要所有人充分地感受到生活提供给她的一切,所以她想尽办法变得有魅力、有涵养并且大方。

问题与思考

1. 调研人员可能使用什么测量尺度?举出例子。
2. 调研人员有哪些可以用于信度的测试?
3. 调研人员可能会怎样进行信度的测试?
4. 调研人员可以做什么来证明结构效度?
5. 你认为测量量表对调研人员有价值吗?为什么?

数字资源4-2
经典案例4-3
问题参考答案

经典案例4-4

让数据站住脚——浅谈用户研究中的信度与效度

在用户研究工作中,如何让数据和结论更有说服力,是很重要的问题。

一、调查的质量取决于调查的信度和效度

用户在回答问题的时候,往往会受到环境、时间、当时情绪的影响而产生并不真实的想法,即会有随机误差。信度就是衡量这种随机误差对用户想法影响的大小。

在对某个产品的用户研究中,用得最多的方法通常是用户访谈、问卷调查和可用性测试。在运用这几个方法的过程中都会涉及信度和效度的问题。

二、用户访谈中的效度和信度

1. 访谈不能局限于用户

任何一个产品项目都会受到市场环境、公司战略、技术力量、平台规范和流行趋势等各个方面的影响。对某一产品的需求，可能来自用户、技术、交互以及视觉等方面。不同人看待产品的角度不一样，侧重点也不一样，找多个角色有助于把需求找全，不遗漏，所以必须提前了解他们的需求，这样才能使研究更有针对性、全面性、有用性。有用程度、全面程度是效度的重要组成部分。

2. 巧妙地选择访谈用户

通常，前期深度访谈的用户数量不会太多，所以用户条件一定要把握适当，反馈的问题才能全面、合理、有用。

以 Android 上的某一款软件开发的用户访谈选择为例。首先，Android 新手用户和熟练用户都是必须访谈的，熟练用户更能反映 Android 用户习惯性操作方式、平台特点，以及长期使用过程中积累的意见和建议；而新手用户可以更好地反映该平台哪些地方存在学习困难，从而通过软件开发者的设计帮助用户去降低学习成本。其次，非 Android 用户也是必须访谈的，可以从侧面了解他们不用 Android 的原因，从而帮助产品挖掘更多潜在用户。选择访谈用户需要注意的有两点：

（1）用户基本信息（学历、职业、性别、年龄等）要覆盖全面，不同属性的用户看重的地方会存在差异，需求也会不一样；

（2）要包含竞品用户，通过了解用户对竞品的评价，可以提炼出竞品的优劣势，从而为增强产品竞争力提供方向。

3. 一定要有专家

专家是重要的信息携带者。李乐山教授说专家有三类——用户专家、制造专家、市场销售专家，他指出判断某人是专家的标准是：① 能够熟练使用一种产品；② 能够比较同类产品；③ 有关的新知识容易整合到自己的知识结构中；④ 具有 10 年及以上专业经验；⑤ 积累大量经验并且在使用经验方面具有很大优势；⑥ 了解有关历史（该产品的设计史、技术发展史等）；⑦ 关注产品发展趋势；⑧ 知识链或者思维链比较长，提起任何一个有关话题，都能够谈出大量的有关信息；⑨ 能够提出改进或创新的建议，他们的创新或改进方案，其高水平体现在采用简单方法解决复杂问题。

对于互联网，专家应该指的是用户专家、开发专家、设计专家以及产品专家。他们凭借丰富的经验，系统全面地掌握行业同类产品信息、开发及设计模式、历史及发展趋势、专业水平。他们可以提供很多调查人员始料未及的建议。

三、问卷调查与分析中的信度与效度

为了提高工作效率，问卷调查往往采用网络调查的方法，信度、效度问题出现的可能性就更大。一些满意度调查采用量表结合结构方程模型（SEM）的方式，下面是可能会出现信度和效度问题的方面。

1. 理论模型支持

由于 SEM 进行的是验证性因子分析，是检验而不是探索新的模型，因此，整个因果关系的假设必须有强有力的理论支持和严密的逻辑框架，包括模型中变量关系的假定、指标的选取，甚至测度项的表达方式等。如果最终输出的模型和理论模型结构不符，那么该模型是没有任何说服力的。比如用 ACSI 模型作为满意度的理论模型时，要考虑是否真的按照感知质量、感知价值、顾客期望这几个层面去设计问卷了。

2. 样本量保证

普通抽样调查目标用户原则上是越多越好，但遇到目标用户较少的情况，只要保证一定的条件就可以。样本量受到置信区间、抽样误差范围的影响，可根据实际情况测算出最小样本量。

对于 SEM 来说，大样本量是必须的，SEM 中涉及的变量众多，变量间的关系复杂交错，小样本量会导致模型不稳定、收敛失败进而影响模型中的参数。朱远程等指出，当样本量低于 100 时，几乎所有的 SEM 分析都是不稳定的；数量大于 200 以上的样本，才称得上一个中型样本。若要得到稳定的 SEM 结构，样本量低于 200 是不鼓励的。有些学者将最低样本量与模型变量结合在一起，建议样本量至少应为变量数量的十倍。模型中变量越多，对大样本的要求就越高。

3. 变量需遵循原则

（1）SEM 中各变量的函数关系必须是线性的，否则是不能用回归计算路径系数的。

（2）在使用最大似然估计法时，变量一定要是多元正态分布的，这就要求指标要呈正态分布，否则就要对指标进行正态处理才行。

（3）变量间的多重共线性程度要低，否则路径系数会有很大误差。

（4）SEM 建立的过程中要不断地修正才能得到比较完美的模型。比如因子分析时，若发现某一测度项对应的因子载荷过小，就要人为地将该测度项删除。但是若模型建立之后，一些变量对应了 4~5 个测度项，一些变量只对应 1~2 个测度项，那么就需要思考只有 1 个或 2 个测度项的变量是否被完全解释，这仅有的 1 个或 2 个测度项是否能全面真实地反映该变量。如果仅有 1 个或 2 个测度项，就算 KMO 检验、Bartlett 检验、因子载荷都通过了，效度也是难以保证的。所以问卷前期需要反复进行预调研，不断地对问题进行修正，而不是随意地人为删除。

4. 数据质量是根源

要使模型结构稳定有效，首先要保证数据质量，反复检验问卷的信度。

（1）不同时间的一致性。在设计问卷时，可以将同样的问题对同一个人重复测试。如果这两道题得到的答案是不一致的，相关系数的绝对值小于 0.7，那么说明这份问卷的稳定信度不高。假如问卷样本足够大，可以一分为二（每一份样本也要保证足够的样本量），别建立两个模型：通过对比两个模型中参数的差异，便可以检验该模型的稳定性和适用性。如果两者差异太大，就说明模型本身是有问题的。

（2）不同形式的一致性。对于内容等效但表达方式不同的两份问卷，可以用Gamma系数检测两者的等效信度。

（3）内在一致性。问卷中相关的问题为同样的目标服务，它们在逻辑上一致，也就是同质的。首先要测量每个测度项与总体的相关性，然后再测量同一变量下相关问题间的同质性，对于不同的提问方式选择对应的方法。在基础研究中，信度至少应达到0.80才可接受。在探索性研究中，信度达0.70可接受，0.70～0.98为高信度，小于0.35为低信度。对于是非题，则采用Kuder-Richardson系数检验。在进行内在一致性检验时，要看题目选项是否反序。如果两道题都是问"对该产品是否满意"，一道题中"7"代表满意，"1"代表不满意；另一道题中"1"代表满意，"7"代表不满意，这样就会影响信度。遇到这种情况要提前人为调整过来。

5. 具有预测作用

问卷结论不仅要解决当前的问题和需求，还要具有一定的预测作用。市场是变化的，当前的目标用户不一定就是未来的（或者下一代产品的）目标用户，比如目标用户的收入可能有增加的趋势，某一平台的使用率在快速提高，当前的满意度模型可能在一个月之后就不适用了（比如新功能点的出现）。

假设要对QQ影音进行满意度调查，现在建立了一个满意度模型，但若下个月QQ影音中多了一个重要的功能，对整个满意度的提升产生了很大作用，那么，模型中各项的路径系数会不会产生变化？该模型在下个月可能就不适用了，造成的后果就是当前的满意度值与下个月的满意度值没有可比性，很多工作也就白费了。所以，诸如满意度模型这样的研究，是需要反复调查的，长期对该满意度模型进行监控和修正，以求得到最稳定的模型，就可以让模型具有预测和比对作用。

6. 关注细节

（1）问卷设计中题项表述不能出现歧义，避免太专业词汇以及诱导词汇；

（2）选项间要有明确的区分（互斥）；

（3）避免遗漏，"其他"选项是必须要有的，而且最好配有输入框，很多问卷调查都能从"其他"选项中获取大量信息；

（4）一般题项不能太多，设置问题选项的时候，尽可能地让选项随机显示，特别是在选项较多的情况下；

（5）数据处理过程中除删除重复项、矛盾项之外，最好能统计到用户填写问卷的时间差。如果整个填写的时间极短，完全可以判定用户没有认真填写；

（6）极端的、离群的选项，可以考虑将其删除。

四、可用性测试中的信度与效度

在可用性测试中，首先保证主持人的态度亲切，测试前随意聊聊促进彼此熟悉，测试提纲清晰全面。另外，以下几点也对保证测试的信度和效度很重要。

1. 不要忽略"异想天开"

头脑风暴中要求彼此不能批评,在进行访谈或测试中,也不能对用户某些操作做出评论,否则用户很有可能隐藏内心真实的感受。关注并记录用户出错,但是用户出错时态度要中立。

通常,用户在体验产品后,会产生很多看似异想天开的诉求。有些虽然在当前不能实现,但是会为未来发展提供很多思路和方向。所以要积极鼓励用户进行思维发散。

2. 前后验证、竞品比对

在测试完成后,可以加上一个总体调查问卷,让用户对自己体验的各个功能点有一个回顾和比较,同样也可以验证用户体验过程中的态度和最终的态度是否具有一致性。如果存在不一致,应该进一步追问理由,确定用户的真实想法。

测试时,让用户体验竞品,并做出比较,也是发现有效信息的途径。

3. 敏锐观察

测试中,除了按照已定的提纲进行问答之外,过程中还要敏锐地观察用户一些细微的表情、停留、思考。不但要了解用户对各功能点是如何评价的,还要知道用户在做某一任务过程中,是怎么思考、计划、实施的,用户的第一反应、习惯性的操作、思维路线的作用远远大于单纯的评价。用户任务完成之后,要追问用户如此操作的原因。

4. 记录原话并习惯性确认

测试结论要有用户的原话支持,不能轻易地改变用户的表述。和用户交流过程中,要习惯性地问:"请问您的意思是……?""我这样理解您的意思,您看对吗?"以保证测试结论的效度。

5. 必要时进行入户调查

首先,入户调查会大大减少外界环境的影响,用户在自己熟悉的空间中,会更真实地反映常见的问题。其次,入户调查一般是在用户画像提取出来之后,按照用户画像描述的属性,有意识、有针对性地去挑选具有某些典型属性的对象进行深入、全面、系统的调查(典型调查)。比如某一产品的目标用户,他们反映的问题代表性强,往往有以一当十的功效,避免了非目标用户信息造成的干扰。

6. 用户条件与数量符合要求

根据目标用户特征选择参与测试的用户。一般衡量测试是否需要继续进行的方法是:看是否发现新的问题,如果有新的问题,就应该继续;反之,可以结束。

Neilson的研究结果表明,5名用户的测试可以发现85%的可用性问题。而在以往的可用性测试经验中,用户数一般定为6个,基本上能发现全部问题。当然,任何数字都只是一个参考,用户数量最好根据具体的测试情况(衡量时间、资源、投入产出比)而定。总之,测试继续进行的关键在于有新的问题出现。

资料来源:让数据站住脚——浅谈用户研究中的信度与效度,https://www.cda.cn/view/1522.html。有改动。

经典案例4-5

量表示例

表4-12给出了一个有关组成性定义、操作性定义和合成测量量表的例子。两位营销专家将开发出的角色模糊的操作性定义用于分析销售人员和顾客服务人员。理论上认为，角色模糊将导致工作压力，降低员工提高绩效的能力和获取工资报酬的能力，并且还导致员工对工作的不满。

表 4-12 用于销售人员或顾客服务人员角色模糊程度的量表

概念的操作化	角色模糊是由个人所获信息与角色所要求的适当绩效不符而直接引起的，它是个人的实际知识水平和要达到的满意的知识水平之间的差距
	个人从其他员工和顾客那里感受到的对工作角色的责任和期望的不确定性
测量量表	测量量表由45个项目组成，每个项目分五级加以评价。其评价等级是：1＝非常确定，2＝确定，3＝中等，4＝不确定，5＝非常不确定。部分问题如下： 公司给予我自由行动的空间有多大？ 公司期望我怎样去处理工作中非正常的活动？ 公司期望我完成的工作量是多少？ 老板在多大程度上会倾听我的看法？ 老板对我的满意度是多少？ 部门经理期望我怎样与他共事？ 其他部门经理是如何看待我所从事的工作的？ 公司期待我如何与顾客打交道？ 在工作中我应该如何行动（与顾客）？ 公司是否希望我用小的谎言来赢得顾客的信任？ 公司是否希望我向顾客隐瞒公司的混乱状况？ 家人认为我应该在工作上花多少时间？ 我的家庭会在多大程度上分担我的工作问题？ 同事们希望我在工作上如何表现？ 同事们期待我将多少信息传递给老板？

资料来源：《当代市场调研》，小卡尔·麦克丹尼尔，罗杰·盖茨著，李桂华等译。有改动。

本章小结

测量是指按照特定的规则将数字或符号分配给目标，进而来代表量化和质化属性的过程。测量的规则是一种指南或指令，它告诉调研人员如何进行测量。

准确的测量要求规则清晰而具体。

测量的程序如下：① 定义操作性概念；② 分配指标；③ 实施测量；④ 评估量表的信度和效度。组成性定义是指研究概念的中心思想，确立其边界的意义陈述；操作性定义是指确定要测量的可观察的事物特征，并分配给概念某一数值的过程。

基本的测量按尺度分为四种：定类测量、定序测量、等距测量和等比测量。

测量数据包含准确的信息和误差。系统误差是指测量中产生的持续误差。随机误差也会影响测量的结果，但不是系统性的。随机误差的影响从本质上讲是短暂的。测量的信度是指在测量中可以避免随机误差，从而提供前后一致的数据的程度。测量的效度是指测量的有效度或准确度。测量的效度涉及测量工具和过程能够避免系统误差和随机误差的程度。效度类型包括表面效度、内容效度、准则效度和结构效度。

 复习思考

1. 什么是测量？测量的程序是什么？
2. 三种不同的量表各自有什么特点？又有哪些优势？

数字资源 4-3
第四章
"复习思考"
问题参考答案

第五章
设计市场调查问卷

学习目标

■ 1. 了解市场调查问卷的基本概念。
■ 2. 掌握市场调查问卷设计的原则、程序与技巧。
■ 3. 熟悉市场调查问卷设计效果评价的方法。

情景导入

小红书用户喜好专项大调查

【还原美貌】美妆区，谁最能戳中用户的"心巴"？
【不爱喝白水】饮料区，怎样的饮品能让用户快速购买？
猜猜看，你能答对几道题？

No.1 美妆篇

Q：猜猜看，小红书美妆选手们，最爱在站内看什么内容？

A. 美妆花式教学　　　　　　B. 产品
C. 试色分析　　　　　　　　D. 沉浸式化妆/护肤

Q：小红书上的美妆用户，最容易被谁种草？

A. 明星　　　　　　　　　　B. 熟人/朋友
C. 美妆博主　　　　　　　　D. 普通用户

No.2 饮料篇

Q：在小红书上，饮料区用户主要分布在哪一年龄层？

A. 18岁以下　　　　　　　　B. 18～25岁
C. 25～30岁　　　　　　　　D. 30～35岁
E. 35岁及以上

> Q：什么样的笔记内容，最能激发用户购买饮料的意愿？
> A. 新品推荐　　　　　　　　B. 饮料的DIY喝法
> C. "薅羊毛"小秘籍　　　　　D. 主题限定款饮品种草
>
> 资料来源：小红书商业动态微信公众号。有改动。

问题与思考

当你在进行调查问卷设计时，什么样的问题将会帮助你在进行民意调查时获得有用的信息？而具体的答案内容又该如何汇总并进行编码统计呢？要回答这些问题并确保市场调研结论有效，需要我们在调查问卷设计中遵循一定的原则、程序，运用一定的技巧。

第一节　市场调查问卷概述

市场调研的结论来自对真实反映市场现象的信息、数据等资料的科学分析与研究，而市场调查是收集这种"真实反映市场现象的信息、数据等资料"的重要方式和手段，也是市场调研最为关键的环节之一。市场调查是通过问卷作为工具来收集市场信息和市场数据的。所以，市场调查问卷的质量直接影响到市场调查结果，进而影响到企业管理者对市场的判断和决策。

数字资源 5-1
调查问卷的概念

一　市场调查问卷的定义与作用

（一）市场调查问卷的定义

问卷，又称调查表，是用来收集调查信息、数据的一种工具。市场调查问卷是市场调研人员用来了解相关市场情况，征求受访者相关意见的一种信息、数据收集工具。

（二）市场调查问卷的作用

市场调查问卷的作用就是作为提问、记录和编码的工具，从而获得第一手的市场资料。具体来说，市场调查问卷的作用体现在以下几个方面。

（1）实施方便，提高调查精确度。一份好的市场调查问卷能将所需信息转化为被调查者可以回答并愿意回答的一系列具体的问题。

（2）节约时间，提高效率。一方面，通过问卷可引导被调查者参与并完成调查，减小由被调查者引起的计量误差;另一方面,提问的标准化可减小由调研人员引起的计量误差。

(3)便于调查结果的统计、分析与处理。根据调查问卷来记录被调查者的回答,根据调查问卷来进行编码。

二、市场调查问卷的结构与类型

(一)市场调查问卷的结构

市场调查问卷在结构上主要包括标题、问卷说明、被调查者基本情况、调查的主题内容、编码、调查者情况、结束语这七个部分。

◆ **1. 标题**

调查问卷的标题概括说明调查的研究主题,使被调查者对所要回答什么方面的问题有一个大致的了解。标题应简明扼要,易于引起被调查者的兴趣。例如汽车消费状况调查,不要简单采用"问卷调查"这样的标题,这样的标题容易引起被调查者的顾虑而拒答。

◆ **2. 问卷说明**

问卷说明旨在向被调查者说明调查的目的、意义。有些问卷还有填表指导、交表时间、地点及其他事项说明等。问卷说明一般放在问卷开头,通过它可以使被调查者了解调查目的、消除顾虑,并按一定的要求填写问卷。

问卷说明中可进行一定的宣传,以引起被调查者对问卷的重视;问卷说明要力求言简意赅、文笔亲切,并要用正式的语言来表达,不能太口语化。

◆ **3. 被调查者基本情况**

被调查者基本情况是指被调查者的一些主要特征。例如,在消费者调查中,被调查者基本情况包括消费者的性别、年龄、民族、家庭人口、婚姻状况、文化程度、职业、单位、收入、所在地区等;在对企业的调查中,被调查者基本情况包括企业的名称、地址、所有制性质、主管部门、职工人数、商品销售额(或产品销售量)等。通过这些项目,便于对调查资料进行统计分组、分析。在实际调查中,列入哪些项目,列入多少项目,应根据调查目的、调查要求而定,并非多多益善。

◆ **4. 调查的主题内容**

调查的主题内容是调查者所要了解的基本内容,也是调查问卷中最重要的部分。它主要以提问的形式提供给被调查者。这部分内容的设计质量直接影响着整个调查的价值。调查的主题内容主要包括以下三个方面:第一,对人们的行为进行调查,包括对被调查者本人行为进行了解或通过被调查者了解他人的行为;第二,对人们的行为后果进行调查;第三,对人们的态度、意见、感觉、偏好等进行调查。

◆ **5. 编码**

编码是将问卷中的调查项目变成代码数字的工作过程。大多数市场调查问卷均需加以编码,以便分类整理,易于进行计算机处理和统计分析。所以,在设计问卷时,应确定每一个调查项目的编号和为相应的编码做准备,与此同时,每份问卷也必须有编号,即问卷编号。此编号除了顺序号之外,还应包括与该样本单位有关的抽样信息。

◆ 6. 调查者情况

在问卷的后面，常需附上调查者的姓名、访问日期、访问时间等，以明确调查者完成任务的性质。如有必要，还可写上被调查者的姓名、单位或家庭住址、电话等，以便于审核和进一步跟踪调查。但对于一些涉及被调查者隐私的问卷，上述内容则不宜列入。随着我国市场调查逐步与国际接轨，上述记录应得到被调查者同意后方可进行。

◆ 7. 结束语

结束语一般采用周密式、开放式、响应式三种表达方式。

（1）周密式：对被调查者的合作再次表示感谢，并提出不要填漏与复核的请求。

（2）开放式：提出本次调查研究中的一个重要问题，在结尾安排开放式的问题，以了解被调查者在标准问题上无法体现的想法。这是一种在问卷设计中经常使用的方式。如以下的表述："您对国家制定大学生就业政策有何建议？"

（3）响应式：提出关于对本次调查形式与内容的感受或意见等方面的问题，征询被调查者的意见。问题形式可用封闭式，也可用开放式。如以下的表述："您填完问卷后对我们的这次调查有什么感想？（单选）""您对本次调查的形式与内容有何建议？"

问卷的各个部分不一定要按照一定的顺序排列，各个部分之间也不一定要有明确的界限，有时个别内容还可以省略。问卷的内容如何安排，要视调查的具体情况而定。

（二）市场调查问卷的类型

根据调查目的和对象的不同，市场调查问卷可以采取不同的形式。

◆ 1. 自填式问卷和访问式问卷

自填式问卷是指通过面对面访谈、邮件或者网络进行调查的问卷形式。自填式问卷交给受访者并由他们自行填写。自填式问卷可以节省人力和时间，当受访者不愿意当面回答或公开某些内容时，也最好采用这种形式。访问式问卷是通过面对面访问或者电话询问受访者，并由调查人员记录调查结果的问卷形式。访问式问卷可以保证问卷的质量，使内容规范、清晰、完整，但同时使调查花费更多的人力和时间。

◆ 2. 传统问卷和网络问卷

传统问卷是指目前仍被广泛使用的纸质书面问卷，是通过面对面访谈、邮件或电话进行调查的问卷形式。网络问卷是随着计算机和互联网技术的普及而发展起来的一种新的问卷形式。网络问卷用于通过网络进行的调查。它的优点是快速、高效和有针对性，并可以降低调查成本。

◆ 3. 结构式问卷和非结构式问卷

结构式问卷中的问题数量要确定，问卷的设计要有一定的结构，按照问题的某种方式和顺序进行提问。调查人员应按照要求提问，不得随意更改问题和文字，不得删除或添加问题。这种问卷适用于大型调查项目。非结构式问卷中提出的问题没有经过严格的设计和安排，有些问题只是围绕调查目的提出的，一般采用调查大纲的形式。这种问卷适用于小规模的深度访谈调查。

第二节　市场调查问卷设计的原则、程序与技巧

问卷设计既是市场调查的重点，也是市场调查的难点。设计一份优秀的市场调查问卷，一方面，需要具备广博的学识；另一方面，还要注意遵循问卷设计的原则和程序，掌握问卷设计的一些技巧。如果调查问卷出现纰漏，问卷中的缺陷将影响市场调查中其他环节的顺利开展，并可能导致市场调研项目的失败。

一　市场调查问卷设计的基本原则

问卷设计的总体要求是简洁、科学、合理。根据问卷的类型和内容不同，不同的设计者各有自己的风格。但他们都需要满足问卷设计的基本要求，即以一定成本获得最低误差的有效数据。市场调查问卷设计的具体原则体现在以下方面。

◆ **1. 功能性原则**

功能性原则是问卷设计的基本原则，即满足问卷的基本功能，达到规范设计、满足调查需求的目的。这一原则体现在一致性、完整性、准确性和可行性上。例如，在问卷设计中，应充分考虑后续数据统计和分析的便利性。主题的设计必须易于录入，且可以进行具体的数据分析，也就是说，即便是主观问题也应该量化，因为这样可以保证与后续的统计计算环节相联系。

◆ **2. 可靠性原则**

可靠性原则是指问卷作为一种数据收集工具，应在一定条件下保持数据稳定。由于市场调查人员、被调查者和调查环境的不同，数据会有所波动。一份好的问卷应该是稳健的，以减少这些干扰对数据质量的影响。

◆ **3. 可接受性原则**

问卷的设计要比较容易让被调查者接受。由于被调查者对是否参加调查有着绝对的自由，调查对他们来说是一种额外负担，他们既可以采取合作的态度，接受调查，也可以采取对抗行为——拒答，因此，请求合作就成为问卷设计中一个十分重要的问题。应在问卷说明中将调查目的明确告诉被调查者，让对方知道该项调查的意义和自身的回答对整个调查结果的重要性。问卷说明要亲切、温和，提问部分要自然、有礼貌和有趣味，必要时可采用一些物质鼓励，并代被调查者保密，以消除其某种心理压力，使被调查者自愿参与，认真填好问卷。此外，还应使用适合被调查者身份、水平的用语，尽量避免列入一些会令被调查者难堪或反感的问题。

◆ **4. 顺序性原则**

顺序性原则是指在设计调查问卷时，要讲究问题的排列顺序，使问卷条理清楚、"顺理成章"，以提升回答问题的效果。问卷中的问题一般可按下列顺序排列。

（1）容易回答的问题（如行为性问题）放在前面，较难回答的问题（如态度性问题）放在中间，敏感性问题（如动机性、涉及隐私等问题）放在后面，关于个人情况的事实性问题放在末尾。

（2）封闭式问题放在前面，开放式问题放在后面。这是由于封闭式问题已由设计者列出备选的全部答案，较易回答；而开放式问题需要被调查者花费一些时间考虑，放在前面易使被调查者产生畏难情绪。

（3）要注意问题的逻辑顺序，如可按时间顺序合理排列，也可按照需要收集资料的类别进行安排，视需要调查的内容涉及几个方面，可把问题分为几大类。

◆ 5. 效率性原则

效率性原则是指在满足调查要求和获取足够信息的前提下，选择尽量简单的调查方法，减少问卷的长度、问题数量，降低问卷的难度，从而节约调查费用、降低调查成本。也就是说，一方面，要能通过问卷获得全面、准确、有效的数据；另一方面，要节约成本、避免浪费，不要问与调查对象无关的问题。

◆ 6. 可维护性原则

一份优秀的问卷需要反复修改和测试，以便改进和完善。一份易于修改的问卷应该有清晰的结构和层次。当一个问题需要调整时，不会影响其他内容。为了提高调查数据的价值，应该注意问卷的标准化，以提高数据的口径的一致性，确保数据在时间和空间上的可比性。

二 市场调查问卷设计的程序

在市场调查问卷设计过程中，最大限度地确保问卷的科学性，需要遵循一定的程序。在实际操作中，问卷设计的程序最容易被忽略，这也是导致一些问卷不合理、缺乏较高信度和效度的原因之一。结合实际经验，将问卷设计程序分为以下步骤。

（一）确定调查目的和内容

不同的市场调查有不同的目的。市场调查目的不同，问卷设计的思路也有所不同。因此，在设计问卷之前，要清楚调查的目的是什么、调查对象是谁、调查要收集哪些信息等。

首先，要明确市场调查目的。市场调查的总体目的是为企业管理者的决策提供参考，在这种情况下，我们在设计问卷时必须明确了解调查的目的，并在调查计划中对其进行指标化和文本化，用来作为问卷设计的指导思想。这实际就是测量中概念操作化的过程。概念操作化即将要测量的主要概念具体化为可以度量的指标，并对与测量有关的概念进行明确说明。这是问卷设计中非常重要的一环，但在实际操作中，很容易忽视这一步骤。事实上，我们可以把概念操作化看作进行问卷设计的指南、依据和提纲，问卷设计工作就是在概念操作化的引导和指示下进行的。

其次，要确定调查对象和调查单位。调查对象是被调查的整体，由许多调查单位组成。确定调查对象，就是要明确界定整个调查的范围。在确定调查对象时，注意确定清晰的范围，避免因边界不清而影响数据的准确性。调查单位是构成整体调查对象的具体单位，即需要登记的标志的承办人。确定调查单位的目的是明确调查对象。

最后，要分析受访者的基本特征，包括社会阶层、行为准则等社会特征，教育水平、知识水平和理解能力等文化特征，需求动机和消费行为等心理特征，用以作为编制问卷的依据。在这个阶段，应充分征求相关人员的意见，使问卷切实可行，充分满足各方面分析研究的需要。

经过这一步骤后就基本明确了调查目的和调查内容。在概念操作化的过程中，要注意反复分析调查课题，直到所有相关概念都明确界定清楚后，才能开始设计问卷。

（二）确定调查方式和方法

市场调查的方法有很多，包括观察调查法、实验调查法、访问调查法等。每一种方法对问卷设计都有影响。如：在街上拦截访问比入户访问有更多的限制，街上拦截访问有时间上的限制；网络调查由于不是面对面的调查，调查结果可能会失真；电话访问经常需要使用丰富的词汇来描述一种概念，以确定应答者理解正在讨论的问题。对比而言，在个人深度访谈中，调查者可以给应答者出示图片，以解释或阐明概念。因此，在设计问卷时，首先要列出需要收集的信息，明确哪些信息可以通过问卷收集，不能通过问卷收集的信息要通过什么方式方法来获取等问题。这样做有助于提前做好规划安排，提高调查的效率。

市场调查的方式方法随着社会和科技的变化而变化。早期的登门拜访是调查数据收集的最初模式，回答者在家中接受拜访。然后是电话访问调查、购物中心拦截访问调查这些需要面对面接触的调查，让人们体验产品、评估广告等；邮件调查也开始被使用并持续发挥着重要作用。当下，移动设备开始在市场调查中发挥越来越重要的作用。

（三）设计问卷中的问题

市场信息、数据收集的方式方法确定下来后，必须确定调查中所用的问卷的类型。在市场调查中，有三种主要的问题类型：开放式问题、封闭式问题、量表应答式问题。在完成上述工作之后，就可以根据问卷类型与调查方式方法的要求，开始设计问卷中的问题。不同的问卷类型与调查方式方法对问卷中问题的内容与形式有不同的要求。问卷中问题的设计主要包括以下内容。

(1) 确定问卷中问题的内容。问卷中问题的内容是市场调查目的通过概念操作化后形成的问题，即"问什么"。设计问题时，除了要围绕测量指标外，还要考虑多种因素，如调查目的、调查对象特征、调查时间、调查地域以及调查形式等。有些问题内容不适合在问卷中出现，就要考虑用其他方法来获取相关信息。

(2) 确定问卷中问题的形式。开放式问题不提供备选答案，由被调查者根据自己的理解自由回答问题；封闭式问题则要求被调查者只能从提供的备选答案中选择，不能自由发挥。不同形式的问题各有优缺点，在具体问卷设计中，需要根据问卷中的问题和被调查者的特点来确定选择哪种问题形式。

(3) 确定问卷中问题的语言与措辞。问题的语言与措辞直接影响着被调查者对问题的理解和答案的选择。因此，问题语言与措辞的设计中应尽量考虑到被调查者的文化水平、职业、年龄等特征，确保语言简短，措辞准确，通俗易懂。

（4）确定问卷中问题的数量与顺序。通常来讲，问卷中的问题不宜太多、太长，最好使被调查者在 20~30 分钟内完成答题比较妥当。问题过长容易引起被调查者的厌倦或畏难情绪，直接影响答题的质量和回收率。同时，要注意问题设计的前后顺序及相互联系，确保问题顺序的逻辑性。

（5）确定问卷的版面格式。版面要清晰，问题之间、问题与答案之间、开放式问题的回答部分要留足空间。重要的部分要加以强调（通过调整字体、字号等方式）。话题的转换要加以强调。为了使话题转换一目了然，最好使用标记标明，比如下划线、黑体等。问题与选择项放在同一页，纸张和印刷品质要精良。

（四）调试、修改与最后定稿

（1）调试与修改。任何调查问卷的设计都很难做到完美。特别是在初始阶段，调查问卷存在各种问题和缺陷。问卷初稿起草完成后，需要在小范围内进行试验性调查，测试问卷在文本表达、主题顺序、问题格式和问卷长度方面是否存在矛盾和不恰当之处。除了修改不合适的项目外，增加遗漏的问题，也可以提前解决调查中可能出现的问题，以便正式调查能够顺利进行。试验性调查的样本量一般为 20~30 人。要求被调查者的特征与正式调查中的样本相似，以达到试验性调查的效果。访问应以人员访问的形式进行，并指派有经验的调查人员进行访问。然后，设计者可以与调查者和被调查者讨论回答问卷时的感受，作为修改问卷的基础。一般只需进行一次试验性调查。但是，如果大幅度修改问卷，要进行第二次试验性调查。

（2）定稿。调查问卷的最终版本可以根据试验性调查的结果修改后确定。同时，设计者应制定调查问卷的使用说明，并一起交付打印。

三 市场调查问卷设计的技巧

（一）问卷问题的设计

◆ **1. 开放式问题**

开放式问题的优点是自由灵活，可以让被调查者充分表达自己的意见和想法，适合收集深层次的信息。如：① 您认为利用邮寄定购目录公司定购相比本地零售有什么优势？（追问：还有什么？）② 您为什么愿意请专业清洁公司来清洗您的地毯，而不愿自己或家人在家清洗？③ 您认为这里的机场在哪方面最需要改进？④ 产品色彩中哪类颜色是您最喜欢的？（追问：您最喜欢什么颜色？）⑤ 您为什么认为某种品牌（您最常用的）更好？

此外，开放式问题会为封闭式问题提出额外的选项。如，以前没有认识到的邮寄定购目录的优点，可能从问题①中揭示出来。这个优点可能会在用封闭式问题调查时被忽略掉。另外，开放式问题为调研人员获得重要信息提供参考。如，"对于过去 3 周中您试用的产品，您还有其他意见向我们反映吗？"

> 经典案例5-1

有用的开放式问题实例

  (1)什么因素可以使你使用或购买一项产品或服务?这样的问题在焦点小组访谈或深度访谈中是很有用的。至少,它可以为问卷前面的发现做一个即时的总结,也可以延伸成一场讨论会,对前面问卷没有涉及的问题进行讨论。例如,在一个关于欧洲发行的儿童杂志调研中,应答者反映文章应该被简化,所举的例子应该能够被美国的儿童接受。

  (2)关于产品、服务和促销,什么才是最好的?这个问题相比传统的"你喜欢它什么"能产生更好的效果,并且能作为传统"喜欢"问题的补充。一个食品公司推出的一种冷冻早餐,无论是在口味上还是在质量上,都还不能为公司赢得任何奖项。如果再问应答者关于这种食物你喜欢什么,将会一无所获,因为应答者对这种产品本身就很不满意。然而,问这种食物最大的优点是什么,则会是一种"解决之道"。在调研中,很多应答者是有工作的母亲,她们希望能够将方便的、迅速加热即食的早餐提供给自己的家人。基于简单"喜欢"问题的回答,所有想法可能都已经讲出来了,但是基于"最好"问题的回答,顾客就会知道公司将会做什么事,即对产品口味和质量进行改进。

  (3)关于产品、服务和促销,什么才是最差的?这是"最好"问题的对立面,这个问题往往能带来意想不到的答案。讨论起看牙医的经历,应答者能很理性地说出他们的厌恶点,包括疼痛、花钱、不安全感。当被问"看牙医时,发生在你身上最差的事情是什么"时,很多人会回答:"你会死的!"死在牙诊的椅子上是很少发生的,但是这些回答使调研发起者明白了人们是可以理解自己所处的恐惧水平的。

资料来源:《当代市场调研》,小卡尔·麦克丹尼尔,罗杰·盖茨著,李桂华等译。有改动。

  开放式问题也有缺点:由于没有统一的回答标准,答案五花八门,给后续资料整理带来很大的困难,同时也容易产生调查偏差。因此,开放式问题设计不宜过多。

◆ **2. 封闭式问题**

  封闭式问题的优点主要是:避免了开放式问题的缺点,可以减小访问人员误差;同时,编码与数据录入过程被简化,从而减小了这方面可能发生的误差。

  封闭式问题可以分为两项选择式与多项选择式。

  (1)两项选择式,即问题的答案只有"是"和"不是"两种,被调查者根据自己的情况选择其一作答。如:

① 您经常在唯品会网站上购买衣服吗?

1. 是 　　　　　　　　　　　　2. 不是

② 您家有小汽车吗?

1. 是 　　　　　　　　　　　　2. 不是

(2) 多项选择式,即至少提供了两个以上的答案,被调查者根据自己的情况选择其一作答。如:

① 请您回想一下您最近所买过的任何一类鞋子,我将读出所列举的鞋类,希望您告诉我它属于哪一类。

  A. 礼服或正式服装配的皮鞋　　　　　　1

  B. 休闲服配的鞋　　　　　　　　　　　2

  C. 用于体操训练的帆布鞋　　　　　　　3

  D. 运动专用鞋　　　　　　　　　　　　4

  E. 靴子　　　　　　　　　　　　　　　5

② 在过去的3个月中,您用过具有哪些功能的护肤品?(选出所有合适的选项)

  A. 用于洗面　　　　　　　　　　　　　1

  B. 用于润肤　　　　　　　　　　　　　2

  C. 用于祛斑　　　　　　　　　　　　　3

  D. 用于清洁皮肤　　　　　　　　　　　4

  E. 用于护理干燥皮肤　　　　　　　　　5

  F. 用于柔软皮肤　　　　　　　　　　　6

  G. 用于防晒　　　　　　　　　　　　　7

  H. 用于使皮肤更光滑　　　　　　　　　8

多项选择式问题也有缺点:一是调研人员必须花许多时间来想出一系列可能的答案,此阶段也许需要进行焦点小组访谈的录音分析、头脑风暴和二手资料调研;二是可能的选项范围宽泛,而如果列出的选项太多,受访者可能会被搞糊涂或失去兴趣。

◆ **3. 量表应答式问题**

量表应答式问题实质上是一种封闭式问题,其答案选择可以对感觉强度进行测量。如:

① 既然您已试用了该产品,您将购买它吗?

 A. 是的,会购买

 B. 不会购买

② 既然您已试用了该产品,您将

 A. 肯定购买

 B. 可能购买

 C. 也许会,也许不会购买

D. 可能不会购买

E. 肯定不会购买

（二）答案的设计

在设计答案的过程中，主要应注意以下三个方面：① 答案与问卷中的问题要保持协调一致，不可出现答非所问；② 答案涵盖所有可能的情况，当无法穷尽所有答案时，可以加上"其他"选项；③ 答案之间不能出现交叉重叠或相互包含的情况，确保每个备选答案的唯一性。

（三）问卷中问题语言与措辞的设计

问题语言与措辞的设计，主要应注意以下几个方面：① 尽量做到语言简单、措辞准确，避免表述隐晦，避免导致多义和歧义；② 尽量做到语言通俗易懂，少用或不用专业词汇；③ 尽量少用否定式提问。

（四）问卷中问题顺序的设计

问题顺序的设计要遵循以下规则：① 同一维度的问题集中在一起，避免逻辑上的混乱；② 把简单的问题放在前面，把较难回答的问题放在后面，避免被调查者一开始就放弃；③ 个人背景资料一般放在开头，但如果涉及比较敏感的个人特征的内容，则适合放在末尾；④ 开放式问题放在后面，由于开放式问题没有可供选择的答案，需要被调查者思考后再作答，而且有时候需要写的文字较多，所以这类问题放在问卷的后面。

第三节　市场调查问卷设计效果的评价

在使用问卷完成调查后，调查人员可能会面临以下问题：问卷能否有效衡量需要的调查内容？使用多份性质相同的问卷时，受访者的回答是否保持一致？采访结束后，受访者再次回答时是否给出相同的答案？当受访者被调查时，他们是否在心理和情感上受到其他因素的干扰，以致没有给出真实的答案？以上问题涉及问卷的信度评估和效度评估。

一、高质量问卷的标准

评价一份问卷质量高低的标准，实际上就是设计问卷时应努力达到的目标。我们可以从下列几个方面来评价一份问卷的质量，这些方面也可以说是判断一份问卷质量的标准。

（一）具有较高的信度和效度

问卷是在市场调查中用来测量人们的行为、态度和特征的一种工具，而对于任何一种测量来说，都有测量的信度和效度问题。要使所设计的问卷在整体上具有比较高的信度和效度，关键在于提高问卷中每一个问题的信度和效度。一方面，要努力使问卷中的每一个问题都的确可测量所要测量的变量（做到具有效度）；另一方面，要努力做到使这种测量不受时间、地点和对象变化的影响（做到具有信度）。

（二）符合研究的目的和内容

问卷作为市场调查中收集资料的一种工具，其使命是尽可能圆满地为整个调查研究服务。因此，评价一份问卷的优劣，关键是看它是否满足研究目的的要求，看它所包含的问题与所研究的内容的关系是否密切。一份问卷中，与研究目的和内容不相关的问题越多，调查结果中所得到的对研究有用的资料就越少，因而这份问卷对研究的价值就越小。要使问卷中的每一个问题都紧紧围绕研究目的，都与研究内容密切相关，除了在设计前明确研究目的，并根据研究假设确定所需要的资料的内容和范围外，在问卷初稿设计出来以后，还要逐一进行检查，删除那些似是而非的问题。

（三）适合调查对象

由于所设计的问卷是要给被调查者看的，因此，在某种意义上，问卷是为被调查者而设计的：为他们能够看，也为他们愿意看而设计。要做到这一点不是一件容易的事情，尤其在被调查者的构成十分复杂时，更是如此。因为在一个成分复杂的样本中，人们在职业、经济状况、文化程度、生活方式、心理状态、价值观念等众多方面都存在着差别，这些差别既会在对问卷的态度上反映出来，也会在完成问卷的能力上反映出来。同一份问卷，既可能被一些被调查者视为"档案表"，从而填表时如临大敌，过分紧张；也可能被另一些被调查者视为"废纸"，从而不屑一顾，过分轻视。填写同样一份问卷，有的被调查者可能不费吹灰之力，而另一些被调查者却可能不知如何动笔。所有这些都表明，要使一份问卷适合样本中的每一个回答者，的确需要设计者在各方面都动脑筋、下功夫。

（四）问题少而精

这里所说的少，当然不是指无条件地越少越好，而是指在获得必要资料的前提下，问卷中包含的问题越少越好。问卷设计中最常犯的毛病，就是问题太多、问卷太长，设计者所问的问题总是比该问的问题要多。正如一位美国学者所指出的：实际上，所有的问卷都包含一些多余的问题。这里所说的精，指的是问题的质量高。它体现在问卷中问题含义明确、概念具体、答案恰当、形式简单、语言通俗易懂、填答方便等方面。在某种意义上，一份高质量的问卷应该具备法律条款那样的性质：清楚、明确，适合所有对象。

二、如何设计出高质量的问卷

要设计出一份高质量的问卷，应该明确以下几点。

第一，要对问卷的特点和适用范围有明确的认识。问卷只是市场调查中用来收集资料的一种工具，运用得当，则可以发挥巨大的作用；用得不恰当，就可能收效甚微。

第二，设计问卷的人，头脑中一定要想着被调查者，要记住问卷是给人看的，它的对象是有思想、有感情、形形色色的人。

第三，问卷设计是严肃的，它同样需要精益求精的治学态度。问卷设计中的任何一点马虎、轻率，都会给整个调查工作带来巨大损失。

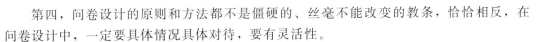

第四,问卷设计的原则和方法都不是僵硬的、丝毫不能改变的教条,恰恰相反,在问卷设计中,一定要具体情况具体对待,要有灵活性。

学习问卷设计不能只从书本上学,还要从设计调查问卷的实践中学。要提高设计问卷的水平,除了明确上述要点外,还要在以下三个方面打下坚实的基础。

一是语文知识水平。目前有些问卷之所以出现各种毛病,很大程度上是因为设计者的语文水平太低。无论是语句不通、词不达意、层次不清,还是结构混乱等,都反映出设计者的语言文字修养太差。因此,对于主要依靠书面文字来表达思想、进行交流的问卷调查来说,较高的语言文字表达能力、扎实的语文知识基础,是十分重要的基本功。

二是市场调查研究方法的知识。问卷设计既然是整个市场调查研究工作中的一部分,那么,它必然和市场调查研究工作中的其他部分有着不可分割的联系。正是这种联系,决定了每一个问卷设计者不能仅仅了解和掌握有关问卷设计的知识,还必须对整个市场调查研究方法有一定的了解。只有对问卷与市场调查的关系认识得越清楚,对问卷在市场调查中的地位和作用认识得越清楚,具体的问卷设计工作才能做得越好。

三是社会生活知识。社会现象的复杂性,决定了市场调查研究工作的复杂性。我们所设计的问卷是探索复杂的社会生活时所使用的工具。因此,作为问卷的设计者,如果不具备一定的社会生活知识,就很难设计出符合社会生活实际的问卷来。设计者只有深入了解现实生活,才可能设计出科学、实用的问卷。

三、互联网在问卷发展中的影响

互联网以各种方式对问卷的使用与发展产生了重大影响。例如,某调研公司可以撰写一份问卷,然后以电子邮件的形式发给管理层来寻求评价和支持,一旦通过,这份问卷就可以以网上调研形式放在客户的服务器上使用。或者,调研人员可以简单地利用像 Perseus、Inquisite、Web Survey、SSI Web 或其他的网络企业来实施网上调研。

当我们开展网上调查时,目标回答者可以使用任何可获得网络的设备来完成调研。我们明显注意到,一些评估显示 25%～30% 的网上调查是用智能手机和平板电脑完成的。

为了尽可能鼓励更多人完成调查,我们必须使调查变得容易完成,这与平台的硬件无关。移动设备尤其是智能手机,有屏幕大小的限制,因此当开展网上调查时,我们必须牢记这些局限性。

服务人员完全可能探测回答者使用的运行系统——Mac、Windows、iOS、Android等,并根据运行系统开展不同版本的最佳化调研。通常来说,可开发适应台式机或笔记本电脑与平板电脑或智能手机的不同版本问卷设计。尽管平板电脑通常比智能手机的屏幕尺寸大,但在问卷设计时它们可以被同等对待。

为了减少移动设备开展网上调查时滚动屏幕和缩小屏幕的需要,这里提供了一些适用的规则,包括:

(1) 给单个问题显示网格;
(2) 评分上限控制在 5～7 分;

(3) 减少问题的用词量；

(4) 答案不超过 12 个；

(5) 争取调查时间控制在 10 分钟以内；

(6) 重新设计编程的问题，寻求在两个不同种类之间更有创意的方式。

经典案例5-2

关于大学生对学校菜鸟驿站体验感的调查问卷

您好！我是××学校××专业的学生，目前正在做关于大学校园菜鸟驿站体验状况的调研。本问卷不记名，所有题目的答案均无对错之分。完成这份问卷大概需要5~10分钟时间。请您结合自身情况来回答所有问题，感谢您的支持和配合！

1. 您的性别是（　　）。

　A. 男　　　　　　　　　　　　　B. 女

2. 您所处的年级是（　　）。

　A. 大一　　　　　　　　　　　　B. 大二

　C. 大三　　　　　　　　　　　　D. 大四

3. 您是否使用过菜鸟驿站？（　　）

　A. 是　　　　　　　　　　　　　B. 否

4. 您使用菜鸟驿站的频率是（　　）。

　A. 1个月5次以上　　　　　　　　B. 1个月3~5次

　C. 1个月1次左右

5. 您对菜鸟驿站的整体体验感受是（　　）。

　A. 非常满意　　　　　　　　　　B. 较满意

　C. 满意　　　　　　　　　　　　D. 不太满意

　E. 非常不满意

6. 您寄送至菜鸟驿站的快递是否遇到过丢失的情况？（　　）

　A. 有时　　　　　　　　　　　　B. 经常

　C. 偶尔　　　　　　　　　　　　D. 从未

7. 您是否在菜鸟驿站遇到过货物损坏的情况？（　　）

　A. 是　　　　　　　　　　　　　B. 否

8. 您认为菜鸟驿站的货件摆放（　　）。

　A. 很凌乱，不容易找　　　　　　B. 有时凌乱，有时整洁有序

　C. 很整洁有序，容易寻找

9. 请问您选择菜鸟驿站收货的原因是（　　）。
   A. 便捷，可以自己选择取件时间　　　　B. 安全，服务态度好
   C. 距离近，开放时间长

10. 您认为菜鸟驿站的发货速度如何？（　　）
    A. 很高　　　　　　　　　　　　　　B. 较高
    C. 一般　　　　　　　　　　　　　　D. 较低
    E. 很低

11. 您是否希望寄快递时菜鸟驿站提供特殊服务，如保鲜冰袋、泡沫减震等？（　　）
    A. 需要　　　　　　　　　　　　　　B. 不需要
    C. 无所谓，可自行准备

12. 您觉得菜鸟驿站的收费标准如何（寄出）？（　　）
    A. 太低　　　　　　　　　　　　　　B. 偏低
    C. 合理　　　　　　　　　　　　　　D. 偏高
    E. 太贵

13. 您认为菜鸟驿站的工作人员业务水平如何？（　　）
    A. 优秀　　　　　　　　　　　　　　B. 良好
    C. 差

14. 您在菜鸟驿站中体验过的服务有哪些？（　　）
    A. 积极帮助用户解决问题
    B. 服务态度良好
    C. 使用礼貌用语
    D. 其他，请说明_____

15. 您对节假日等快递收寄高峰期菜鸟驿站员工的服务评价为（　　）。
    A. 服务更加好　　　　　　　　　　　B. 没有区别
    C. 虽然有点不耐烦，但是也可以理解　　D. 十分恶劣

16. 您觉得目前菜鸟驿站的管理上存在什么漏洞？（　　）
    A. 领包裹时效率低　　　　　　　　　B. 有时出现包裹误领的情况
    C. 自己的部分信息容易泄露　　　　　D. 快递速度不够快
    E. 员工服务意识不高　　　　　　　　F. 其他

17. 您是否投诉过菜鸟驿站？（　　）
    A. 是　　　　　　　　　　　　　　　B. 否

18. 您对菜鸟驿站的投诉处理结果是否满意？（　　）
    A. 是　　　　　　　　　　　　　　　B. 否

19. 您对菜鸟驿站投诉处理结果不满意的原因是（　　）。
    A. 投诉处理时间太长　　　　　　　　B. 客服人员服务态度不佳
    C. 处理结果未达到预期　　　　　　　D. 其他，请说明_____

20. 您觉得菜鸟驿站总体存在的问题是（　　）。
　　A. 快件摆放杂乱
　　B. 菜鸟驿站收发室面积小，快递多，取件时间长
　　C. 取件时找件麻烦
　　D. 取件时间安排不合理，工作量多，工作人员少
21. 使用菜鸟驿站服务时，您满意的是（　　）。
　　A. 价格合理　　　　　　　B. 服务态度好
　　C. 送达时间短　　　　　　D. 货物安全
　　E. 收取货及时　　　　　　F. 其他
22. 您觉得菜鸟驿站若要变得更好，应该在哪些方面进行改进？说说您的建议。

本章小结

　　问卷在数据收集的过程中起到了至关重要的作用。优秀问卷的标准如下：① 提供必要的决策信息；② 问卷适合应答者；③ 满足编辑和数据处理的要求。问卷设计由一系列的步骤组成：① 确定调查目的和内容；② 确定调查方式方法；③ 设计问卷中的问题（确定问题的内容、确定问题的形式、确定问题的语言与措辞、确定问题的数量与顺序、确定问卷的版面格式）；④ 调试、修订与最终定稿。

　　此外，本章还特别分析了三种不同类型的问题（开放式、封闭式和量表应答式）以及每种问题的优缺点。在介绍问卷和编排问题时，调研人员一定要保证用词清晰，不要误导应答者，使应答者能够并且乐意回答问卷中的问题。

　　本章讨论了在实施问卷调查的过程中需要遵循的必要程序，这些程序用于保证在合理的成本下正确、有效地收集数据。我们还注意到，许多研究组织正求助于各类实地调研公司进行实际面谈。

　　现如今，问卷软件和互联网在很大程度上影响着问卷设计过程。

复习思考

1. 解释问卷在调研过程中的作用。
2. 应答者是如何影响问卷设计的？举几个例子（比如分别针对工程师、棒球手、军队将军、移民农场主的问卷）。

3. 讨论开放式问题和封闭式问题的优缺点。

4. 概括问卷形成的步骤。假设你正为麦当劳的一种新三明治做问卷，请你利用这一假定情况试叙问卷制作的过程。

5. 举几个措辞不佳的例子，指出这些问卷的不足之处。

6. 问卷设计好后，投入使用前还要考虑哪些因素？

7. 为什么预先测试问卷很重要？是否存在可省略预先测试的情况？

数字资源 5-2
第五章
"复习思考"
问题参考答案

第六章
收集市场调查数据

学习目标

■ 1. 了解市场调查数据的收集渠道。
■ 2. 理解市场调查方法的具体操作。
■ 3. 掌握不同的调查目的，选择合适的调查方法。
■ 4. 熟悉市场调查职业精神和职业规范。

情景导入

购物中心收集客户数据

当代购物中心一向注重服务。荣夏是购物中心营销部的副主管，他受命制定一项旨在使服务具有可操作性的计划。这一计划的第一个阶段是建立一个系统，以不断追踪消费者对购物中心所提供服务的满意程度。根据以往的经验，他选择了他信任的两家调查公司来设计追踪消费者满意程度的调查系统。这两家公司拟采用不同的资料收集方法。第一家公司建议用电话采访。每月对400名消费者进行电话采访，经计算，该抽样方式所提供的消费者满意程度评估的结果有95%的把握，误差不超过5%。第二家公司建议通过邮寄调查收集必要资料。他们的理由有两条：第一，此方法成本低、质量高；第二，消费者回信时比接受电话采访时更坦率。电话采访的月成本约为8 400元，邮寄方式的月成本约为6 900元。初步计算，邮寄调查的回收率为25%，即75%的人不回信。如果回信人的观点截然不同，那么调查结果就有偏差而不能真实代表顾客的意见。电话采访的回答率估计为70%。尽管电话采访仍存在很高的不回答率，但潜在的不回答者要少得多。另外，电话采访更快捷，大约两周内就可完成，邮寄调查则需六周时间。

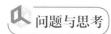 问题与思考

1. 案例中运用了哪些数据收集的渠道？
2. 假如你是这位副主管，你会运用什么方法进行数据收集呢？

要回答上述问题，需要了解市场调查数据收集的主要方法，由此引发出以下问题：市场调查数据收集的方法有哪些？各种方法的优缺点是什么？各种方法的适用性是怎样的？具体的数据收集工作应如何开展？这就是本章要解决的主要问题。

第一节 市场调查方法分类

市场调查的目的是收集足够的、真实的、可靠的市场资料，为企业制定和改进经营决策提供依据。市场调查数据收集是进行数据整理、分析与预测的基础，市场调查收集的数据质量的好坏直接影响到整个市场调查工作的最终结果。因此，在实际市场调查中，结合具体的调查目的和工作要求，选择合适的调查方法，是十分必要的。市场调查的方法众多，主要可以按照调查资料来源不同和调查的作用不同进行分类。

一、按调查资料来源不同分类

根据市场资料的来源不同，可以将市场调查方法分为一手资料调查法和二手资料调查法。

（一）一手资料调查法

一手资料调查法，是指市场调查人员根据调查计划，直接或间接接触调查对象而收集得到第一手资料的方法。一手资料调查法主要包括访问调查法、实验调查法、观察调查法和网络调查法。一手资料调查获得的信息可靠性和真实性较高，但需要耗费较大的人力、物力和财力，且获取信息的时间周期较长。

（二）二手资料调查法

二手资料调查法，是指市场调查人员基于调查目的，通过查阅、收集各种文献、档案、报告等现有的第二手资料，以获得相关市场信息资料的方法。二手资料调查法主要包括文案调查法。二手资料调查可节省大部分的人力、物力和财力，且能快速获取信息，但依靠二手资料调查获得的信息针对性不强，往往不能直接满足项目需要。

二、按调查的作用不同分类

根据市场调查的作用不同，可以将市场调查方法分为定量调查法和定性调查法。

（一）定量调查法

定量调查法是指基于结构式问卷，通过对一定数量的、有代表性的样本进行问卷访

问来收集数据信息的方法。常见的定量调查法包括入户访问、拦截访问、电话访问、邮寄访问、网络调查等。

（二）定性调查法

定性调查法是指围绕研究主题，对调查对象进行更深层次的调查分析，以获得调查对象的态度感知、行为动机、个人偏好等信息。常用的定性调查法包括小组座谈法、深度访谈法、投影技法等。

定量调查法和定性调查法在调查目的、样本选择、调查程序等方面有所不同，调查结果对后期研究分析所起的作用也不同。定量调查法可通过一定的样本数据推测总体情况，而定性调查法能更深层次地揭示研究问题的现象与潜在原因。同时，这两种方法又相辅相成，在实际进行市场调查时也可将这两种方法结合起来使用。定量调查法与定性调查法的比较如表 6-1 所示。

表 6-1　定量调查法与定性调查法的比较

	定量调查法	定性调查法
目的	将定量数据结果从样本推广到总体	对潜在理由和动机获得定性观点
样本	概率抽样，具有代表性的大样本	非概率抽样，具有某种特征的小样本
数据收集	结构式	非结构式
数据分析	统计分析	定性分析
结论	建议最后的行动路线	获得初步结论

第二节　文案调查法

一般而言，市场信息的收集分为一手资料收集和二手资料收集。一手资料收集通过实地调查获得，二手资料收集通过文案调查获得。企业在进行市场调查时，往往希望以最小的投入取得最大的收获。有经验的市场调查人员并不会对每一项调查都花费大量的成本去收集一手资料，而会尽可能地利用现有的二手资料。即使通过二手资料收集到的信息与研究内容的关联性不强，但通过分析二手资料可以帮助研究者对研究问题形成初步认识，所以，常在研究初始阶段采用文案调查法。

一、二手资料的来源

在市场调查中，一手资料又称为原始资料，指由市场调查人员通过实地调查，从调查对象那里直接收集得到的信息资料。除一手资料以外获得的所有资料都是二手资料，又称为次级资料或文献资料。从企业经营的角度分析,二手资料的来源包括企业内部资源和企业外部资源。

(一)企业内部资源

企业内部资源指企业在日常生产经营活动中所做的各种形式的记录信息。此类信息可根据所需资料清单与相关的部门对接获取。企业内部资源是市场调查人员获取资料最快速、便捷的渠道。

◆ **1. 业务资料**

企业的各个业务经营部门主要负责企业的市场营销业务,积累着各种营销活动相关的资料,包括订货单、进货单、存货单、发货单、退货单等各类单据,以及销售记录、发票、购销合同、客户名录等记录。通过分析企业的内部业务资料,可了解企业营销业务内容、产品的供销情况、客户的需求特征等。

◆ **2. 统计资料**

企业的计划统计部门主要负责企业的项目开发计划、经济活动规划、经营计划管理、报表统计等工作,在业务活动中积累着各类计划(日计划、月计划、季度计划、年度计划等)和报表(日报表、月报表、季度报表、年度报表等),这类统计资料对市场调查和预测有极大的帮助。

◆ **3. 财务资料**

企业的财务部门主要负责企业的筹资管理、财务管理和投资管理工作,在管理活动中积累着各类会计核算和分析资料,包括产品成本、销售收入、经营利润等。通过对企业内部财务资料的分析,可了解企业的经济效益,预测企业的发展趋势。

◆ **4. 生产技术资料**

企业的生产计划部门主要负责企业的产品生产、技术开发、设备维护等工作,在其活动过程中积累着各种开发方案、说明书、产品检验、生产过程记录等产品状况和生产状况资料,以及设备安装、调试、使用、维修等相关设备资料。通过分析企业的生产技术资料,可了解企业的产品、技术、设备和生产等实际情况。

◆ **5. 其他资料**

企业内部还积累着各种会议记录、调查报告、工作总结、用户反馈、政策法规、各类活动现场照片和录像等资料。这类资料也可为市场调查提供参考。

(二)企业外部资源

采用文案调查法,除了可以从企业内部获取信息资料外,还可通过各种渠道从企业外部,包括政府部门、行业组织、新闻媒体、公开出版物、图书馆、咨询机构和调查机构等收集二手资料。

◆ **1. 政府部门数据**

政府部门数据包括中央政府机构数据和地方政府机构数据。若想要获取全国范围内的资料信息,可以关注中央政府机构的官方网站,如国家统计局、财政部、商务部、工信部官方网站等,这些网站会发布国民经济类、财政类、贸易类、工业类等相关统计和分析报告,通过这些官方网站获取的二手资料是最具有权威性和可靠性的。若想要获取某个省市的详细资料信息，则可以关注相关的地方政府机构的官方网站，如省人民政府、市人民政府官方网站，这些网站也会公布该省/市有关政策解读、规划信息、统计信息等。

◆ **2. 行业组织数据**

我国的行业组织包括各种协会、研究会、联合会和商会等，这些行业组织并非政府或企业，在我国市场经济运行中扮演中介角色，比如市场研究协会、中国信息协会、中国市场经济研究会、中国营销协会、中国商业联合会等。此类行业组织经常发布相关行业规范、技术标准、市场信息、信用信息、形势综述等，这些信息具有较高的可信度和较强的专业性，能帮助市场调查人员了解行业发展趋势。

◆ **3. 新闻媒体数据**

在当今信息化时代下，各地电视台、广播电台、新闻网等会及时发布最新的各类经济信息、市场信息或相关主题报道，市场调查人员可将此类信息加以收集整理以获得有价值的资料信息。通过新闻媒体渠道获得的资料实时性高、信息速度快。

◆ **4. 公开出版物数据**

一些重要的报纸、期刊、杂志也是获取二手资料的有效渠道，比如《国际市场》《中国市场》《现代经济信息》《中国经济周刊》《财经》《中国经贸》等。这些公开出版物会登载相关市场行情、经济信息、贸易信息、科技信息等，甚至还有一些预测资料和调查报告可供借鉴。

◆ **5. 图书馆的经济资料**

图书馆的经济资料包括综合性图书馆收藏的经济资料和专业性图书馆收藏的经济资料。综合性图书馆主要指各大城市的公共图书馆，专业性图书馆主要指各类科研院所和高等院校的图书馆。从图书馆的文献资料中可查找到有关市场贸易、市场经济、市场发展趋势等内容的图书情报和资料。

◆ **6. 咨询机构和调查机构提供的资料**

一些经济、工商业研究所和调查咨询公司所发表的相关行业市场调查报告和专题评论也是文案调查可获取的资料。比如，中国市场调查网会发布相关的市场预测、深度调研、进出口统计、消费调查等报告。但此类信息往往是各类调查机构依据商业操作原则收集整理的，可能会具有倾向性，市场调查人员在参考该类资料时需注意判别信息的可靠性。

二 文案调查法的优缺点及功能

（一）文案调查法的优点

文案调查法以收集文献类信息资料为主，包括对各类文献资料的查找、整理和汇总。收集的资料包括现实资料和历史资料、静态资料和动态资料、内部资料和外部资料，所以文献调查法不受时空约束；文案调查法收集的二手资料大多是长期积累形成的，搜索渠道多、涉及范围广，因此收集资料的过程相对容易，耗费的时间、费用成本较低；文案调查不易受市场调查人员及调查对象主观意念和情绪的影响，还可避免实地调查带来的抽样误差。

（二）文案调查法的缺点

文案调查法也存在着不可避免的局限性：通过文案调查收集的二手资料，大多是原始资料收集者针对原有目标收集形成的，往往不能支撑调查人员对现有问题的研究，所以，在进行文案调查前一定要明确调查目的，有针对性地开展调查；通过文案调查收集的资料大多是过去市场信息的反映，而现实中的环境、市场、问题都在不断发生变化，所以在收集二手资料时还应注意时效性，避免收集的信息没有使用价值；许多二手资料来源不统一，对同一个问题的描述大相径庭，很难保证资料的准确性。所以，文案调查法要求调查人员必须具备扎实的理论知识和专业技能储备，这样才能去伪存真，获取到准确的、有针对性的和有价值的信息。

（三）文案调查法的功能

虽然文案调查法具有一定的局限性，但文案调查法在市场调查和预测中仍具有重要作用，其主要功能包括如下几点。

◆ **1. 有助于理解调研问题并进行总体设计**

在实际开展市场调查时，往往都是从文案调查开始着手，收集与研究问题相关的现有资料并进行分析，以加深对研究问题的背景和特点认识，在充分理解研究问题之后提出切实可行的详细调查方案。

◆ **2. 可以为市场研究提供参考依据**

通过文案调查，可进行以下四种市场分析。

1）市场供需趋势分析

通过收集相关市场供给和需求动态信息，并进行对比分析，可观察市场的走向趋势。例如，若通过调查得知，某新能源汽车企业 2014—2021 年的销售额以 3.8% 的平均增长速度持续增加，可初步估计该企业未来几年的销售额变化趋势。

2）相关性及回归性分析

通过收集一系列有相关关系的资料，并进行相关性分析或建立回归模型进行回归分析，可判断变量之间是否存在影响关系。例如，若收集到某市 2009—2021 年居民人均网上购物消费额与居民人均可支配收入数据，建立一元线性回归模型进行回归分析后发现居民人均可支配收入的回归系数为正，可推测随着居民可支配收入的增加，其网上购物消费额也会随之增加。

3）市场占有率分析

收集企业某产品的整个市场销售资料（如总销售额），并计算本企业销售额与整个市场销售额的占比，可以了解本企业的市场份额情况。例如，若收集到 2021 年某快递企业快递业务量完成总额及全国快递服务业业务量完成总额，可分析该快递企业在全国快递市场的占有率情况。

4）市场覆盖率分析

收集企业某产品的整个市场销售点数信息，并计算本企业销售点数与整个市场销售点数的占比，可以了解本企业的市场覆盖情况。例如，若收集到 2021 年某家具生产企业在全省的销售地数据及家具生产企业在全省的销售地数据，则可分析该企业在全省范围内的覆盖率情况。

◆ 3. 可以为实地调查创造条件

在开展实地调查前，先进行文案调查可提前了解调查的一些情况（比如调查范围、调查对象的特点、可能的调查结果等）和市场宏观环境，以便于顺利开展实地调查；通过文案调查获得的二手资料还可指导实地调查的设计，验证调查假设的合理性，判断调查结果的可靠性；将文案调查资料和实地调查资料相结合，还可进一步分析现象及问题产生的原因，甚至可推测还需掌握的数据资料。

◆ 4. 可用于企业进行经常性调查

企业由于业务、工作需要，往往需要进行经常性调查以了解市场情况，而开展实地调查需要耗费大量的人力、物力和财力，且调查周期相对较长，不适用于企业做经常性调查，文案调查则可以发挥作用。针对具体研究问题，通过市场调查人员精心策划，有针对性地收集、整理和分析企业内部资料和外部资料信息，形成市场调查报告，进而满足企业经营管理需要。

三 文案调查法的程序

为获得有价值的数据和信息，文案调查过程应按照科学的调查程序进行。文献调查法的程序包括以下七大步骤。

（一）明确调查目的

文案调查法的首要工作是明确调查目的。市场调查的需求方应明确自身需求，与实际调查方共同沟通协商调查目的并达成共识，后续调查工作的开展都应围绕调查目的进行。

（二）确定调查内容

调查目的明确后，需要根据调查需求进一步确定调查内容，包括资料类型、收集范围、收集渠道、最终呈现形式等。确定了详细的调查内容才能避免后期资料收集不全面。

（三）制定调查计划

一个完整的市场调查计划内容应该包括：确定各种调查目标并进行优先级排序，根据调查内容罗列所需收集的资料清单，明确每个调查人员的能力特长，估计调查周期时间及完成日期，估算调查所需经费，对调查人员进行培训，分配具体的调查工作。

（四）确定调查方法

内部资料的收集主要采用资料查找法、核算法、搜寻法等；外部资料的收集方法包括参考文献查找法、检索工具查找法、报刊剪辑分析法、咨询法等。

（五）分工收集资料

在企业内部，调查人员可直接与各部门对接，获得相关资料并分析判断资料是否满足调查目标；在企业外部，由于资料来源渠道很多，调查人员一定要结合调查目标、资料提供者的信誉和专业水平及数据可用性等多方面考虑，慎重选择。对于查找到的资料，一定要分析评估其真实性、可用性、时效性等，剔除无用的资料，保留有利用价值的资料。

（六）整理及整合资料

对于筛选出来的有价值的资料，需要进行分类、调整、加工、制表、制图、汇编等处理，以使收集到的所有资料前后衔接顺畅、条理分明。

（七）形成调查报告

所有资料整理好后形成完整的调查报告，注意按照调查目标优先级排列调查结论。

第三节　访问调查法

访问调查法是市场调查人员通过口头、互联网、邮寄等方式询问调查对象，以了解市场情况的一种实地调查方法。访问调查法通过直接或间接回答的方式了解调查对象的个人偏好、消费习惯、消费需求等市场信息，是收集一手资料最常用的一种方法。

根据访问是否提前设计有一定结构的问卷，可以将访问分为结构式访问和非结构式访问。结构式访问，又称为标准化访问，指提前统一设计有一定结构的调查问卷，采用随机抽样的方法选取调查对象，并采用标准化的程序进行访问。其标准化主要体现为调查问题、提问方式、提问顺序、回答记录方式等是统一的，以便于进行定量统计分析。根据调查人员与被调查者接触方式不同，又可以将结构式访问分为入户访问、拦截访问、网上调查、电话访问和邮寄访问等。非结构式访问，又称为非标准化访问，指事先不需要统一设计问卷，只是基于一个题目、主题范围或问题提纲，由调查人员与调查对象进行自由交谈，访问内容和访问程序可以根据实际访问情况灵活调整。非结构式访问的类型主要包括小组座谈、深度访问等。

一、入户访问

（一）入户访问的概念

入户访问指调查人员到调查对象家中或工作单位，直接与调查对象接触，基于提前设计好的问卷逐一询问并记录回答，或向调查对象讲解方法后等待其填写问卷并回收。

（二）入户访问的程序

◆ **1. 寻找受访用户**

市场调查人员首先需要根据分配到的调查任务区域，寻找调查用户的家庭住址或工作单位地址。若根据地址找不到受访用户，应该与负责抽样的工作人员核实；若受访用户不在家/单位或访问时间不合适，应做好记录并另选时间再次访问。

◆ **2. 争取访问合作**

找到受访用户后，调查人员需要向受访用户说明自己的身份、来意、调查目的等，努力获得受访用户的合作。该环节是入户访问能否顺利进行的关键，市场调查人员一定要耐心讲解，注意与受访用户交谈的方式和方法。

◆ **3. 填写调查问卷**

调查对象同意调查后，调查人员应该根据调查问卷的顺序依次向受访者询问并记录回答，调查人员应注意表达问题的方式，保证受访者容易理解并愿意回答。或者，由调查人员将问卷填写方式和方法阐述清楚后，由受访者自行填写问卷，调查人员应注意解释使受访者困惑的问题。

◆ **4. 检查调查问卷**

问卷填写好后，调查人员需要检查问卷的完整性和合理性，对遗漏问题或明显不合理的问题再次询问，尤其是采用受访者自行填写问卷的方式时产生的问题。

◆ **5. 结束访问调查**

访问结束后，调查人员应礼貌地向调查对象表示感谢，有时还可以赠送小礼品以致谢。

（三）入户访问的优缺点

◆ **1. 入户访问的优点**

（1）问卷回答完整率高。入户访问在受访者家里或工作单位进行，是受访者感觉熟悉、舒适且不受外界干扰的环境，受访者在表示接受调查后，一般会耐心完成调查。

（2）访问时间可以较长。入户调查的环境保证了调查不易受外界干扰，受访者专注调查的时间能更长，且入户调查一般在受访者的业余时间进行，受访者有充足的时间可以配合调查，所以内容较多的问卷适宜采用入户调查。

（3）调查质量易于控制。入户调查过程中，调查人员与受访者直接接触，在调查过程中对受访者难以理解或理解错误的问题，调查人员会详细解释或补充，可以避免问答遗漏、回答明显不合理等现象，提高调查的质量。

（4）易于回访复核。入户调查需要调查人员记录受访者的地址，且在取得受访者的信任并征求受访者的同意后，还可以获得受访者的联系方式，以便核实调查问卷的真实性。

◆ **2. 入户访问的缺点**

（1）拒访率高。一般来说，居民都有戒备之心，不愿意接受陌生人来访，所以调查人员在进行入户调查时往往需要接触很多调查对象才能找到一个愿意接受调查的样本，这也是许多公司不愿意做入户调查的原因。

（2）调查成本高。入户调查需要调查人员一家一户进行访问，需要耗用大量的时间完成调查，且还需要支付调查人员的劳务费、交通费以及受访者的致谢礼品等费用。

（四）入户访问的注意事项

为保证入户调查的质量和效果，市场调查人员应注意以下事项。

（1）调查前的准备材料。进行入户调查前，注意准备充足的调查问卷、工作证件、调查对象地址信息、致谢礼品等。

（2）争取居委会的协助配合。进行入户调查前，应先征求居委会的同意，以方便调查人员登门拜访。若能够获得居委会的协助配合，并提前告知当地居民，能减低调查对象的心理戒备，进而提高入户访问的成功率。

（3）调查人员的言行举止。调查人员的服饰、发型、举止、声调等会影响调查对象是否愿意接受调查的态度，所以调查人员应规范衣着、佩戴证件、态度谦和礼貌、表达清楚，以给调查对象留下好印象，增加调查对象对调查的可信度。

（4）询问问题的规范性。在询问问题时应严格按照调查问卷的顺序和程序，对受访者难以理解的问题做出解释，不能暗示或提示答案，更不能自己作答。

二、拦截访问

（一）拦截访问的概念

拦截访问，又称为街头访问，指调查人员在特定场所（超市、写字楼、车站等）拦截过往行人，并对符合条件的行人进行访问。拦截访问适用于调查对象具有一定的特殊性或调查抽样难以框定的情况。

（二）拦截访问的优缺点

◆ **1. 拦截访问的优点**

（1）调查效率较高。拦截访问通过在调查区域拦截过往行人的方式选取调查对象，免去入户调查寻找调查对象的麻烦，可以在短时间内访问多个调查对象，其调查效率比入户访问高。

（2）调查成本较低。拦截访问的时间主要用于问问题，访问地点在事先选定的区域，访问时间和地点较集中，从而可以节省每个调查样本的访问成本。

（3）便于督促调查人员。为保证调查质量，在拦截访问过程中可以安排调查督导人员进行现场管理，保证调查规范、有序开展。

◆ **2. 拦截访问的缺点**

（1）样本代表性不强。拦截访问的最大问题在于，即使采取措施控制调查样本和调查质量，收集的数据也不会对总体有很好的代表性。

（2）拒访率高。被拦截的行人可能忙于赶时间会拒绝调查，导致拦截访问的拒访率较高。

（3）容易被终止。在公共场所拦截调查，调查环境较复杂，调查对象很难集中注意力，且调查对象容易因担心耽误时间而终止调查。

（三）拦截访问的注意事项

（1）与入户访问一样，拦截访问也要注意调查前的准备材料、调查人员的言行举止和问问题的规范性。

（2）采用拦截访问调查时，调查问卷应尽量简洁、易懂，避免调查时间过长，调查时间一般控制在15分钟以内。

（3）调查问卷尽量减少涉及调查对象经济条件、家庭背景等隐私问题，因为拦截访问通常是在公共场合进行的，调查对象往往不愿意回答这样的隐私问题。

（4）进行拦截访问时注意甄别调查对象，先进行初步筛选，对符合调查要求的调查对象进行正式访问。

三、电话访问

（一）电话访问的概念

电话访问是调查人员根据抽样规定或抽样范围选取调查对象，并以电话为媒介对调查对象进行访问以收集市场信息的方法。该方法在西方国家使用较多，在我国企业使用率不高，主要是一些专业的调研公司采用。

（二）电话访问的形式

电话访问还可分为传统电话访问和计算机辅助电话访问两种形式。

◆ **1. 传统电话访问**

传统电话访问是调查人员基于确定好的调查样本，直接拨打受访者电话进行询问，并及时手动记录问卷答案。

◆ **2. 计算机辅助电话访问**

计算机辅助电话访问是调查人员基于计算机、电话等硬件进行互动式访问的形式。其工作主要包括进入系统、电话访问、访问结束三个环节。首先将设计好的问卷录入计算机系统内，通过计算机拨打受访者电话，电话拨通进入计算机辅助电话访问系统后即可开始访问，调查人员只需阅读计算机屏幕上的问题并通过鼠标或键盘将受访者的回答记录到计算机中，访问结束后计算机会自动生成数据库。使用计算机辅助电话访问的方式消耗更少的时间，花费更少的费用，并可获得质量更优的调查数据。

（三）电话访问的优缺点

◆ **1. 电话访问的优点**

（1）获取信息速度快，调查成本低。调查人员不需要登门访问或去特定场所访问，在单位就可完成调查，获取信息的速度快，且能节省调查人员的时间和费用成本。

（2）容易接触受访者，调查范围广。电话访问能接触到通过入户访问或拦截访问不易接触到的受访者（比如对于一些工作繁忙的人，入户访问不容易找到本人），即不受调查对象所在地区、单位和社会地位等限制，电话访问都可以进行调查，调查范围广。

（3）不易给受访者造成心理压力。采用电话访问时，受访者不需要与调查人员面对面交流，没有现场心理压力，能轻松回答问题。

◆ **2. 电话访问的缺点**

（1）不易于取得受访者的合作。采用电话访问的方式，受访者拒访率更高，尤其是在当今电信诈骗频繁发生的情况下，许多人对陌生号码戒备心较强，调查人员难以取得受访者的信任，也很难说服受访者。

（2）难以进行深层次调查。电话访问的时间较短，询问的问题简单明确，不易于深入调查内容。

（3）难以判断调查的真实性。电话访问只能凭听觉获得信息，调查过程中无法观察受访者回答问题时的动作和表情等，因此难以判断受访者回答问题的真实性。

（四）电话访问的注意事项

（1）调查问卷应简洁明了，受记忆规律的限制，调查问题应以两项选择题为主。

（2）调查人员应具有良好的语言表达能力，比如普通话标准、口齿清晰、语气亲切等。

四 邮寄访问

（一）邮寄访问的概念

邮寄访问指将提前设计好的问卷及相关资料邮寄给受访者，请求其按照要求填写问卷并寄回。邮寄访问的方式主要在西方国家使用，在我国应用不多，主要是书籍、期刊、杂志等出版单位为了解读者需求会采用，较少运用于商业市场调查。

（二）邮寄访问的优缺点

◆ **1. 邮寄访问的优点**

（1）调查成本低。邮寄调查不需要进行调查人员的培训、监督和报酬支付等，只需花费少量的邮费和印刷费，不需要更多的人力投入，所以调查成本低。

（2）调查空间范围广。只要能够通邮的地区都可以作为调查对象，不受地域限制，能调查的空间范围广。

（3）调查自由度大。邮寄访问的调查方式给予受访者充足的作答时间，调查问卷可设计更多的问题以获取更多信息，且受访者可以根据自己的时间灵活安排完成访问。

（4）匿名性好。邮寄调查可以使受访者以匿名的方式回答问题，涉及敏感问题或隐私问题的调查，受访者也愿意作答。

◆ **2. 邮寄访问的缺点**

（1）问卷回收率低。受访者容易因调查问卷太长、距离邮局太远、不能理解调查内容等原因拒绝调查，导致邮寄访问的问卷回收率一般只能达到15%左右。

（2）获取信息时间长。邮寄访问需要将问卷寄出去，等待受访者填写，受访者寄回问卷，整个周期耗费较长的时间，导致数据时效性也较差。

（3）缺乏对受访者的控制。邮寄访问没有调查人员在现场引导、检查，难以避免受访者漏填、随意作答、替代作答等现象。

（三）提高邮寄访问回收率的方法

（1）跟踪提醒。邮寄问卷后，可尝试通过发送短信、发送邮件、拨打电话、邮寄明信片等方式跟踪提醒受访者。

（2）附加礼品。给受访者赠送一些小礼品（比如超市优惠券、商店会员卡），有时比多次催促提醒更有效。特别注意在邮寄问卷时附上回邮信封和邮票，尽可能给受访者减少麻烦。

（3）请权威机构主办。一般而言，一些权威机构的公信度较高，受访者更愿意接受自己了解的权威机构的调查。

五 网上调查

（一）网上调查的概念

网上调查指将提前设计好的问卷发布到互联网上，通过互联网将问卷发送给调查对象，等待调查对象作答并自动回收问卷的调查方式。在当今信息时代下，随着互联网的广泛运用，网上调查作为一种新兴的调查方式受到众多企业的青睐。

（二）网上调查的优缺点

◆ **1. 网上调查的优点**

（1）调查空间范围广。网上调查不存在时间和地域的限制，任何一个上网者都可以成为调查对象。

（2）调查成本低。网上调查不需要进行调查人员的培训、监督和报酬支付等，也不需要支付打印费、邮寄费和电话费，所以网上调查是几种结构式访问中成本最低的。

（3）回收信息速度快。采用网上调查的方法，系统自动发放问卷，只要调查对象填写完问卷，系统即可自动回收统计，问卷回收速度快、时效性好。

◆ **2. 网上调查的缺点**

（1）调查样本很难代表总体。通过互联网对调查对象进行调查的前提是调查对象经常上网，而很多调查对象不经常上网，尤其是文化水平较低、年纪较大或经济条件较差的调查对象，所以，网上调查很难获得社会各类群体的样本。

（2）信息真实性差。网上调查很难限制调查对象，难以避免出现调查对象随意作答、多次作答等现象，直接影响调查结果的真实性。

六 小组座谈

（一）小组座谈的概念

小组座谈，又称为焦点小组访谈，指从需要调查的目标群体中选择一组具有代表性的消费者组成一个焦点小组，由一名有经验的主持人主持，就调研主题进行无结构的、自然形式的讨论，以获得调查对象对该主题的态度和看法等信息。通过小组座谈，可以全面了解消费者对某个产品、服务、品牌等的个人偏好、态度感知、满意程度等信息，比如对某类产品的认识、对价格定位的印象、对促销策略的反应等。

（二）小组座谈的程序

◆ **1. 座谈准备阶段**

（1）制定座谈调查计划。首先，需要根据调查目的确定调查主题、调查主要内容及调查重点，并拟定好调查提纲；其次，需要确定调查对象及面谈主持人；最后，需要进行整个座谈调查的经费预算。

（2）准备所需材料，包括调查对象的资料、面谈提纲、记录工具（如摄像机、录音机、笔记本、笔等）、调查人员工作证、致谢礼品等。

（3）邀请座谈者。提前邀请座谈者，并约定座谈时间，告知座谈地点、座谈时长，以及座谈的相关规则等。

（4）座谈场所布置。小组座谈的时间一般在1~3小时，时间较长，所以要注意座谈场所的舒适性。室内的桌椅以圆或椭圆形式摆放，方便参会者畅所欲言；在条件允许的情况下，座谈场所可安装麦克风和摄像头，以便录音记录。

◆ 2. 座谈实施阶段

（1）主持开场。座谈开始时，主持人首先要坦诚地介绍自己，介绍座谈会的目的和意义，并请参会者做简短的自我介绍。会场气氛活跃后，主持人要讲解座谈会的主题和具体规则。

（2）座谈引导。座谈过程中主持人应适当提问并按照提纲推进座谈会，遇到参会者不理解的问题以及参会者有所顾忌、回答不完整、回答含糊不清等情况时，主持人应及时引导。

（3）做好记录。座谈过程中调查人员应当场做好记录，以便后期整理分析。对于现场记录有顾虑的参会者，主持人可耐心疏导，做好相关思想工作。

◆ 3. 座谈结束阶段

座谈结束后，调查人员应尽快整理座谈记录，并根据录像、录音或记忆及时发现和解决漏记、错记等问题。

（三）小组座谈的优缺点

◆ 1. 小组座谈的优点

（1）获取信息速度快。小组座谈是一个主持人对多个调查对象的形式，针对同一个问题可以同时得到多个调查对象的观点，节省调查时间，获取信息的速度快、效率高。

（2）获得的信息较全面。座谈会前设计好座谈提纲，在主持人的引导下，各个参会者各抒己见，大家相互探讨和启发，可以获得主题相关较全面的信息。

◆ 2. 小组座谈的缺点

（1）代表性较差。与结构式访问相比，小组座谈的样本太小，且受调查人员和调查对象的影响容易出现偏差，因此小组座谈的结果不能直接代表总体。

（2）对主持人要求高。小组座谈在很大程度上依赖于主持人的能力和水平，而挑选出理想的主持人比较困难。

（3）回答结果散乱。小组座谈探讨的问题都需要参会者主观回答，不同参会者的观点会存在差异，导致收集到的资料结果散乱，难以进行分析。

（4）难以进行深入细致的交流。小组座谈受时间限制，很难对某个调查问题进行深入讨论，难以了解每个参会者的深层次看法。

七 深度访问

（一）深度访问的概念

深度访问，又称为个人访问，指调查人员按照调查提纲，与调查对象进行一对一的访谈，是一种无结构的、直接的、个人的访问。深度访问主要用于获取消费者对调查主题的初步理解或深层理解，比如了解消费者的购买决策过程、消费动机等。相对于小组座谈，深度访问较少使用。

（二）深度访问的优缺点

◆ **1. 深度访问的优点**

（1）灵活方便。只要取得调查对象的合作，随时随地都可以开展调查，同时，深度访问是一种无结构式访问，不受调查问卷的限制，可以根据实际访问情况调整问题顺序和深度。

（2）信息真实性较好。深度访问是一对一的形式，可以增加调查人员与调查对象之间的信任感，且调查过程通常不受约束，能减少调查对象的顾虑，使调查对象愿意表达真实看法。

（3）能深入了解调查对象内在动机和感情。一对一访问，有助于深入探讨调查问题，在了解调查对象基本看法的基础上，进一步探寻其内在动机、态度和感情等。

◆ **2. 深度访问的缺点**

（1）样本代表性差。深度调查的样本通常较小，和小组座谈一样，也不能直接代表总体。

（2）投入成本较大。一对一式调查，每个调查对象访问时间较长，难以取得调查对象的合作，且若想获得更多的样本，需要对多个调查对象分别展开访问，所需时间和费用成本较高。

（三）深度访问的技巧

（1）应先建立融洽的关系。正式访问开始前，调查人员应先使调查对象放松下来，双方建立融洽的关系，可以先从调查对象感兴趣的话题着手。

（2）调查人员需注意访问技巧。访问过程中，调查人员要注意先从简单问题开始慢慢深入探讨，避免访问过程变成一问一答的形式。要使整个访问过程成为类似聊天的过程，并且调查人员应尽量不过多地问问题，鼓励调查对象表达自己的意见和看法。

（3）调查时间不宜过长。调查人员注意把握访问时间，深度访问的时间不能过长，通常控制在1~2小时。

第四节 观察调查法

一、观察调查法的概念

观察调查法指调查人员根据调查目的，直接利用感觉器官或借助科学观察仪器，观察、记录调查对象的行为、活动、感受和反应等，以获取所需要的信息。与访问调查法不同的是，观察调查法通过观察获得市场信息，调查对象不受外界干扰，表现得自然，因此调查结果的真实性较强。

二、观察调查法的类型

（一）按照调查人员是否参与调查情景分类

按照调查人员是否参与调查情景分类，可以将观察调查法分为参与性观察调查法和非参与性观察调查法。

◆ **1. 参与性观察调查法**

参与性观察调查法，又称为局内观察调查法，指调查人员参与到调查的市场活动中，直接与调查对象接触以收集市场信息的方法。调查人员需要较长时间处于被调查者群体中，能快速、直接获取市场信息，不仅能观察到市场现象的表现，还可以了解更深层次的活动。

◆ **2. 非参与性观察调查法**

非参与性观察调查法，又称为局外观察调查法，指调查人员不参与调查的市场活动，以旁观者的身份观察、记录调查对象的市场行为，以获取市场信息的方法。通过非参与性观察获取的信息更具有客观性，不受参与市场活动的主观倾向影响，但通过非参与性观察往往只能看到表面现象，无法深入调查。

（二）按照调查内容是否统一设计分类

按照调查内容是否统一设计分类，可以将观察调查法分为结构式观察调查法和非结构式观察调查法。

◆ **1. 结构式观察调查法**

结构式观察调查法指事先设计好调查问卷，并依据调查问卷的内容对调查对象进行观察，观察后对每位调查对象填写一份调查问卷。采用结构式观察调查法时，对调查内容、调查范围和调查程序都有严格要求，可确保调查过程的标准化，调查结果便于定量分析，但该方法较死板，无法全面获取信息，适用于调查内容比较简单的调查项目。

◆ **2. 非结构式观察调查法**

非结构式观察调查法指事先不需要详细规定调查内容和调查程序，依据调查主题或调查提纲，在调查过程中根据实际情况有选择地观察以获取信息。非结构式观察调查法比较灵活，可以记录较多的信息，但获得的观察资料不系统、不规范，不便于进行系统分析，常常用于初次接触调查对象（即对调查对象缺乏了解的情况下）或试调查的情况。

（三）按照观察手段分类

按照观察手段分类，可以将观察调查法分为人员观察调查法和仪器观察调查法。

◆ **1. 人员观察调查法**

人员观察调查法指观察人员直接通过自己的感觉器官进行观察。观察人员通过观察调查对象的活动、表情、语言、动作等，了解调查对象的行为表现，通过科学分析，还可推断调查对象的感知态度和个人偏好等，但人员观察调查法需要花费大量的时间和金钱成本，且调查结果容易受调查人员的主观因素影响。

◆ 2. 仪器观察调查法

仪器观察调查法指观察人员借助科学观察仪器进行观察。现代科技使电子仪器和机械设备成为市场调查的有力工具，借助仪器观察的调查结果较客观，准确率较高，但是调查成本高。一些常用的观察仪器有视向测定器、自动记录器、行为观察仪、瞬间显露器、皮肤电流反射器等。

三、观察调查法的程序

（一）观察准备阶段

首先要根据调查目的和调查内容，判断是否适宜采用观察调查法。观察调查法要求所需求的信息是能够观察到的或能观察推测到的，所需观察的行为应是重复的、频繁的、短期的；确定使用观察调查法后，要制定详细的观察计划，包括观察目的、内容、范围、时间、途径、方法等；最后需要准备观察记录表和观察仪器。

（二）观察实施阶段

观察人员进入观察场所，通过感觉器官或借助观察仪器进行观察，并做好观察记录。对于结构式观察，事前有统一设计好的观察记录表，观察时直接按照观察项目记录即可，通常用符号或选项记录；对于非结构式观察，事前没有统一规定内容和程序，记录内容和记录方法根据实际观察情况确定。

（三）观察结束阶段

对收集到的资料进行整理，对记录不完整的内容进行回忆补充，删除与调查内容无关的资料，然后组织人员进行结果分析和论证，最后形成观察报告。

四、观察调查法的优缺点

（一）观察调查法的优点

（1）直观性和可靠性强。观察调查法的突出优点是在不打扰调查对象的前提下，可以实时观察、记录调查对象的行为，收集到的资料更直接、更真实。

（2）操作简单，灵活性强。观察调查法的操作较简单，观察过程不限定人数，不限定观察时间和地点，只要在市场现象发生的现场进行观察就可以获得直观的信息。

（3）适应性强。观察调查法不需要取得调查对象的配合，而是以调查方为主，调查人员可以在各个市场观察、记录市场现象，具有较强的适应性。

（二）观察调查法的缺点

（1）无法取得深层次资料。采用观察调查法只能获取表面性资料，无法探究事物的内在原因和内在动机等。

（2）调查时间长，调查成本高。观察调查法需要调查人员进行长时间，甚至多次性的观察，才能获得符合调查主题的信息，耗费大量的人力、物力和财力，不适合用于大规模的调查。

（3）调查受时空限制。在空间上，观察调查法只能观察到某些局部点的情况，难以全面观察；在时间上，观察调查法只能观察到当时发生的情况，而无法了解过去和未来的现象。

五、观察调查法的应用

观察调查法的应用领域广泛，其在市场调查中的应用主要体现在以下几个方面。

（一）"神秘顾客"调查

"神秘顾客"调查指调查者伪装成普通购物者，进入调查场所（如超市、商场等）进行直接观察，了解商品价格、业务操作、服务态度、促销手段等信息。该种调查方式主要用于评估一线服务质量、顾客满意度及终端市场管理，常被各大品牌、窗口服务机构和行业分支采用。

（二）商品需求情况调查

通过观察消费者在商场、超市、展销会等现场的消费行为，调查消费者偏好的品牌、在各商品前的停留时间、商品评价、对促销活动的反应等信息，可以获得大量的一手资料，用以分析商品的市场需求情况。

（三）顾客消费习惯调查

通过观察商店顾客情况，比如各时段顾客人数、顾客构成情况、顾客在商店内的流动规律、顾客消费金额等，可以为商店合理安排营业时间、商品陈列布局、改善服务等提供参考。

（四）企业经营状况调查

通过观察、对比分析各零售商店的布局、商品陈列、橱窗布置、货架摆放、服务态度、顾客流量、广告内容等情况，可以了解企业的经营状况和管理水平。

（五）人口流量调查

调查人员在特定的位置（比如公交车站、地铁站进出口等）对人口流量、流速、进出行为等进行观察，调查结果可为商店选址、市场营销决策等提供参考依据。

第五节　实验调查法

一、实验调查法的概念

实验调查法指调查人员选取一个或几个市场影响因素，根据调查目的控制或改变所选取的因素，并观察市场在这些因素影响下的变动情况，以了解市场现象的本质。实验调查法的目的是探究研究变量与目标变量之间的因果关系，比如，改变产品的包装，调查该产品的销售量、市场份额的变化情况。

二、实验调查法的要素和程序

（一）实验调查法的基本要素

◆ **1. 实验者**

实验者是指有目的、有意识地进行实验调查的主体，其通常以一定的实验假设指导实验调查活动。

◆ **2. 自变量**

自变量又称为实验变量，指根据调查目的确定、可以操作处理、效果可评估的变动因素，比如产品的价格、包装等。

◆ **3. 因变量**

因变量指由于自变量变化引起变化的变量，是检测改变的自变量对市场影响效果的变量。

◆ **4. 实验对象**

实验对象指实验者想要认识的客体，即实验调查法的调查对象，其在实验中通常会被分为实验组和对照组。

◆ **5. 实验环境**

实验环境指实验对象所处的市场环境，可以分为人工实验环境和自然实验环境。

◆ **6. 实验检测**

实验检测指在实验过程中对调查对象所做的检测。其中，在实验激发前对实验对象的检测称为事前检测；在实验激发后对改变后的实验对象的检测称为事后检测。

（二）实验调查法的程序

◆ **1. 实验准备阶段**

实验准备阶段的重点是进行实验设计，首先需要根据调查目的提出实验假设（比如产品更换包装后销量会增加），并确定实验的自变量和因变量；然后确定实验对象，并将实验对象分为实验组和对照组；最后需要选取进行实验的场所、实验设计形式，以及编制实验记录表格等。

◆ **2. 实验实施阶段**

在实验实施阶段，根据选定的实验设计形式操作实验，及时观察和记录实验数据和实验结果。在实验过程中注意控制除自变量以外的因素的影响，尽量保证实验结果只受自变量的影响。

◆ **3. 实验结束阶段**

实验完成后，应及时整理实验数据，对比分析实验结果，并对实验结果进行解释和推断，最后形成实验调查报告。在分析实验结果过程中，注意综合考虑影响市场环境的所有因素。

三、实验的设计类型

（一）无对照组的事前事后对比实验

无对照组的事前事后对比实验，指在实验过程中只设置实验组，不设置对照组，通过对实验组实验前后的情况进行对比分析，得出实验结论。若能够排除非实验变量的影响或非实验变量的影响可忽略不计，则可以选择该种实验设计形式。

例如，某零食生产企业为扩大销售，计划将 A、B 两种零食的袋装改为盒装，但对新包装的效果没有把握，决定采用无对照组的事前事后对比实验设计形式进行调查。以 A、B 两种零食为实验对象，观察、记录更换包装前一个月的销售额，更换 A、B 零食的包装，继续观察记录更换包装后一个月的销售额，实验结果如表 6-2 所示。

表 6-2　外包装对销售额的影响调查　　　　　　　　　　　　　　　　　　　单位/万元

产品	更换包装前销售额 (X_1)	更换包装后销售额 (X_2)	销售额变动 (X_2-X_1)
A	220	260	+40
B	280	310	+30
合计	500	570	+70

通过表 6-2 的实验结果可以看出，两种零食更换包装后一个月，企业增加了 70 万元的销售额，其中 A 零食增加 40 万元，B 零食增加 30 万元。若没有其他无关因素的影响，说明更换两种零食的外包装有利可图。

（二）有对照组的事后对比实验

有对照组的事后对比实验，指在实验过程中同时设置实验组和对照组，并通过对实验组和对照组的实验结果进行对比分析，得出实验结论。该种实验设计形式实验组和对照组在同一时间维度进行对比，可以排除时间不一致所导致的市场因素变化的影响。

例如，某服装企业想了解羽绒服广告对其销售量的影响，决定采用有对照组的事后对比实验设计形式进行调查。以 A、B、C 三个商店为实验组，在这三个商店进行羽绒服的广告促销活动；以 D、E、F 三个商店为对照组，在这三个商店不进行广告促销。观察一个月，记录各个商店的羽绒服销售额，实验结果如表 6-3 所示。

表 6-3　广告促销对销售额的影响调查　　　　　　　　　　　　　　　　　　单位/万元

实验组	实验组销售额 (X_1)	对照组	对照组销售额 (X_2)
A	16	D	13
B	29	E	25
C	25	F	21
合计	70		59

通过表 6-3 的实验结果可以看出，进行广告促销的商店销售额比未进行广告促销的商店销售额多 11 万元。若没有其他无关因素的影响，可以推测进行广告促销能有效促进企业羽绒服的销售。

（三）有对照组的事前事后对比实验

有对照组的事前事后对比实验，指同时设置实验组和对照组，先分别将实验组、对照组实验前后的情况进行对比，再将实验组、对照组的变化情况进行对比，从而得出实验结论。这种实验设计形式是前两种实验设计形式的结合，既吸收了前两种形式的优点，又避免了前两种形式的缺点。

例如，某家电企业想了解降价对空调销售额的影响，决定采用有对照组的事前事后对比实验设计形式进行调查。分别选取三个商场作为实验组、另外三个商场作为对照组，观察记录降价前一个月实验组和对照组的空调销售额；将实验组的三个商场的空调降价，保持对照组的三个商场空调价格不变，继续观察记录降价后一个月实验组和对照组的空调销售额，实验结果如表 6-4 所示。

表 6-4　降价对销售额的影响调查　　　　　　　　　　　　　　　　单位/万元

项目	实验前销售额 (X_1)	实验后销售额 (X_2)	销售额变动 ($X_2 - X_1$)
实验组（A）	48	62	+14
对照组（B）	46	50	+4

实验效果为：$(X_{2A} - X_{1A}) - (X_{2B} - X_{1B}) = [(62-48) - (50-46)]$ 万元 = 10 万元。实验结果表明，实验组的销售额增加 14 万元，受降价及其他因素的影响；对照组的销售额增加 4 万元，受除降价外的其他因素的影响；将实验组和对照组的销售额进行对比，销售额增加 10 万元，此时增加的销售额仅受降价因素的影响。

四、实验调查法的特点

（一）实验调查法的优点

(1) 能揭示市场现象之间的相关关系。通过实验调查法，可以探究引起市场变化的影响因素及影响程度，研究市场现象之间的相关关系，从而为经营决策提供参考。

(2) 可以控制调查环境。实验调查法不是被动地调查市场现象，而是主动控制某个条件，促使市场发生变化，以探究市场变量间的因果关系。

(3) 能提高调查的准确性。采用实验调查法进行调查时，通过合理的实验设计就能控制实验环境，尽量消除除自变量外的其余因素对实验结果的影响，提高调查的准确性。

（二）实验调查法的缺点

(1) 难以控制市场中的可变因素。实验调查法的关键是要控制无关变量对实验结果的影响，但在实际调查过程中，常会出现随机的、不可控制的因素，若这些因素引起市场发生变化，就会影响实验效果。

(2) 调查时间长。从改变市场影响因素（自变量）到观察到市场发生变化，往往需要等待较长时间，在短时间内很难获得有效的信息。

（3）调查成本高。为保证实验调查法的顺利进行，需要专业人员操作，并且还需要开展一系列相关工作，调查难度较大，调查成本较高。

第六节　网络调查法

一、网络调查法的概念

随着计算机技术和通信网络技术的进一步发展，网络市场调查已逐步成为当今市场调查的重要一环。所谓网络调查法，是指通过互联网、计算机通信和数字交互式媒体，对特定的市场营销环境进行设计、收集、记录、整理和分析信息的活动。网络调查法实际是传统调查方法在网络上的应用和发展。网络调查法的运用范围广泛，包括企业经营的方方面面，同时还可以运用个人科学研究。

二、网络调查法的类型

根据资料的来源不同，网络调查法也可以分为网上直接调查法（或称为一手资料调查法）和网上间接调查法（或称为二手资料调查法）。

（一）网上直接调查法

◆ **1. 网上问卷调查法**

网上问卷调查法指将提前设计好的问卷发布到互联网上，通过互联网将问卷发送给调查对象，等待受访者作答并自动回收问卷的调查方法，即访问调查法中的网上调查方法。网上问卷调查技术主要包括站点法和电子邮件法。

站点法是将调查问卷发放在网络站点上，由受访者自愿填写、提交问卷，由系统自动收回。站点法是网络调查法的基本方法，也是目前运用较广泛的方法。

电子邮件法是通过电子邮件将调查问卷发送给受访者，受访者收到问卷并填写后，将填写好的问卷发送到指定邮箱。电子邮件法可以向受访者展示包括问卷、图像、样品等多种测试工具，且受访者无须在线填写问卷，只需在线发送结果即可，但其问卷结果以邮件形式返回，问卷的交互性较差，数据整理和处理较麻烦。

◆ **2. 网上讨论法**

网上讨论法指通过电子公告牌系统、网络实时交谈、网络会议和新闻组等途径，邀请被调查者参与讨论、发表观点，以收集信息的方法。该方法实际是小组座谈法在互联网的运用。

◆ **3. 网上观察法**

网上观察法指利用互联网技术，观察、记录某一特定网站的浏览情况和消费者的网络行为，以获取所需要的信息，与传统的观察调查法相似。常用的网络观察技术包括设置流量计数器、利用Cookie技术。

（1）设置流量计数器。一般网站都设置有流量计数器，以记录网站的访问情况。通过这种技术可以了解消费者的数量、消费需求、企业网络营销效果等信息。

（2）利用 Cookie 技术。利用 Cookie 技术可以追踪网络浏览者的上网行为，以了解消费者在网上的消费行为。比如，获取消费者所浏览的网页、点击的广告、进入的链接、停留的时间等信息，可以分析消费者的消费需求、消费心理等。

◆ 4. 网上实验法

网上实验法指调查人员选取待研究的产品影响因素，针对不同的影响因素进行多种组合，控制无关因素的影响，以测试消费者的反应，其实质与实验调查法相同。通过这种方法，可以获取影响产品销售的关键因素、消费者关注的消费因素等信息。

（二）网上间接调查法

网上间接调查法指利用互联网的搜索功能，搜索所需的现成资料，或在相关网站搜索有关的统计数据和相关资料。网上间接调查法与文案调查从企业外部资源收集数据的方法相似。网上间接调查主要的调查渠道包括搜索引擎、公告栏、新闻组、电子邮件。

◆ 1. 利用搜索引擎收集数据

利用搜索引擎可以按照网站、网页或分类查找，搜索关键词以获取相关信息。其中，分类查找范围相对较广，获取关键信息较麻烦；网页搜索查找信息定位精确，但查找结果繁多；网站搜索查找的效率相对较高，使用较多。

◆ 2. 利用公告栏收集数据

公告栏犹如一个网上的公开"场地"，上网者都可以在上面留言询问问题、发表意见、回答问题。公告栏还可以作为讨论、聊天的场所。

◆ 3. 利用新闻组收集数据

新闻组实质是一个基于网络的计算机组合，通过新闻组可以免费获得或免费交换可识别标签的文章，以获取相关信息。使用新闻组收集数据方便快捷，搜索内容广泛，且能对受访者进行分类。

◆ 4. 利用电子邮件收集数据

电子邮件是互联网中使用最广泛的通信方式之一，许多企业会通过电子邮件发布公司动态、产品信息、服务信息等。通过注册使用相关网站的电子邮件，直接接收电子邮件即可获取信息。

三、网络调查法的特点

基于互联网的开放性、自由性、广泛性和平等性等特点，网络市场调查的实施相比传统市场调查方法具有独特的优势，但同时也因互联网的特点存在一些局限性。

（一）网络调查法的优点

（1）快速性和及时性。互联网访问速度快，受访者完成调查后，系统会立即反馈调查结果，且避免了数据录入的误差。

（2）无时空、地域限制。互联网是开放的，上网者都可以参与调查，不存在地域限制，且网上调查全天 24 小时都可以进行，不受时间的限制。

（3）便捷性和节俭性。网络调查可以节省传统调查中耗费的大量人力和物力，比如印刷费、差旅费、调查人员报酬等；信息回收方便快捷，很多调查信息都可以直接得到初步统计处理，方便查看阶段性调查结果。

（4）匿名性和客观性。网络调查的匿名性较好，对于不便于在公共场合调查的经济、家庭情况等敏感性问题，受访者也更愿意接受调查，且受访者是完全自愿参加调查的，调查得到的信息客观性更强。

（二）网络调查法的缺点

（1）代表性较差。采用网络调查的前提是受访者经常上网，容易获取这类人群的信息，而难以获取甚至无法获取不上网的人群的信息，导致获得的市场信息代表性较差，往往需要与传统市场调查方法相结合。

（2）真实性容易受到怀疑。网络调查结果的真实性容易受到怀疑，因为网络调查很难控制调查对象，调查结果受调查对象的影响大。调查对象随意作答、故意扰乱调查等，都会影响调查结果的真实性。

（3）受互联网安全性问题的影响。互联网存在安全性的缺陷，很多调查对象往往因为担心个人信息泄露而不愿意参与调查。

目前对调查界产生重大影响的一个发展是大数据的兴起。大数据的类型包括：① 管理数据，由个人或组织为管理一个项目提供（例如电子医疗记录、保险记录、银行记录、税务记录、登记册）；② 交易数据，作为金融或其他交易和活动（如信用卡交易、网上购物）的自动副产品生成；③ 传感器数据（例如卫星成像、道路传感器、气候传感器）；④ 跟踪设备数据（例如全球定位系统、移动电话）；⑤ 行为数据（例如在线搜索、页面浏览、Cookie 数据）；⑥ 社交媒体数据，由人们创建，用于与（至少一些）其他人共享（例如微博、微信）。

本章小结

通过对第六章内容的学习，学生应了解市场调查资料的来源，掌握不同资料来源的数据收集方法的含义、类型、特点和程序等基本概念，能够根据实际问题场景选择合适的调查方法，提升收集数据的能力和实际运用能力。

复习思考

1. 如何选择合适的数据收集方式？
2. 如何对收集的数据进行效果评价？

数字资源 6-1
第六章"复习思考"
问题参考答案

第七章
处理与分析市场调查数据

学习目标

- 1. 了解市场调查数据的处理程序。
- 2. 掌握市场调查数据编码的方法。
- 3. 能熟练运用市场调查数据分析的基本方法。

情景导入

购物中心数据处理

某购物中心的管理人员需要了解顾客的满意程度,为此他组织了一次市场调查,希望通过比较顾客的年龄、收入和来购物中心的次数,找出不同人群的购物特征。最后,该管理人员共回收了1 000多份问卷。在仔细看了许多问卷后,该管理人员发现很多问题的答案五花八门,虽然他急着想将这些问卷分类,并对问卷结果进行手动计算,但一个人整理这些问卷并记录下正确的数据需要花很长时间。他应该怎样整理这些信息呢?最原始的办法是阅读所有的问卷,记下数据,并从中得出结论,这显然是非常耗费时间和精力的。

问题与思考

错误的数据不如没有

国内一家知名的电视机生产企业,2004年初设立了拥有20多人的市场调研部门。该市场调研部门分成两组开展了调查问卷相同、结构完全相同的抽样调查,但两组调查数据结论差异巨大。正是因为这次调查,该市场调研部门被撤销,人员被全部裁减。

数字资源7-1
处理与分析市场调查数据导论

调查主题：展示板问卷——列举您会选择的电视机品牌。

第一组的结论是：有15%的消费者选择本企业的电视机。第二组的结论却是：36%的消费者表示本企业的产品将成为其购买的首选。巨大的差异让企业高层非常恼火，为什么完全相同的抽样调查，会得出如此矛盾的结果？通过专业调研公司诊断，发现第二组数据不符合实际，主要是因为调查中调查者的服饰上印有公司标识，问题展示板将本企业列示在第一位，存在误导行为。

本案例说明，要使调查数据真实有效，对调查资料处理和诊断是必不可少的环节，否则按照错误的调查数据盲目扩大该品牌电视机的生产，将会给该企业造成巨大的损失。

调研人员应遵循怎样的步骤进行市场调查数据的处理与分析，以提高工作效率？

第一节　市场调查数据处理的程序

为了避免所收集的原始数据出现虚假、差错、冗余现象，导致错误的调研结论，调研人员需要采取以下五个步骤来处理原始数据。

第一步，问卷审核；

第二步，数据编码；

第三步，数据录入；

第四步，数据清理；

第五步，数据分析。

一、问卷审核

为确保调研工作的质量和有效性，第一步就是要对收回的问卷填写情况进行审核。问卷审核主要是对调查所收回的问卷进行初步的审查和核实，校正错填、误填的答案，剔除乱填、空白和严重缺答的废卷。一般情况下，问卷审核包括对问卷填写内容的审核和编辑整理两个部分。

◆ **1. 对问卷填写内容的审核**

对问卷填写内容的审核主要包括对问卷填写内容的完整性、准确性、及时性与一致性等进行审核。

（1）完整性审核。完整性审核主要包括审核调研的总体单位是否都已调查，问卷的所有问题是否都有答案。如果发现有没有答案的问题，可能是被调查者不能回答或不愿回答，也可能是由调查人员遗忘所致，应进行询问，尽量填补。否则，就应放弃该份问卷，以确保资料的可靠性。

三种不完整的填答情形及其处理方法如下：① 大面积无回答，或者相当多的问题无回答，对此应做废卷处理；② 个别问题无回答，应视为有效调查问卷，所留空白待后续采取补救措施，或将它直接归入"暂未决定""其他答案"的类别中；③ 有相当多的调查问卷对同一问题无回答，仍作为有效调查问卷，对此项提问可做删除处理。

(2) 准确性审核。准确性审核的重点是审核调研过程中所发生的误差，其主要内容包括两个方面：一是检查数据资料是否真实地反映了客观实际情况、内容是否符合实际、前后是否一致；二是检查数据是否有错误、计算是否正确等。

审核数据准确性的方法主要有抽样检查、逻辑检查和计算检查。① 抽样检查。抽样检查是指从全部调查问卷中抽取一部分问卷进行检查，用以判断全部调查资料的准确程度。② 逻辑检查。逻辑检查是指分析指标、数据之间是否符合逻辑、有无矛盾及违背常理的地方。如低年龄段的被调查者的文化程度为大学以上，收入水平较低的被调查者经常购买高档产品等，这些情形明显不合逻辑，审核人员要弄清情况，核准后予以纠正。③ 计算检查。计算检查是指检查资料中各项数据在计算方法和计算结果上是否有误，数据的计量单位有无与规定不符的地方等。如各分组数字之和是否等于总数，各部分占总体的比例相加是否为百分之百，如出现错误，应重新计算。

(3) 及时性审核。及时性审核包括两方面的内容：一是要检查各种调查资料是否按规定及时提供，如果迟报，审核人员应对迟报的原因进行分析，并提出改进意见，以做到资料按时或提前上报；二是检查二手资料的时效性。

(4) 一致性审核。一致性审核即检查各市场调查数据前后是否连贯、一致，避免自相矛盾。如被调查者在某一问题中回答自己喜爱购买 A 品牌的产品，在回答另一个问题时却说自己经常购买 B 品牌的同类产品，显然该被调查者的回答是前后矛盾的。对于这种情况，审核人员应决定是建议调查人员重新询问被调查者，还是将该份问卷剔除。

◆ **2. 编辑整理**

编辑是一个去粗取精、去伪存真的过程。编辑整理的主要工作有剔除不必要的资料和数据，处理不完整、不规范的资料和数据，对资料和数据进行分类等。

对有问题的问卷有以下三种具体处理方法。

(1) 返回现场重新调查。此方法适用于规模较小、被调查者容易找到的情形。但是调查时间等的变化，可能会影响二次调查的数据结果。

(2) 视为缺失数据。在不能重新调查的情形下，可以将这些不满意的问卷中的选项作为缺失值处理。如果不满意的问卷数量较少，而且这些问卷中令人不满意的回答的比例也很小，涉及的变量也不是关键变量，可采取这种方法。

(3) 视为无效问卷。在进行问卷调查时，常会面临有效问卷与无效问卷的判定问题，设定标准太宽问卷会被认为没信度、没效度，设定标准太严又怕有效问卷数不足。存在以下情况，问卷应该被视为无效问卷，可放弃不用：① 缺损的问卷（缺页或无法辨认）；② 回答不完全的问卷（缺失回答比例大于10％）；③ 关键变量回答缺失的问卷；④ 全部勾选相同选项的问卷；⑤ 在截止日期之后回收的问卷。

二 数据编码

对数据进行编码是调查数据处理的第二步。为了充分利用问卷中所填写的数据，提高问卷的录入效率及分析效果，需要对问卷中的数据进行科学的编码。所谓编码，就是对每一个问题的每一个可能的答案，给出一个计算机能够识别的统一的数字或字母代码的过程。简单地说，编码就是将原始数据转换成计算机可以识别的数据的方法和技术。

◆ 1. 编码的作用

编码的作用主要体现在以下方面。

（1）将定性的问卷资料转化为可以进行定量分析的数据，将问卷信息转化为规范标准的数据库，进而可以利用统计软件进行计算分析。

（2）市场调查问卷通常成百上千份，每一份问卷又有几十个问题，为降低误差、保证数据质量，资料经过量化后清晰明了、不易丢失。另外，利用编码技术修正答案误差、替代缺失值，都可以降低误差。

（3）问卷录入工作繁杂，为减少数据录入和统计分析的工作量，节省时间和费用，录入人员可以根据统一编码要求进行录入和资料转换工作，从而提高工作效率。

◆ 2. 编码的类型

由于问卷的问题及答案设计有单选、多选、排序、开放式等不同类型，因此，数据编码可以分为事前编码与事后编码两种类型。

（1）事前编码。事前编码主要适用于封闭式问卷，它指在设计问卷时就给每一个变量和可能答案分配代码。它是针对结构式问题的一种编码方法，相对简单，因为问题事先都已规定备选答案，所以每一个问题的每个答案都可以被赋予代码，并对答案代码的含义和所在栏目予以说明。

（2）事后编码。事后编码是在数据收集完成以后、正式整理开始之初，对调查问题的可能答案所进行的编码。对封闭式问题的"其他"项、开放式问题或非结构式问题等，只能采取事后编码的方式。以上三类问题的回答较为复杂，答案多样，所以一般需要在数据收集完成后再进行编码设计。

◆ 3. 编码的方法

（1）单选题编码设计。单选题只用一个编码，即以题干为一个变量，单选题编码的取值就是各选项的序号。如单选题"您的性别？"，将备选答案分别赋值编码：男性为"1"，女性为"2"。

[例] Q1：您的性别？

A. 男　　　　　　　　　　　　B. 女

以上是将"性别"定义为变量，用"1"代表"男"，用"2"代表"女"。单选题在"1"和"2"两个选项中只能选择一个。

（2）多选题编码设计。多选题的编码方法和单选题不同，每一个选项定义为一个变量，并对应有一个编码，变量个数即选项个数，按照选项排列顺序分别定义各变量。多选题采用二分变量法，即将每个选项设为二分变量，选中的编码为1，未选中的编码为0。

[例] Q12：您喜欢的促销类型有哪些？（可多选）

① 打折（0，1）（23）　　　　② 会员价格（0，1）（24）

③ 购物积分（0，1）（25）　　④ 买一送一（0，1）（26）

⑤ 其他（0，1）（27）

以上是多选题，即答案可以选择两个或以上，编码处理方式是将每个选项设为二分变量（无序分类中的二分类型），即对每个选项给予"0""1"两个编码，选中的标"1"，未被选中的则标"0"，括号中的数字表示这个变量记录在编码表中的变量序号，如"23"表示变量序号。

（3）排序题编码设计。排序题变量定义和多选题比较相似，都是每一个选项有一个编码，变量个数即选项个数，按照选项排列顺序分别定义各变量。只是排序题的取值定义和多选题不同，排序题数据取值即为重要性排列顺序。若数值越大表示越重要，排序题有五个选项，则从高到低可以依次赋值为5、4、3、2、1。若未选中，则可以赋值为0。当然，排序题的变量赋值可以根据数据编码人员的习惯来定。

[例] Q10：影响您在××超市购物的主要因素有哪些？（请按重要性程度从高到低排序）

    A. 质量   B. 价格
    C. 促销   D. 环境
    E. 服务

应按被调查者实际选择的排列顺序和选项数分别赋值编码，最重要为5，最不重要为1，未选中为0，赋值即为重要性排列顺序，数值越大表示越重要。（见表7-1）

表7-1 排序题编码设计

变量序号	变量名称	变量含义	对应题号	变量类型	变量宽度	数据说明
17	V101	质量	Q10	有序分类型	2	1——最不重要；2——不太重要；3——一般；4——比较重要；5——最重要；0——未选中
18	V102	价格				
19	V103	促销				
20	V104	环境				
21	V105	服务				

（4）系列编码设计。系列编码设计是指用一个标准对数据进行分类，并按一定的顺序用连续数字或字母进行编码。这种编码方法操作简便，但不便于进行分组处理。

[例] Q23：请问您每月的收入是多少？

    A. 2000元以下   B. 2000~3500元
    C. 3500~5000元   D. 5000元以上

为消费者收入水平调研设计编码时，可将每月收入划分为四个档次，用"1"代表"2000元以下"，用"2"代表"2000~3500元"，用"3"代表"3500~5000元"，用"4"代表"5000元以上"。

（5）开放式问题编码设计。开放式问题编码设计一般有以下几个步骤。① 统计各答案。挑选少量具有代表性的答卷，对答案进行全面的阅读和初步分类，以便初步判断答案的分布状况。通常会抽取全部问卷数的20%来实施这一步工作。② 将所有有效的答案列成答案频数分布表。③ 拟定适宜的分组数。要从调研目的出发，考虑分组的标准是否符合调研目的，同时也要考虑计算机的处理能力和数据处理软件的处理要求。④ 根据拟定的分组数，对列在答案频数分布表中的答案进行选择和归并。在不影响调研目的的前提下，保留频数多的答案，然后把频数较少的答案尽可能归并成意义相近的几组，对那些含义相距甚远或虽然含义相近但加起来数量仍然不够多的答案，一律并入"其他"一组。⑤ 为所确定的分组选择正式的组别标志。⑥ 根据分组结果为数据制定编码规则。⑦ 对全部回收问卷（开放式问题答案）进行编码。

[例] 问卷中"Q18：您认为××超市应该如何改进以增加客户的满意度？"调研人员收集到以下回答：① 降低价格；② 价格有待改进；③ 多做促销；④ 增加商品品种；⑤ 多上一些新货；⑥ 多搞一些活动；⑦ 价格便宜点。

这么多回答，如果不进行归类处理，就不好分析。所以，应该将一些意思相近的答案归到同一类中去，再从中分析该如何改进以增加客户满意度。上述答案的合并归类如表 7-2 所示。

表 7-2　答案合并归类与编码

回答类别描述	答案归类	分配的数字编码
降低价格	①②⑦	1
增加商品品种	④⑤	2
多促销	③⑥	3
⋮	⋮	⋮

（6）分组编码设计。分组编码设计又称为区间编码设计，是根据调查数据的属性特点和处理要求，将具有一定位数的代码单元分成若干组（或区间），每一个组（或区间）的数字均代表一定的意义。例如在某项关于消费行为的调研中，对被调查者的性别、年龄、家庭规模等基本情况进行调查，通过分组编码对有关信息进行编码，如表 7-3 所示。分组编码设计应用比较广泛，容易记忆，处理方便，但有时位数过多，造成系统维护上的困难。

表 7-3　分组编码

性别		年龄		家庭规模（人数）	
选项	编码	选项	编码	选项	编码
男	1	25 岁以下	1	单身 1 人	1
女	0	25～35 岁	2	夫妻 2 人	2
		35～45 岁	3	3 人	3
		45 岁以上	4	4 人	4

◆ 4. 编码注意事项

（1）编码符号在绝大多数情况下都采用数字，个别情况下也可采用英文字母。

（2）赋予某些数字特定的编码意义，以便于整理识别。如对于问卷中所有问题的答案，规定"0"表示否定，"1"表示肯定，"9"表示不知道或没回答。

（3）编码位数应根据具体情况予以确定。对于给出了固定答案的单选题，编码位数与答案数目的位数或答案中数字的最大位数一致；对于对固定答案进行多选的问题，编码位数等于答案数目的位数与允许选择的答案数目的乘积。

◆ **5. 设计编码表**

为了查找、录入及分析的方便，编码人员要编写一张编码表，说明各编码所代表的意义。录入人员可以根据编码表说明录入数据；数据分析人员根据编码表处理数据；研究者阅读统计分析结果不清楚各种代码的意义时，可以从编码表中查询。一般编码表包括变量序号、变量名称、变量含义、对应题号、变量类型、变量宽度、数据说明等指标。其中，变量名称、变量含义、对应题号、变量类型、变量宽度是变量的定义，数据说明是取值的定义。

（1）变量序号是给各变量的一个新的数码，表示各变量在数据库中的输入顺序。

（2）变量名称是变量的代号，便于计算机识别与统计操作。

（3）变量含义是指问卷中问题意思的概况。

（4）对应题号是指变量属于问卷中的第几题。

（5）变量类型一般包括字符型、数值型等。

（6）变量宽度是指变量的数据最多是几位数。

（7）数据说明是对各数码代表受访者的某种反应的说明。

编码表如表7-4所示。

表7-4 编码表

变量序号	变量名称	变量含义	对应题号	变量类型	变量宽度	数据说明
1	V1	性别	Q1	无序分类型	1	1——男；2——女；9——缺失
⋮	⋮	⋮	⋮	⋮	⋮	⋮
17 18 19 20 21	V101 V102 V103 V104 V105	质量 价格 促销 环境 服务	Q10	有序分类型	2	1——最不重要；2——不太重要；3——一般；4——比较重要；5——最重要；0——未选中
⋮	⋮	⋮	⋮	⋮	⋮	⋮
23 24 25 26 27	V101 V102 V103 V104 V105	打折 会员价格 购物积分 买一送一 其他	Q12	无序分类型	2	1——选中；0——未选中

续表

变量序号	变量名称	变量含义	对应题号	变量类型	变量宽度	数据说明
⋮	⋮	⋮	⋮	⋮	⋮	⋮
35	V18	建议	Q18	无序分类型		1——低价格；2——价格有待改进；3——多做促销…

三、数据录入

数据录入是第三步。经过前述的数据转换处理，所收回的问卷中的一个个具体答案，都可以转化为由 0～9 这 10 个数字构成的编码，并可以直接输入计算机中，以便可以进行统计分析。

录入数据时，一般利用 Excel 等软件，将调查问卷的编码输入 Excel 表格中。在 Excel 中录入数据并保存后，可将该文件导入 SPSS 进行数据处理。

录入人员通过键盘和鼠标录入数据时容易产生输入错误，因此，采用这种方式录入数据时，可采取以下措施来保证录入质量。

（1）挑选技术熟练、工作认真、有责任心的录入人员。

（2）加强对录入人员的监督管理，淘汰差错率和录入速度达不到要求的录入人员。

（3）避免逻辑性差错。例如，性别代码中"1"表示男，"2"表示女，"9"表示被调查者未回答，如果代码的取值为"3""4""5"等，则明显存在错误。

（4）对录入的数据进行抽查。一般随机抽取 25%～35% 的问卷进行数据复查。

（5）双机录入对比。双机录入对比即用两台计算机同时录入相同的数据，比较并找出不一致的数据资料，确定差错，然后加以更正。双机录入对比可有效提高数据资料的录入质量，但花费的时间和费用也较高。

四、数据清理

第四步是数据清理。将所有问卷中的数据输入计算机中之后，就要对数据进行分析。在分析数据之前，还必须再检查一遍是否有错误之处。为了再次降低数据的差错率，提高数据的质量，还需要进行数据清理工作。数据清理工作是在计算机的帮助下进行的，无论是采用社会科学统计软件包（SPSS）还是统计分析系统（SAS）进行数据图表化，要做的第一步就是错误检查。数据清理有时候也称为逻辑或自动清理。这一步骤的目的是保证数据在逻辑上的一致性。如果数据在逻辑上缺乏一致性，图表分析最终结果可能与事实不符。

五、数据分析

一旦数据准备就绪，就进入了市场调研的数据分析阶段。数据分析是数据处理程序中的重要阶段，我们将在本章第二节重点介绍数据分析的基本方法。

第二节 市场调查数据分析的基本方法

数据分析是市场调查数据处理程序中的重要阶段，它是指围绕不同的调研目的，针对不同类型的调查数据，采用一种或几种数据分析方法，按照一定的程序，对调查得到并经过整理的数据资料进行分组、汇总、检验和分析，得到分析所调研事物或现象的本质及规律性，进而指导实践的过程。

一、统计图表的构成

统计图表是调查数据经过整理、汇总、分组统计后所得结果的表现形式，在市场调研报告中经常用到。因此，在这里需要对统计表和统计图的类型、特点等进行介绍。

◆ **1. 统计表的构成**

（1）从形式上看，统计表主要由总标题、横行标题、纵栏标题和指标数值四部分组成，如表 7-5 所示。

（2）从内容上看，统计表由主词和宾词两部分组成，如表 7-5 所示。

表 7-5 2001 年国民经济各行业国内生产总值资料

按国民经济产业分组	国内生产总值	
	绝对数／亿元	比重／（%）
国内生产总值	95 933	100.0
第一产业增加值	14 610	15.2
第二产业增加值	49 069	51.1
第三产业增加值	32 254	33.7

（总标题、纵栏标题、指标数值；横行标题；主词、宾词）

◆ **2. 统计图的类型与特点**

统计图是借助几何图形或具体形象来显示统计数据的一种形式。利用统计图显示统计资料，形象具体、简明生动、通俗易懂、一目了然，可以给人以深刻的印象。它可以表示现象之间的对比关系、总体结构及其变化、现象发展变化的趋势、现象之间的依存关系、现象在地域上的分布状况等。统计图形式多样，这里主要介绍条形图、直方图、折线图、饼状图。

（1）条形图。

条形图是以宽度相等的条形的长短或高低来比较数字资料的一种图形。具体的形状可以是条形、圆柱、方柱或锥体。条形图可以横放，也可以竖放。对于品质分配数列或离散型变量，可用条形图来显示数列分布情况，如图 7-1 所示。

图 7-1　2015—2016 年某地区的移动互联网用户规模

在条形图中，变量值大小依条形的长度而区别，与条形的宽度无关。为了使条形清晰、便于比较，各条形间应留空隙，勿连接在一起。如遇条形过多，空隙也可予以省略。

（2）直方图。

直方图是用若干个并列的柱形表现分布数列的长条图。它可直观地说明连续变量数列的分布特征。一般在横轴标示各组组距（或变量值），在纵轴标示各组频数，频数的差异能反映出数列分布特征。等距数列的直方图如图 7-2 所示。

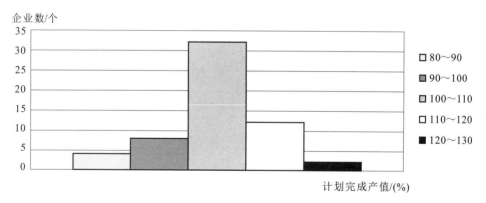

图 7-2　某局所属企业生产计划完成情况直方图

（3）折线图。

折线图是在直方图的基础上，将每个长方形的顶端中点用折线连接而成的，或用组中值和频数求坐标点并连接而成的。折线图如图 7-3 所示。

（4）饼状图。

饼状图也称圆形图，以圆形的分割来表示总体的分组及结构情况。饼状图最适宜用来表示品质分配数列的次数分布情况，因为它没有起点与终点，图中的各部分看不出顺序，这与品质分配数列中各组的平等关系特征是一致的。饼状图可以是平面的，也可以加工成立体或组合的形式，如图 7-4 和图 7-5 所示。

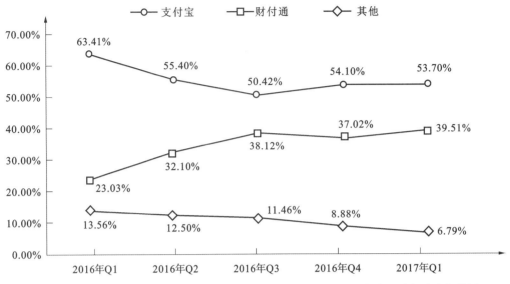

图 7-3 2016 年第 1 季度至 2017 年第 1 季度某地区第三方移动支付市场份额分布折线图

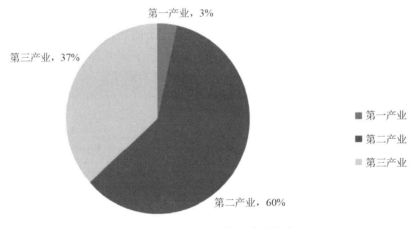

图 7-4 2015 年某市从业人员构成

二、统计分析方法的分类

根据调研目标的不同,统计分析方法可以分为描述性统计分析和推断性统计分析两大类。根据涉及变量的多少,统计分析方法还可以分为单变量统计分析、双变量统计分析、多变量统计分析。

◆ **1. 描述性统计分析**

描述性统计分析是市场调研分析中最常见的分析方法,即将数据以表格、图形或数值形式表现出来,主要侧重于对数量水平或其他特征的描述,既可以通过某具体指标反映某一方面的特征,也可以通过若干变量描述它们之间的相互关系。这类方法对数据的可靠性和准确性、测度的选择有一定的要求。其结果重在数量描述,但不具有推断性质。

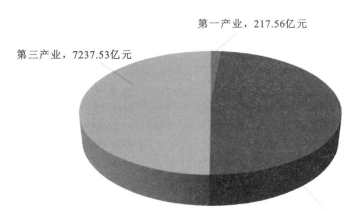

图 7-5　2015 年某市地区生产总值构成

（1）频数分析。对于一组数据，考察不同的数值出现的频数，或者数据落入指定区域内的频数，可以了解数据的分布状况。通过频数分析，调研人员在得到描述性统计结果的同时，还能了解变量取值的分布情况，从而使总体数据的分布得到更为清晰准确的输出。

通过频数分析，能在一定程度上反映出样本是否具有总体代表性、抽样是否存在系统偏差等，并以此证明以后相关问题分析的代表性和可信性。频数分析的统计结果是组别、次数、百分比和累计百分比等，并可以通过频率表显示。

（2）趋势分析。对调查数据的某些趋势特征进行分析是准确描述总体特征的重要前提。总体数据分布大致有三种趋势：集中趋势、离散趋势、形态趋势。

分析集中趋势的指标有算术平均数、几何平均数、众数、中位数等。

分析离散趋势的指标有极差、平均差、标准差、离散系数。

分析形态趋势的指标有偏度和峰度。

（3）相关分析。相关分析是研究两个或两个以上变量间的相关关系。相关分析的方法较多，常用的包括皮尔斯相关分析、偏相关分析与斯皮尔曼相关分析。

◆ **2. 推断性统计分析**

在市场调研中，除了对样本数据的水平或其他特征进行描述外，还经常需要根据样本的信息，对总体的分布以及分布的数字特征进行推断，即进行推断性统计分析。推断性统计分析的前提要求是，样本是随机抽取的，对总体有一定的代表性。这种分析方法主要包括两部分：参数估计和假设检验。参数估计是在总体分布已知的情况下，用样本统计量估计总体参数的方法。假设检验是在总体分布未知，或已知总体分布但不知参数的情况下，为了推断总体的某些性质，提出有关总体的假设，再根据样本信息对假设进行判断的方法。

常用的推断性统计分析方法有方差分析和回归分析。

（1）方差分析。在市场调研中，方差分析用来检验某因素在不同水平下对因变量的影响是否存在显著差异。

（2）回归分析。回归分析是利用两个或两个以上变量之间的关系，由一个或几个变量来预测另一个变量的方法。

三、市场调查数据初步分析方法

（一）集中趋势分析

数据的集中趋势分析在于揭示被调查者回答的集中程度，通常用最大频数或最大频率对应的类别选项来衡量。数据的集中趋势是指大部分变量值趋向于某一点，将这点作为数据分布的中心。数据分布的中心可以作为整个数据的代表值，是准确描述总体数量特征的重要内容。表7-6描述的是某高校大学生月均生活费支出的数据。

表7-6　某高校大学生月均生活费支出数据

月均生活费支出/元	大学生数/人	各组人数比重/（%）
1 000～1 500	11	4.66
1 500～2 000	20	8.47
2 000～2 500	37	15.68
2 500～3 000	46	19.49
3 000～3 500	52	22.03
3 500～4 000	42	17.80
4 000～4 500	21	8.90
4 500～5 000	7	2.97
合计	236	100

以上资料显示，月均生活费开支额为3 000～3 500元的大学生较多，这就是数据分布的中心区域。从整体的数据分布状况来看，数据集中趋向于变量值3 000～3 500元这一组。其实际意义就是：被调查的大学生月均生活费支出大部分集中在3 000～3 500元这个范围内。集中趋向数据的特征是总体各单位的数据分布既有差异性又有集中性。它反映了社会经济状况的特性，即总体的社会经济数量特征存在着差异，但客观上还存在着一个具有实际经济意义的、能够反映总体中各单位数量一般水平的数值。描述性统计分析就是用来找出这个数值的。常用的描述数据分布中心的统计量有平均数、众数、中位数等。

◆ **1. 平均数**

平均数又称平均指标，是同类社会经济现象在一定时间、地点条件下，总体各单位数量差异抽象化的代表性指标，是反映各调查单位数量特征一般水平的综合指标。平均指标反映了总体分布的集中趋势或一般水平。

（1）算术平均数。算术平均数是分析现象一般水平和典型特征最基本、最常用的一种平均数。其基本定义为：总体标志总量与总体单位总量之比。其基本计算公式为：

$$算术平均数 = \frac{总体标志总量}{总体单位总量}$$

[例]某商品销售量统计分析。

某商店的一个柜台 10 天销售某种商品的销售量（件）分别为 13、13、14、14、14、15、15、15、16、16，则该商品日均销售量为：

$$\frac{13+13+14+14+14+15+15+15+16+16}{10} 件 = 14.5 件$$

可见，算术平均数用符号可表示为：

$$\bar{x} = \frac{x_1 + x_2 + \cdots + x_n}{n} = \frac{\sum x}{n}$$

式中：$\bar{x}$——算术平均数；

$x_1, x_2, \cdots, x_n$——各个变量值；

n——变量个数；

$\sum$——总和符号。

（2）加权平均数。一般分析的资料是经过分组整理的变量数列，并且每组次数不同，此时应采用加权算术平均数。

根据上例的资料，把商品按日销售量分组，可得出如表 7-7 所示的数据。

表 7-7　加权平均数计算表

按日销售量 x 分组/件	频数 f/个	各组销售量 xf/件
13	2	26
14	3	42
15	3	45
16	2	32
合计	10	145

该商品日平均销售量 $= \frac{145}{10}$ 件 $= 14.5$ 件。

加权平均数用符号可表示为：

$$\bar{x} = \frac{x_1 f_1 + x_2 f_2 + \cdots + x_n f_n}{f_1 + f_2 + \cdots + f_n} = \frac{\sum xf}{\sum f}$$

式中：f——次数，也称频数；

$\sum xf$——总体标志总量；

$\sum f$——总体单位总数，也称总次数或总权数。

◆ **2. 众数**

众数是总体中出现次数最多的标志值，它能直观地说明客观现象分布的集中趋势。在实际工作中，有时要利用众数代替算术平均数说明社会经济现象的一般水平。例如，在已销售的男式皮鞋的记录中有多种尺码，其中37码200双、38码400双、39码600双、40码1 000双、41码800双、42码600双、43码400双，可以看出40码销售量最多，因此40码就是众数，可代表男式皮鞋尺码的一般水平，40码男式皮鞋宜大量生产，而其余尺码的男式皮鞋生产量就要相应少一些，这样才能满足市场上大部分消费者的需要。

在调查实践中，有时没有必要计算算术平均数，只需要掌握最普遍、最常见的标志值就能说明社会经济现象的某一水平，这时就可以采用众数。

◆ **3. 中位数**

将被研究总体各单位的标志值按大小顺序排列，处于中间位置的那个标志值就是中位数，用 M_e 表示。其数值不受极端值的影响，也能表明总体各单位标志值的一般水平。

中位数的计算很简单：对于 n 个数据，若 n 为奇数，则排序之后排在第 $(n+1)/2$ 个位置的数据就是中位数；若 n 是偶数，则排序后排在第 $n/2$ 个位置的数据与排在第 $n/2+1$ 个位置的数据的平均值就是中位数。在中位数的应用中，因为先进行了排序，所以对于定序变量的分布中心，中位数是一个很好的统计量。但是，中位数不适合用于定类变量，因为定类变量无法排序。

[例] 购买日用品次数统计分析。

某企业委托市场调查公司对顾客在某一时间段内购买其生产的日用品的次数进行调查。①5月份对15个顾客的调查结果按次数排序是1、1、2、2、2、3、3、5、5、8、9、10、11、12、13，则它们的中位数为5。②6月份对16个顾客的调查结果按次数排序是1、1、2、2、2、3、4、5、6、8、9、10、11、12、13、15，则它们的中位数为(5+6)/2=5.5。

在5月份的调查中，中位数为5说明被调查人群中在本店购买行为的常态为5次，而6月份则为5.5次，购买次数增加10%。

平均数、众数和中位数都是反映总体一般水平的平均指标，彼此之间存在着一定的关系，但其各自含义不同，确定方法各异，适用范围也不一样。

在实际应用中，应注意对这几个指标的特征进行细致的把握，根据不同的调查数据类型，采用不同的指标进行分析，以便能够把被调查总体数据的集中趋势最准确地描述出来。

（二）离散程度分析

如果需要用一个数值来概括变量的特征，那么集中趋势分析是最合适的。但仅有集中趋势分析还不能完全准确地描述各个变量，这是因为它没有考虑到变量的离散趋势。所谓离散趋势，是指所有数据之间的离散程度。数据的离散程度分析是指数据在集中分布趋势状态下，同时存在的偏离数值分布中心的趋势。离散程度分析是用来反映数据之间的差异程度的。

[例] 表7-6中大学生月均生活费开支统计分析。

表7-6反映了某高校大学生月均生活费开支的数据，大学生的月均开支在1 000～5 000元这个范围内，虽然其中大多数大学生的开支都在2 500～4 000元/月范围内，但也有一些大学生的开支偏高或偏低，而使数据的分布出现离散状态。对于一组数据规律性的研究，集中趋势是数据数量特征的一个方面，离散程度则是数据特征的另一方面。集中趋势反映的是数据的一般水平，用平均值等数值来代表全部数据，但要更加全面地掌握这组数据的数量规律，还应该分析反映数据差异程度的数值。

◆ **1. 全距**

全距是所有数据中最大数值与最小数值之差，也就是，全距＝最大值－最小值。在表7-6中，全距为（5 000－1 000）元＝4 000元。

因为全距是数据中两个极值的差值，不能反映中间数据变化的影响，只受最大值和最小值的影响，所以它是一个粗略的测量离散程度的指标，在实际调查中，主要用于离散程度比较稳定的调查数据。同时，全距可以一般性地检验平均值的代表性大小，全距越大，平均值的代表性越小；反之，平均值的代表性越大。

◆ **2. 平均差**

平均差即平均离差，是总体各单位标志值与其算术平均数离差绝对值的算术平均数。它也可以反映平均数代表性的大小，由于平均差的计算涉及总体中所有的数据，因而平均差能够更加综合地反映总体数据的离散程度。其计算公式为：

$$\mathrm{MD} = \frac{\sum |x - \bar{x}|}{n}$$

式中，$x - \bar{x}$代表离差，即每一个标志值与平均指标之间的差数；n为离差的项数。从公式中可以看到，平均差受数据的离散程度和总体的平均指标两个因素的共同影响。所以，当需要对比两个总体变量的离散程度时，如果它们的平均指标水平不同，就不能简单地直接用两个平均差来对比。另外，平均差具有和平均指标相同的计量单位，所以，对于计量单位不同的总体平均差也不能直接进行比较。这里，可以采用引入平均差系数的方法。平均差系数就是将平均差除以相对应的平均指标得到的数值。因为引入平均差系数计算出来的结果是一个相对数，所以就解决了以上平均差的局限。平均差系数可以应用于比较两个平均指标水平不同的总体问题。

◆ **3. 方差和标准差**

标准差反映的是每一个个案的分值与平均的分值之间的差距，简单来说，就是平均差异有多大。标准差越大表示差异越大。方差和标准差之间是平方的关系。这两个指标都是反映总体中所有单位标志值与平均数的离差关系，是测定数据离散程度最重要的指标，其数值的大小与平均数代表性的大小负相关。样本的方差等于所有观测值与均值的偏差平方和除以样本量，具体计算公式是：

$$\sigma^2 = \frac{\sum (x - \mu)^2}{n}$$

其中，σ^2为总体方差，x为变量，μ为总体均值，n为总体例数。可以看到，计算方差时用到了所有的数据。方差越小，数据的离散程度越小。样本的标准差是方差的平方根，公式为：

$$\sigma = \sqrt{\frac{1}{n}\sum_{i=1}^{n}(x_i - \mu)^2}$$

应该注意的是，方差的单位是观测数据单位的平方，即标准差的单位与观测数据的单位相同。

（三）相关分析

◆ 1. 分析方法

在市场调研中，相关分析与回归分析主要用于研究变量之间的关系。相关分析是研究变量之间相关关系密切程度的统计方法，相关分为线性相关和非线性相关。如果变量之间的关系近似为一条直线，则为线性相关。两个变量的变动方向相同称为正相关，而相反称为负相关。

测量相关关系的方法有散点图和相关系数。

对于两个变量 x 与 y，若 $y = a + bx$，则有：令 x 的均值 $E(x) = \mu$，x 的方差 $D(x) = \sigma$，则 y 的均值 $E(y) = a + b\mu$，y 的方差 $D(y) = b\sigma$，$E(xy) = E(ax + bx) = a\mu + b(\sigma + \mu)$，协方差 $Cov(x, y) = E(xy) - E(x)E(y) = b\sigma$。相关系数是由统计学家卡尔·皮尔逊设计的统计指标，用于分析变量之间线性相关程度，一般用字母 r 表示。

$$r(x, y) = \frac{Cov(x, y)}{\sqrt{Var(x)Var(y)}}$$

$$r(x, y) = \frac{\sum_{i=1}^{n}(x_i - E(x)) \times (y_i - E(y))}{\sqrt{\sum_{i=1}^{n}(x_i - E(x))^2} \times \sqrt{\sum_{i=1}^{n}(y_i - E(y))^2}}$$

$$= \frac{n\sum xy - \sum x \sum y}{\sqrt{n\sum x^2 - (\sum x)^2} \times \sqrt{n\sum y^2 - (\sum y)^2}}$$

其中，$Cov(x, y)$ 为 x 与 y 的协方差，$Var(x)$ 为 x 的方差，$Var(y)$ 为 y 的方差。

相关系数 $r(x, y)$ 的统计含义如下。

（1）相关关系判断。$r > 0$，正相关；$r = +1$，完全正相关。$r = 0$，表明 x 与 y 之间不存在线性关系。$r < 0$，负相关；$r = -1$，完全负相关。

（2）相关系数数值。$|r| \leq 1$，r 的绝对值越接近 1，两个变量 x 与 y 之间的关系越密切。

◆ 2. 案例分析

以某企业广告费用与销售收入相关系数计算为例。

某企业广告费用与销售收入数据表如表 7-8 所示。

表 7-8　广告费用与销售收入数据表

年份	广告费用 x/万元	销售收入 y/万元
2015	2	50
2016	2	51
2017	3	52
2018	4	53
2019	5	53
2020	6	54
2021	6	55
2022	6	56
2023	7	56
2024（预计）	7	57

第一步，通过散点图初步判断 x 与 y 之间的相关关系，绘制的散点图如图 7-6 所示。

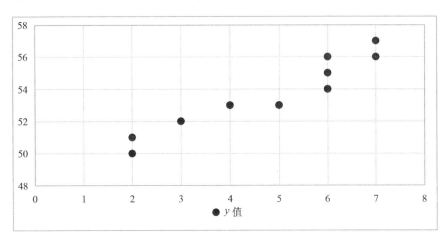

图 7-6　广告费用与销售收入散点图

第二步，计算 x 与 y 的相关系数。

$$n = 10$$

$$\sum x = 2+2+3+4+5+6+6+6+7+7 = 48$$

$$\sum y = 50+51+52+53+53+54+55+56+56+57 = 537$$

$$\sum x^2 = 2^2+2^2+3^2+4^2+5^2+6^2+6^2+6^2+7^2+7^2 = 264$$

$$\sum y^2 = 50^2+51^2+52^2+53^2+53^2+54^2+55^2+56^2+56^2+57^2 = 28\,885$$

$$\sum xy = 2\times50+2\times51+3\times52+4\times53+5\times53+6\times54+6\times55+6\times56+$$
$$7\times56+7\times57 = 2\,616$$

$$r(x, y) = \frac{n\sum xy - \sum x \sum y}{\sqrt{n\sum x^2 - (\sum x)^2} \times \sqrt{n\sum y^2 - (\sum y)^2}}$$

$$= \frac{10 \times 2\,616 - 48 \times 537}{\sqrt{10 \times 264 - 48^2} \times \sqrt{10 \times 28\,885 - 537^2}}$$

$$= \frac{384}{402}$$

$$= 0.955$$

相关系数大小对应相关程度：$|r|=1$，完全线性相关；$0.8<|r|<1$，极强相关；$0.6<|r|\leq0.8$，强相关；$0.4<|r|\leq0.6$，中等程度相关；$0.2<|r|\leq0.4$，弱相关；$0<|r|\leq0.2$，极弱相关；$|r|=0$，完全不相关。

（四）回归分析

◆ **1. 分析方法**

在市场调研中，通常用基于最小二乘法（通过最小化误差的平方和来寻找数据的最佳函数匹配）的回归分析来拟合变量之间的关系。简单的回归分析分为一元线性回归和多元线性回归。一元线性回归就是将变量 x 与 y 拟合为直线方程，也就是在具有相关关系的变量的一组数据（x 与 y）间，以一条最好地反映 x 与 y 之间的关系直线来描述。

离差为表示 x_i 对应的回归直线纵坐标 y 与观察值 y_i 的差，其几何意义可用点与其在回归直线竖直方向上的投影间的距离来描述。数学表达为：$y_i - y = y_i - \beta_0 - \beta_1 x_i$。

总离差不能用 n 个离差之和来表示（易正负抵消），通常是用离差的平方和来表示，即 $\sum(y - \beta_0 - \beta_1 x_i)^2$ 计算，拟合的效果通过这个离差平方和及方差大小来衡量。

回归分析，就是拟合成方差最小的一元线性模型，得出截距和斜率及残差：

$$y_i = \beta_0 + \beta_1 x_i + u$$
$$\overline{y} = \beta_0 + \beta_1 \overline{x} + \overline{u}$$

满足：$\min(\beta_0, \beta_1) = \sum_{i=1}^{n}(y_i - \beta_0 - \beta_1 x_i)^2$。

◆ **2. 案例分析**

某企业职工福利支出与销售额数据如表 7-9 所示。

表 7-9 某企业职工福利支出与销售额数据表

年份	职工福利支出 y/万元	实现销售额 x/万元
2003	21.7	171.67
2004	27.33	236.66
2005	42.98	317.32
2006	67.25	453.14
2007	74.4	634.67
2008	88.02	842.48

续表

年份	职工福利支出 y/万元	实现销售额 x/万元
2009	131.75	1 048.44
2010	142.06	1 297.42
2011	164.39	1 534.73
2012	184.21	1 804.02
2013	221.92	2 187.45
2014	262.49	2 482.49
2015	265.93	2 969.52
2016	290.84	3 585.72
2017	321.47	4 282.14
2018	421.38	4 950.91
2019	500.88	5 813.56
2020	658.06	6 801.57

第一步,假设模型:$y = \beta_0 + \beta_1 x + u$。

第二步,估计参数。可用 Excel、Eviews、SPSS、SAS 等计量软件加以实现。

销售额与职工福利支出折线图如图 7-7 所示。

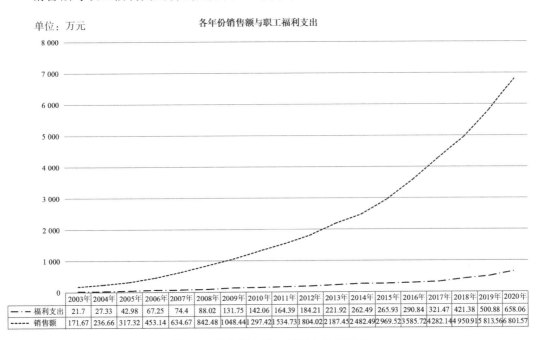

图 7-7 销售额与职工福利支出折线图

第三步：实证结果。
$$y = 20.4635 + 0.0850x + u$$
$$(9.867)(0.003)$$
$$t = (2.074)(26.104)$$
$$r^2 = 0.977 \quad F = 681.41 \quad n = 18$$

第四步：模型检验。

(1) 经济管理意义检验。

由实证得出参数 $\beta_0 = 20.4635$，$\beta_1 = 0.0850$，表明每增加 1 万元的销售额，职工福利增加 0.085 万元，经济管理意义相符。

(2) 拟合优度。

$r^2 = 0.977$，接近 1，表明模型整体上对样本数据拟合较好，解释变量 x 对被解释变量 y 的绝大部分差异做出了解释。

(3) 统计检验。

假设：$\beta_0 = 0$，$\beta_1 = 0$。

在自由度 $n - 2 = 16$ 下，t 临界值为 2.120，$t(\beta_0) = 2.074 < 2.120$，不拒绝；$t(\beta_1) = 26.104 > 2.120$，拒绝。这表明 x 对 y 有显著影响。

(4) 回归预测。

点预测：如果 2021 年 $x = 9000$ 万元，如何预测 2021 年职工福利水平？
$$y_{2021} = (20.4635 + 0.0850 \times 9000) 万元 = 785.46 万元$$

区间预测：如果 2021 年 x 在 9000 万元～10000 万元之间，如何预测 2021 年职工福利水平？
$$y_{2021} = (20.4635 + 0.0850 \times 10000) 万元 = 870.46 万元$$

如职工福利政策不变，2021 年底职工福利水平处于 785.46 万元与 870.46 万元之间。

(5) 实证分析模型的扩展。

以上是简单的线性模型及运用。在以下几种情况下，需要具体问题具体分析以建立不同的模型和运用不同的检验方法进行分析并运用于预测：① 多元变量、虚拟变量、解释变量之间存在差异，被解释变量自相关，解释变量有滞后项影响，被解释变量与解释变量因果关系方向不确定；② 变量之间存在非线性关系或相互作用关系；③ 样本数据为截面、时序或混合数据等情况。

如存在多个变量，运用多元线性回归分析，可用模型：
$$y = \beta_0 + \beta_1 x_1 + \beta_2 x_2 + \cdots + \beta_n x_n + u$$

如多变量中需要考虑虚拟变量（D），运用虚拟变量模型或方差分析（ANOVA），可用模型：
$$y = \beta_0 + \beta_1 x_1 + \beta_2 x_2 + \cdots + \beta_n x_n + \gamma D + u$$

如存在两个或多个变量之间的相互作用关系，运用交叉项分析，可用模型：
$$y = \beta_0 + \beta_1 x_1 + \beta_2 x_2 + \beta_{12} x_1 x_2 \cdots \beta_n x_n + \gamma D + u$$

如被解释变量为时序数据或呈自相关，可用 VAR 模型，一种简单模型为：
$$y = \beta_0 + \beta_1 x_1 + \beta_2 x_2 + \cdots + \beta_n x_n + \gamma y_{-1} + u$$

如解释变量当期值及滞后值（前几期值）均影响被解释变量，可用分布滞后模型，一种简单模型为：
$$y = \beta_0 + \beta_1 x_1 + \beta_2 x_2 + \cdots + \beta_n x_n + \gamma x_{-1} + u$$

如被解释变量存在自相关关系，且解释变量当期值及滞后值（前几期值）均影响被解释变量，可用 VAR 模型，一种简单模型为：
$$y = \beta_0 + \beta_1 x_1 + \beta_2 x_2 + \cdots + \beta_n x_n + \gamma_1 x_{-1} + \gamma_2 y_{-1} + u$$

如被解释变量与解释变量之间不确定是单向关系还是双向因果关系，需要运用格兰杰因果关系检验（Granger causality test）。

如解释变量之间存在共线性，或影响不显著、变量太多等，需要运用相关性检验、协整分析、分步回归分析、因子分析、主成分分析、聚类分析、脉冲响应、方差分解等模型与方法。

如变量之间不是简单的线性关系，需要用生产函数、消费函数乃至联立方程组等形式建立非线性回归的模型，或将非线性回归问题转换成线性回归问题。

如建立的模型检验效果不佳，则需要不断优化和检验，因此需要建立多种模型进行比较。

模型的选择，是在经济管理理论的指导下，在深刻理解客观经济规律和市场内在本质的基础上，经稳定性等检验不断优化而完成的。需要将经济管理问题转化为数学建模问题，再将数学模型转化为统计计量模型，通过各种软件加以实现。不是越复杂的模型越好，相对简单的解释力强的模型为最佳选择。

通常建立模型后，简单而数据不多的情况可手工运算，而对于多个变量形成的复杂的关系和高频海量数据，大多借助各种功能强大的软件进行处理，如 Excel、Eviews、SPSS、SAS、MATLAB、FoxPro、Python 等，先熟练掌握常用的一两种软件，并学以致用，再学习运用数学模型和更高能的统计计量软件，不断提升自己。

经典案例7-1

1. 抽样调查某区 100 户居民的人均月收入（元）情况，得到如下数据。

1 900	3 200	5 200	2 800	6 500	3 200	4 600	3 900	3 200	4 600
2 200	2 800	3 900	1 600	2 800	6 500	5 800	2 800	4 600	3 200
4 600	5 200	2 200	1 200	3 900	3 200	2 800	4 600	1 600	4 600
3 200	3 200	5 800	3 900	1 200	3 900	3 200	2 800	5 800	3 200
3 900	4 600	5 800	3 900	2 800	3 900	2 800	3 900	4 600	5 200
5 800	2 800	3 900	3 200	3 900	3 900	2 800	4 600	3 900	5 200
6 500	1 600	1 900	2 800	4 600	4 600	3 200	3 200	4 600	4 600
5 800	1 600	4 600	3 200	3 900	3 900	2 800	3 200	3 200	5 800
5 200	1 200	3 200	5 800	2 200	2 800	2 600	4 500	3 900	4 600
4 000	5 200	2 200	4 600	6 500	5 200	3 900	3 200	3 900	2 800

(1) 根据上述调查资料,完成统计数据分组整理。

(2) 根据完成的整理资料绘制直方图和折线图。

2. 某高校有本科与专科两种层次,学生学制及性别分布情况资料如下:本科学生 500 人,其中男生 300 人,女生 200 人;专科学生 1 500 人,其中男生 850 人,女生 650 人。请将以上内容制成表格,并在表中列出各项目的比重。

3. 把调查小组经过实地调查收集的数据资料进行资料整理、资料汇总、资料分析,据以撰写市场调查资料整理与分析报告。

(1) 各组对实地调查的资料进行审核和整理,对缺失数据做相应的处理。

(2) 各组对调查问卷进行数据的编码并制作编码表(薄)。

(3) 各组录入调查数据,并查错与核对。

(4) 各组对调查资料进行数据分析。

(5) 各组根据数据分析资料,撰写市场调查资料整理与分析报告。

经典案例7-2

2023年兴趣社区价值延展探索研究报告

随着移动互联网的兴起,兴趣社区从单一的大垂类社区逐渐向包容性更广、更细分的领域发展演进,短平快的兴趣社区逐渐替代了需要长时间浏览的贴吧与论坛。2023 年 4 月天涯论坛宣布关闭,兴趣社区 1.0 时代结束。

兴趣社区 2.0 内容更加多元化,如图 7-8 所示,随用户兴趣而产生细分的超话社区内,粉丝 UGC 二创内容兴起,不仅为微博带来优秀内容,也加强了用户凝聚力。

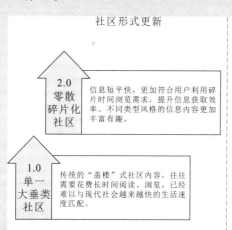

图 7-8 兴趣社区内容丰富多元

网络是"Z世代"了解世界、表达个性与自我价值的重要窗口。他们更愿意在兴趣社区浏览资讯内容（见图7-9），对日常美好生活相关内容也颇为重视。

微博超话等兴趣社区凭借繁多快速的新鲜事物、海量垂类内容满足用户多种兴趣，依靠真实靠谱的"大V"推荐，影响越来越多的用户。

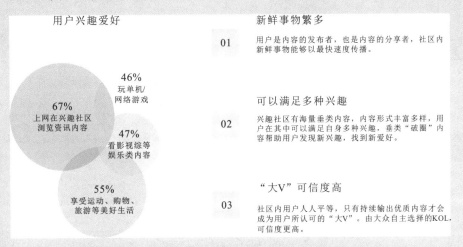

图7-9 "Z世代"依托网络认识世界，兴趣社区满足其多重需求

娱乐场景用户以年轻女性为主，如图7-10所示，对综艺和明星热点关注度更高。在社区使用方面，用户更加看重内容及互动性。在高度碎片化的信息模式下，用户也更青睐明星动态资讯、作品二创剪辑等内容。

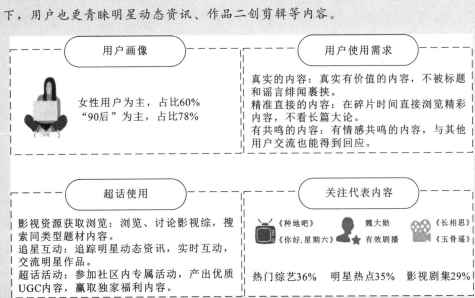

图7-10 娱乐场景超话概况

体育运动场景超话（见图7-11）覆盖NBA、CBA、国际足球、国内足球、乒乓球、冰雪运动、舞蹈、健身、运动潮流等21个二级分类；国内外头部运动员入驻率超95%。超话覆盖用户数超1.3亿人，约占微博体育用户的50%。

| 传统赛事 爱好者聚集 | 潮流运动人群 兴趣满足 |

体育运动场景超话有效承接赛事热点讨论及优质内容沉淀，为体育用户创造积极正向的讨论氛围，是用户赛期前预测、赛期互动讨论、内容二创和赛后星粉互动的核心场景。

飞盘、骑行等新兴运动与球星卡等潮流玩法超话迅速成长，逐渐形成了丰富多样的同好交流圈，体育超话逐步发展为一个具有完善内容生态的健康型体育社区。

北京冬奥会期间，超话打卡总量达1.5亿人次，新增粉丝量突破3 200万人，沉淀出3万+条优质二创帖。258位冰雪运动员入驻社区，其中20位头部运动员超话成长迅速。谷爱凌超话粉丝增长74万人，赛期访问量提升31倍。

图 7-11 体育运动场景超话概况

体育运动场景超话通过各种玩法和活动，为用户带来了赛事资讯、社交活动、与运动员互动和内容消费等多方面的好处，如图 7-12 所示。这些好处不仅增加了用户的参与度和忠诚度，也提高了用户的体育素养。

赛事资讯
超话赛程、赛事预告等可以让用户第一时间获取赛事相关信息，赛后还可以及时参与**球员评分**，查询赛事数据，回顾精彩瞬间。

与运动员互动
95%以上热门运动员入驻超话，通过赛后社区发声、"空降翻牌"等形式和粉丝亲密互动，拉近彼此距离，增强粉丝黏性。

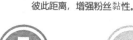

用户社交
许愿池、头衔彩蛋、"盖楼"助威等多种社区互动玩法让用户参与其中，提升用户社区内社交参与感，增强用户之间的联系和互动。

内容生产&消费
超话创作官为社区生产做出贡献，除了有大量的优质原创绘画作品，还有结合赛事的专业**观点表达**，用户在超话既满足了消费需求，又增强了体育素养，逐渐形成对社区的依赖。

图 7-12 体育运动场景超话的内容

ACGN场景用户以"00后"为主（见图 7-13），用户在该场景社区中，更强调社区内社交互动价值、寻求同好中人及情感共鸣。

用户画像	用户使用需求
女性用户为主，占比58% "90后"为主，占比83%（其中校园以"00后"为主）	· 社交需要：寻找兴趣一致的新朋友，建立社交关系。 · 资讯获取：了解本地习俗/校园动态，获取信息，便利生活。 · 生活攻略：找到当地优质生活服务类店铺/新生校园生活攻略、互助答疑。

超话使用	关注代表内容
本地场景	
社交互动 生活攻略 休闲娱乐 购物消费 了解当地文化 找到优质服务店铺 查询本地文娱活动 推荐本地购物折扣 交到本地朋友 找到靠谱家政人员 搜索本地景点名胜 本地特色美食推荐	**本地场景**　　　　**校园场景** 租房&招聘30%　　毕业季66% 各城市租房信息、各行业招聘信息　　毕业生一起晒毕业照 #最美毕业照# 摄影&约拍30%　　学校动态60% 写真拍摄、汉服约拍　　大学录取通知书设计、各高校毕业典礼 美食&游玩30%　　学历考试58% 西安大唐不夜城、淄博烧烤　　考研/高考相关内容资讯
校园场景	
日常动态 学习交流分享 生活攻略 讨论学校新鲜事 学习打卡记录 新生校园生活攻略 记录分享校园日常 考试经验干货 兴趣社团介绍	

图 7-13　ACGN 场景超话概况

本地校园场景超话（见图 7-14）不同于其他以兴趣为切入点聚合的社区，而是更聚焦于本地与校园生活相关内容，为用户提供更加便利的生活。

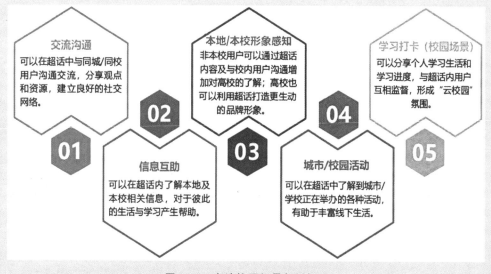

图 7-14　本地校园场景超话概况

美好生活场景以女性用户为主，超话覆盖多个泛生活分类，是一个多元化的生活记录社区，如图 7-15 所示。

在美好生活场景中，用户能够获得带给他们愉悦和治愈感的内容，以缓解压力和放松身心。

| 用户画像 | 用户使用需求 |

女性用户为主，占比65%
"95后"为主，占比42%

- **实用性**：希望获得真实有用、有指导意义的信息。
- **愉悦治愈**：想要获得治愈感，缓解压力和放松身心。
- **趣味性**：有趣的内容可以让用户忘却烦恼，获得快乐与满足感。

| 超话使用 | 关注代表内容 |

- **分享生活**：分享生活中遇到的美好的人、事、物。
- **生活攻略**：美食、美妆、旅游、数码等攻略搜索查询。
- **情感记录**：吐槽/分享情感生活。
- **娱乐休闲**：关注萌娃/萌宠动态。

- **健康生活**：健康饮食、运动健身、心理健康、生活技巧等
- **闲趣交流**：萌宠、花草、吐槽等
- **文化娱乐**：时尚潮流、艺术文化、手工、摄影、搞笑幽默、旅游等

图 7-15　美好生活场景超话概况

美好生活场景超话通过活动与话题营销在微博上吸引用户关注，有共鸣的主题有利于"破圈"传播，提升用户活跃度。超话内多种话题互动（见图 7-16）为用户提供了丰富多彩的互动体验，同时也实现了品牌知名度和美誉度的提升。

聚集目标用户
利用微博生态资源，凭借微博端全网均衡覆盖的海量用户池以及丰富的账号矩阵资源，吸引目标用户的关注和讨论。

"破圈"传播
通过超话与微博相互赋能促进，将超话内容"破圈"传播，形成具有差异化的兴趣社区，吸引更多用户关注。

用户偏好
通过对用户行为、偏好等数据进行分析，进行个性化推荐和定向营销，提高用户黏性和活跃度。

活动营销
美好生活场景超话会不定期地发布打卡、抽奖、优惠等活动，吸引用户参与和互动，提高用户留存率和活跃度。

话题营销
发布有趣、有意义的话题，引发用户共鸣和参与，增加超话的曝光率和话题讨论度。

品牌推广
通过品牌宣传、内容营销等手段来提高品牌知名度和美誉度，吸引更多用户关注和参与。

图 7-16　美好生活场景超话的运作内容

资料来源：兴趣社区价值延展探索研究报告，艾瑞咨询。有改动。

经典案例7-3

经调查，某企业最近12年发生的广告费用和实现的销售收入如表7-10所示，试用本章学习的原理和分析方法解答"问题与思考"中的问题。

表 7-10 某企业广告费用与销售收入

第几年	广告费用 x/万元	销售收入 y/万元
1	0	48
2	1	49
3	2	50
4	2	51
5	3	52
6	4	53
7	5	54
8	6	55
9	6	56
10	6	57
11	6	58
12	7	59

问题与思考

1. 在笛卡儿坐标系中画出变量 x 与 y 对应关系的散点图。
2. 计算广告费用的平均数、中位数、众数、全距、平均差。
3. 计算两变量的相关系数，并评价其相关关系的程度。

本章小结

通过对本章的学习，学生应了解市场调查数据处理的基本程序，理解描述性统计分析和推断性统计分析两大基本分类，掌握市场调查数据编码方法，为SPSS软件的学习奠定理论基础。

复习思考

1. 市场调查数据处理有哪些程序？
2. 数据编码的原则及编写方法是什么？
3. 市场调查数据分析的方法有哪些？
4. 描述集中趋势的指标有哪些？如何计算？
5. 描述离散程度的指标有哪些？如何计算？

第八章
使用市场调查数据分析工具

学习目标

■ 1. 理解 SPSS 统计描述应用、假设检验应用、量表分析应用的逻辑。
■ 2. 掌握 SPSS 分析数据的方法步骤。
■ 3. 熟悉 SPSS 软件的界面及功能。

情景导入

员工的工作经验与收入增长

一家企业对 474 名员工做了一项调查,内容包括性别、生日、受教育程度、职位、目前薪水、最初薪水、参加工作时间、之前的工作经验等。根据这些数据,我们想知道这些员工的职位比例情况,以及员工来公司前的工作经验对收入增长是否有影响。

在完成了数据的录入之后,就可以根据之前的分析,通过 SPSS 的分析功能,来解决提出的问题。首先来解决统计职位比例的问题,使用 SPSS 的频数分析功能。统计结果很直观,我们发现有 3 种职位,分别是职员、保管人员和经理。人数分别是 363 人(76.6%)、27 人(5.7%)、84 人(17.7%),如图 8-1 所示。

Statistics

Employment Category

N	Valid	474
	Missing	0

Employment Category

		Frequency	Percent	Valid Percent	Cumulative Percent
Valid	Clerk	363	76.6	76.6	76.6
	Custodian	27	5.7	5.7	82.3
	Manager	84	17.7	17.7	100.0
	Total	474	100.0	100.0	

图 8-1 SPSS 的频数分析结果

然后分析工作经验对收入增长是否有影响。使用 Compare Means 功能，分析出工作经验对收入增长是否有影响，结果如图 8-2 所示。

ANOVA Table

		Sum of Squares	df	Mean Square	F	P
increase * Months since Hire	Between Groups (Combined)	7.224E9	35	2.064E8	1.880	0.002
	Within Groups	4.810E10	438	1.098E8		
	Total	5.532E10	473			

图 8-2　Compare Means 的分析结果

显著值（SIG）就是评价一个变量对另一个变量是否有显著影响的重要指标，按影响概率的理论，我们认为 SIG 值小于 0.05 说明存在显著的影响。从这个分析结果来看，职工的工作经验对收入增长有显著的影响。

资料来源：https://www.doc88.com/p-7458306048110.html?r=1。有改动。

问题与思考

1. 案例中借助 SPSS 软件进行数据分析，中间运用到哪些基本应用？
2. 最终数据呈现出怎样的结果？该结果是否解决了相关的问题？

第一节　SPSS 软件简介

SPSS 是公认的最优秀的统计分析软件之一，它是一款在市场研究、医学统计、政府和企业的数据中应用最为广泛的统计分析工具。

SPSS 是由美国斯坦福大学三位研究生于 1968 年一起开发的一个统计软件包，SPSS 是该软件英文名称的首字母缩写，最初软件全称为"社会科学统计软件包"（statistical package for the social sciences）。随着 SPSS 产品服务领域的扩大和服务深度的增加，SPSS 公司于 2000 年正式将名称更改为"统计产品与服务解决方案"。SPSS 为 IBM 公司推出的一系列用于统计学分析运算、数据挖掘、预测分析和决策支持任务的软件产品及相关服务，有 Windows 和 Mac OS X 等版本。SPSS 之所以有广大的用户群，不仅因为它是一种权威的统计学工具，也因为它是一种非常简单易用的软件。人机界面友好、操作简单，使得统计分析人员对它"情有独钟"。事实上，不断地增强其易用性（而不是盲目追求方法的高精尖）几乎是近十几年来 SPSS 的核心改进方向。另外，SPSS 也向高级用户提供编程功能，使分析工作变得更加节省时间和精力。

在市场调研的过程中运用 SPSS 进行统计分析，能使研究者以客观的态度，通过对受众的系统提问，收集并分析有关研究数据，以描述、解释或预测问卷调查内容的现象及其各相关因素之间的关系。在这些方面，SPSS 技术的应用为市场调查实证研究中的定量分析提供了支持与保障，特别是它的易用、易学、功能强大等特点是其他工具难以比肩的。

一、SPSS 产品的特点

SPSS 具有强大的统计分析与数据准备功能、方便的图表展示功能，以及良好的兼容性和界面的友好性，满足了广大用户的需求，得到了广大应用统计分析人员的喜爱。SPSS 与 Excel 都属于数据分析软件，可以对数据进行统计分析。不同的是，Excel 更适合用于简单场景的轻度汇总，如报表数据；而 SPSS 功能较多，适用于更加专业的使用场景，如数据建模前的数据预处理等。尤其是在问卷应用于市场调查的实证研究中，有大量的检测数据需要进行统计分析，而 SPSS 技术正好满足这种实证研究的要求。SPSS 在市场调查统计的应用中具有如下特点。

（一）易学、易用，操作简单

SPSS 采用直觉式使用界面（即可视化界面），无须编程就可以完成工作，极大地提高了工作效率。除了数据录入及部分命令程序等少数输入工作需要用键盘完成外，大多数操作可通过菜单、按钮和对话框来完成。

（二）无须编程

SPSS 具有第四代语言的特点，只需要告诉系统要做什么，而无须告诉系统怎样做。只要了解统计分析的原理，无须通晓统计方法的各种算法，即可得到需要的统计分析结果。对于常见的统计方法，SPSS 的命令语句、子命令及选择项的选择绝大部分可通过操作对话框完成。因此，用户无须花大量时间记忆大量的命令、过程、选择项。

（三）功能强大

SPSS 与 Excel 最大的区别体现在数据统计功能方面：Excel 只内置了几个简单的统计功能；而 SPSS 非常全面地涵盖了数据分析主要操作流程，提供了数据获取、数据处理、数据分析、数据展示等数据操作。SPSS 自带 11 种类型 136 个函数，提供了从简单的统计描述到复杂的多因素统计分析的方法，比如数据的探索性分析、统计描述、列联表分析、二维相关分析、秩相关分析、偏相关分析、方差分析、非参数检验、多元回归分析、生存分析、协方差分析、判别分析、因子分析、聚类分析、非线性回归分析、logistic 回归分析等。

在结果报告方面，SPSS 提供了自由灵活的表格功能，使得制表变得更加简单、直接。同时，SPSS 可绘制各种常用的统计图形，如条形图、线图、饼状图、直方图、散点图等，实现了对数据全面直观的展示。

（四）方便的数据接口

SPSS 能够读取及输出多种格式的文件。比如由 dBASE、FoxBASE、FoxPro 生成的 *.dbf 文件，文本编辑器软件生成的 ASCⅡ数据文件，Excel 生成的 *.xlsx 文件等均可转换成可供分析的 SPSS 数据文件。SPSS 不仅能够把 SPSS 的图形转换为 7 种图形文件，而且可将结果保存为 *.txt 及 html 格式的文件。

在数据方面，不仅可在 SPSS 中直接进行数据录入工作，还可将日常工作中常用的 Excel 表格数据、文本格式数据导入 SPSS 进行分析，从而节省了工作量，并且避免了因复制、粘贴可能引起的错误。

在结果方面，SPSS 不仅可将表格、图形结果直接导出为 Word、文本、网页、Excel 等文件，而且彻底解决了中文兼容问题，用户不需要进行任何附加设置就可自由使用中文，并将中文结果输出到 Word 等软件中直接使用。

（五）灵活的功能模块组合

SPSS for Windows 软件分为若干功能模块。用户可以根据自己的分析需要和计算机的实际配置情况灵活选择。比如，SPSS 对新方法、新功能的纳入速度很慢，但提供了一个巧妙的解决办法，就是直接和 R 进行对接，通过调用 R 的各种统计模块来实现对最新统计方法的调用，增加了 SPSS 的扩展性。

SPSS 是一款综合性的产品，为各分析阶段提供了丰富的模块功能。SPSS Statistics Base 是基础的软件平台，具备强大的数据管理能力、输入/输出界面管理能力，以及常见的统计分析功能。其他每个独立扩充功能模块均在 SPSS Statistics Base 的基础上，为 SPSS 增加某方面的分析功能。用户可以根据自己的分析需要及计算机配置情况灵活选择并组合使用。

根据 SPSS 模块功能的不同，可以将 SPSS 常用模块可分别用于以下四个分析阶段：数据处理、描述性分析、推断性分析和探索性分析。各分析阶段对应的具体模块及其功能如表 8-1 所示。

表 8-1 SPSS 常用模块及其功能

分析阶段	模块	功能
数据处理	Data Preparation	提供数据校验、清理等数据处理工具
	Missing Values	提供缺失数据的处理与分析工具
	Complex Samples	提供多阶段复杂抽样技术
描述性分析	Statistics Samples	提供最常用的数据处理、统计分析工具
	Custom Tables	提供创建交互式分析报表功能
推断性分析	Advanced Statistics	提供强大且复杂的单变量和多变量分析技术
	Regression	提供线性、非线性回归分析技术
	Forecasting	提供 ARIMA 指数平滑等时间序列模型
探索性分析	Categories	提供针对分类数据的分析工具
	Conjoint	提供联合分析市场研究工具
	Direct Marketing	提供直销活动效果分析工具
	Decision Trees	提供分类决策树模型分析方法
	Neural Networks	提供神经网络模型分析方法

二 SPSS 界面介绍

（一）数据编辑器窗口

打开 SPSS 软件，首先会出现数据编辑器窗口，处理数据的工作全部在此窗口进行。数据编辑器窗口主要用于创建变量和录入变量数据。窗口最上方显示的是 SPSS 文件名称。文件名称下方是菜单栏，包含不同菜单选项，如文件、编辑、查看、数据、转换、分析、图形等，在这些菜单的子目录下完成多种不同任务，如保存文件、撤销、定义变量属性、分析数据等。位于菜单栏正下方的是一行工具栏按钮，单击它们可以快速访问相应选项，包含打开数据文件、保存、打印、撤销等。窗口的中间区域由若干单元格组成，这些单元格用于录入数据。

数据编辑器由两个不同的窗口组成，它们分别是数据视图窗口和变量视图窗口。数据视图窗口是用于录入数据的窗口，如图 8-3 所示，数据会放在白色的单元格区域，通常为数字，也可以是字母或者符号。每一行代表一个不同的调查对象，每一列代表调查问卷的问题变量，录入的所有变量的默认名称为"变量"，可在变量视图窗口中更改变量名称。

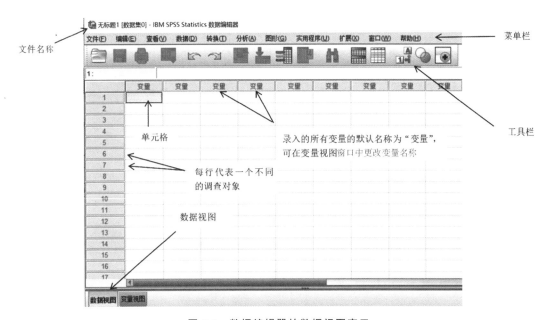

图 8-3　数据编辑器的数据视图窗口

变量视图窗口主要用于创建变量和对变量进行类型修改、添加信息，具体如图 8-4 所示。

与数据视图窗口情况类似，变量视图窗口的每行均被标上行数，窗口的主要区域由若干单元格组成。与数据视图窗口不同的是，变量视图窗口中各列有不同名称和不同功能，具体如表 8-2 所示。

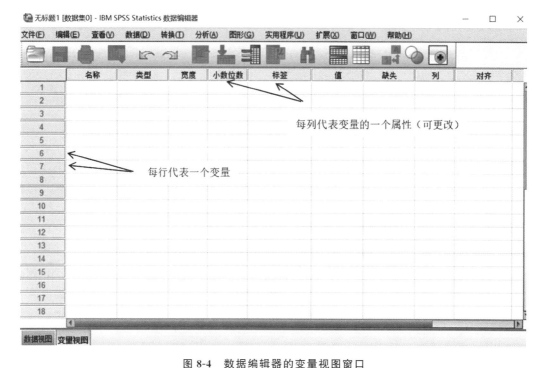

图 8-4 数据编辑器的变量视图窗口

表 8-2 变量视图窗口中的列名称及对应的功能

列名称	功能
名称	用于给变量命名，可以是中文名，也可以是英文名，且英文名必须以字母开头。注意：变量名称不允许有空格，任意两个变量的名称不能相同
类型	数据类型包括数值、逗号、点等
宽度	表示窗口中所显示字符的数目，默认值是 8
小数位数	表示窗口中所显示小数的位数，默认值是 2
标签	用来描述变量，相关信息将会出现在打印结果中
值	用来编码分类变量
缺失	表示数值被读作缺失数据，即取值不可获取或缺失，用"."表示
对齐	可将数据设置为靠左对齐、靠右对齐或中间对齐，默认是靠右对齐
角色	角色种类包括输入、目标、两者、无、分区和拆分，默认为输入

（二）结果查看器窗口

结果查看器窗口主要用于输出分析的结果。如图 8-5 所示，结果查看器窗口分为左右两个区。左边区域为目录区，显示分析结果的目录，类似于 Word 文档的导航窗格。右边区域为内容区，放置分析结果，与目录一一对应，可通过目录轻松转至相应的位置。

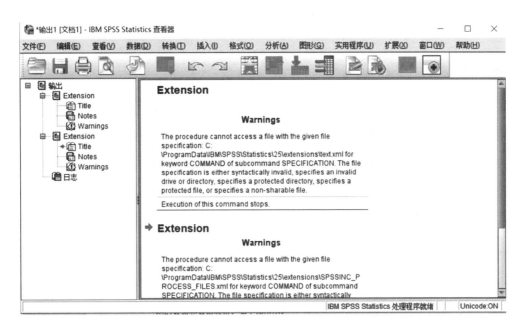

图 8-5　结果查看器窗口

（三）语法窗口

语法窗口，也称为语法编辑器窗口。SPSS 最大的优势在于简单易用，即采用菜单对话框式的操作，具体如图 8-6 所示。语法编程适用于高级分析人员，本书不做介绍。

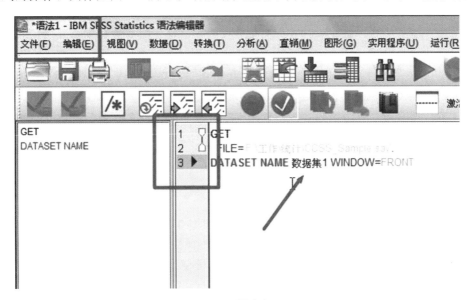

图 8-6　语法窗口

（四）脚本窗口

SPSS 的脚本是用 Sax Basic 语言编写的程序，它可构建一些新的自定义的对话框。脚本可使 SPSS 内部操作自动化，使结果格式自定义化，实现 SPSS 新功能，将 SPSS 与 VB 和 VBA 兼容应用程序联系起来，具体如图 8-7 所示，此部分本书不做介绍。

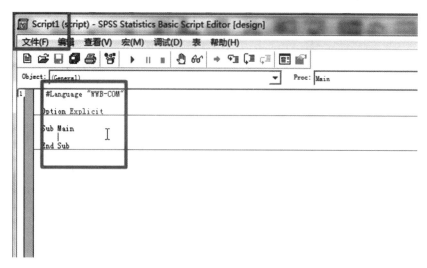

图 8-7 脚本窗口

三、SPSS 数据录入

SPSS 数据录入是 SPSS 在处理数据前的基本操作，有如下四种数据录入方式。

（1）使用 SPSS 窗口录入数据。打开 SPSS 后，选择窗口下方的"Data View"选项卡，即可直接在表格中录入数据，完成录入后存成 *.sav 文件即可。此方法适用于样本量不大、涉及变量不多的情况。

（2）在 Excel 中录入数据。用户既可以在 SPSS 中打开需要分析的 Excel 文件，也可以在 Excel 中录入数据并保存，然后在 SPSS 中打开保存的 Excel 文件。在 Excel 中录入数据时，一般在第一行录入变量，从第二行开始录入数据，录入完毕后，将文件保存为 Excel 默认格式（*.xlsx）即可。

（3）用 SPSS 命令程序录入数据。使用 SPSS 命令程序录入数据，最基本的命令有四条：Data List、Variable Labels、Value Labels 和 Missing Values。利用这四条命令，可以编写一个 SPSS 数据录入的小程序并录入数据，最后得到 SPSS 软件可以直接使用的 *.sav 格式的文件。

（4）利用 EpiData 程序录入数据。

日常中，用得最多的方法为前两种方法，即使用 SPSS 窗口录入数据和利用 Excel 录入数据。在录入数据的过程中，需要注意变量的数据格式。统计软件中数据的录入格式和大家平时记录数据用的格式不太相同，SPSS 所使用的数据也需要遵守相应的格式要求。

（一）数据录入格式

SPSS 的数据录入格式需要遵循两大基本原则：

（1）不同个案的数据不能在同一条记录中出现，即同一个案的数据应当独占一行；

（2）每一个测量指标/影响因素只能占据一列的位置，即同一个指标的测量数值都应当归到同一个变量中去。

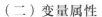

（二）变量属性

在 SPSS 数据编辑器窗口的左下角单击"变量视图"，就可编辑每个变量的属性。在"类型"一栏中可设置变量的存储类型，其中最常用的是数值型。

（三）测量尺度

统计分析中仅有变量的存储类型是不够的，仅有变量的存储类型有时候并不能准确地说明变量特征。举例如下。

（1）性别：假设用"1"表示男，用"2"表示女，此时 1 和 2 只是符号，没有实际意义，1 并不比 2 小。

（2）疗效：假设用"1"表示无效，用"2"表示好转，用"3"表示痊愈，此时 1、2、3 虽然也是符号，但却有高低之分，只是各级别的差距无法衡量。

（3）成绩：60 分与 61 分之间的差距是 1 分，90 分与 91 分之间的差距也是 1 分，两个差距是明确且相等的。

因此，有必要给变量添加测量尺度这一属性。如何设置变量的测量尺度？仍然是在变量视图窗口，找到"测量"一列，单击选择"度量""有序"或"名义"（分别代表连续变量、有序分类变量、无序分类变量）。例中性别可设置为"名义"，疗效可设置为"有序"，成绩可设置为"度量"。

（四）标签

标签属性可以对变量含义进行详细说明。它的设置如下：直接在变量视图窗口中找到"标签"，直接输入即可。

值属性可以对变量取值的含义加以说明。它的设置如下：单击"值"一栏便出现。

（五）缺失值

该属性用于设定自定义缺失值，主要用于问卷数据。SPSS 缺失值有用户自定义缺失值和系统缺失值两大类。用户自定义缺失值：单击"缺失"一栏便出现。系统缺失值：数值型变量的缺失用"."表示，字符型变量的缺失默认为空字符串。

四 SPSS 统计分析的步骤

运用 SPSS 进行统计分析大致分为四个步骤：第一步，生成变量，需要引入变量值标签；第二步，输入数据，作为分析的原始数据；第三步，分析数据，通过 SPSS 工具栏中的下拉菜单进行相关的分析；第四步，解释结果，在结果查看器窗口中，对输出的表格进行讨论，制作相关的图表，得出相应的结论。这里以卡方检验为例来介绍 SPSS 统计分析过程，具体的步骤如下。

第一步：首先打开 SPSS 软件，看到的是一个空白的表格。可以新建、打开或导入已有的数据，如图 8-8 所示。这里以新建数据为例进行操作。

第二步：要想做数据分析，首先需要定义变量，这里定义三个变量，分别为姓名、性别和体育成绩。关于姓名变量，每个人都有一个不同的姓名，选择字符型数据即可。然后设置性别和体育成绩变量，关于性别变量，"1"代表男性，"2"代表女性；体育成绩选择数值型数据，如图 8-9 所示。

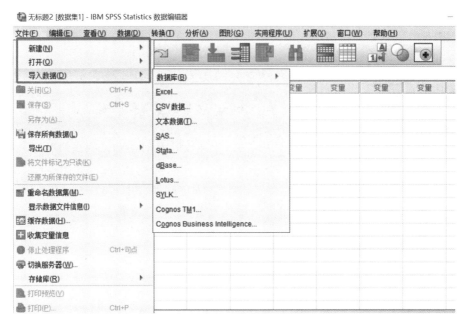

图 8-8　新建、打开和导入数据

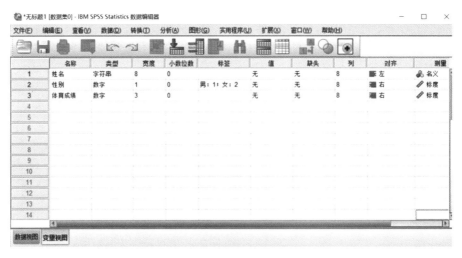

图 8-9　在变量视图窗口中创建变量

第三步：设置好变量之后，在数据视图窗口中输入 9 列数据。每一组数据包括姓名、性别、性别代码和体育成绩，如图 8-10 所示。

第四步：设置好数据之后，选中所有数据，单击上方菜单栏中的"分析"—"非参数检验"—"旧对话框"—"卡方"，检验性别和体育成绩之间的关系，如图 8-11 所示。

第五步：经过检验，在结果查看器窗口中输出卡方检验的结果。经过卡方检验分析，性别和体育成绩不呈独立关系，性别影响体育成绩，如图 8-12 所示。

图 8-10　在数据视图窗口中输入数据

图 8-11　对数据进行卡方检验的操作

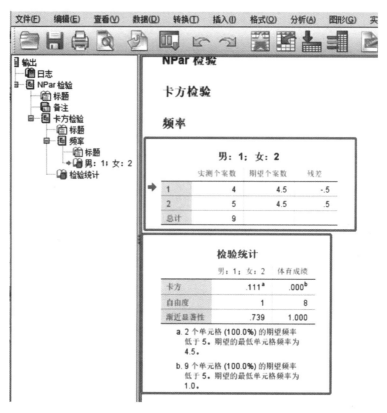

图 8-12 卡方检验的结果显示

五、行业领域的应用

SPSS 软件操作简单,深受非统计学专业管理人员的青睐,在我国社会科学、自然科学领域发挥着巨大作用。该软件可以应用于经济学、数学、统计学、物流管理、生物学、心理学、地理学、医疗卫生、体育、农业、林业、商业等各个领域。SPSS 最大的优势在于提供在调查问卷方面的统计分析功能,SPSS 是没有行业限制的。以下罗列了 SPSS 在部分行业领域的应用。

(一)通信

(1) 在客户管理方面的应用:用户细分、用户交际圈分析、用户渠道偏好分析、用户策反、离网分析与流失管理、营销响应分析、满意度分析、欠费分析和动态防欺诈。

(2) 在产品管理方面的应用:套餐设计、套餐组合优化、提供销售提升解决方案。

(3) 在经营分析方面的应用:新业务营销、竞争分析、市场推广分析、业务测量与收入预测、呼叫中心话务量优化管理。

(二)金融

SPSS 在金融领域的应用:客户细分、客户流失、交叉销售、营销响应、客户满意度分析、信用卡欺诈管理、贷款信用风险管理、代理人甄选、降低保险索赔欺诈、证券投资分析。

（三）政府

SPSS在政府工作中的应用：税务未申报发现——发现有潜在税务责任但未申报的公司或个人，税务稽查选案——识别偷税、漏税的纳税人，税务征收管理——针对不同的征收案例制定正确的征收策略，犯罪监控分析。

（四）科学研究

（1）普通研究：医学统计与数据挖掘、管理信息系统与决策支持、预测与仿真专家系统等。

（2）高校：经管学院、人文学院、社科学院、信息学院、计算机学院、图书馆、学生处等。

（五）制造业

（1）产品研发与设计分析：产品定位、产品设计、生产过程分析。

（2）质量管理：产品差错分析、质量控制和预测、工艺质量优化。

（3）生产管理：库存分析与管理、订单分析与销量预测、计划管理、提供供应链优化营销分析解决方案。

（4）个性化的客户关系管理：辨识、赢得客户，客户价值分析和客户细分，客户生命周期管理，个性化服务分析，捆绑客户，优化客户价值、客户流失预测。

（5）销售管理：用户购物篮分析、提升销售和交叉销售、品类管理分析、促销计划管理和效果分析、渠道管理分析、市场战略规划。

以上仅仅是SPSS在行业中应用的一小部分。当下，绝大多数本科院校中的经管类专业都会把SPSS统计分析作为必修课，SPSS特别适用于市场调查的问卷分析方面，对于学生完成学业论文，解决学习研究中的问题都大有裨益。

第二节　统计描述应用

统计描述应用模式指在市场调查统计分析的过程中，借助SPSS统计功能对收集到的大量数据进行分析、综合、归纳、列表、绘图等处理，以揭示数据的基本特征和分布规律。统计描述的分析结果注重数据的描述，不具有推断性质。统计描述应用模式不仅可以使研究者了解事物的性质，而且其统计量还是对事物进行推断统计的依据。

一　统计描述的特征

一般而言，统计描述的分析内容主要有：数据的集中趋势分析、数据的离散程度分析、数据的分布形态分析。具体叙述如下。

（一）集中趋势的描述

集中趋势是指一组数据向某一中心值靠拢或集中的程度，是为了表示社会经济现象总体各单位某一标志在一定时间、地点和条件下达到的一般水平,经常作为评价事物和决策的数量标准或参考。

针对不同的数据分布状况,统计学家提供了多种统计量来代表原始数据的中心趋势,如平均数、中位数、众数,等等。表 8-3 呈现了相关统计量的概念及特点。

表 8-3 相关统计量的概念及特点

统计量	概念	特点
平均数	平均数分为算数平均数、调和平均数、几何平均数	1. 是最常用的测度值; 2. 利用了全体数据; 3. 易受数据中极值的影响; 4. 用于数值型数据,而不能用于分类数据和顺序数据
中位数	中位数是将一组数据按一定顺序排列后,处于中间位置上的变量值	1. 不受极值的影响; 2. 数据分布偏斜程度较大时应用; 3. 主要用于顺序数据
众数	众数是数据中出现次数最多的观测值,也是频数分布中频数或频率最大的数值	1. 不受极值的影响; 2. 可能没有众数或有几个众数; 3. 主要用于分类数据,也可用于顺序数据或数值型数据

（二）离散程度的描述

数据的离散程度反映各变量值远离其集中趋势测度值的程度。数据的离散程度越大,代表性就越差;数据的离散程度越小,集中趋势测度值对该组数据的代表性就越好。描述该趋势的统计量称为尺度统计量,常用的有:极差、四分位差、方差、标准差、变异系数和异众比率。表 8-4 呈现了尺度统计量及其概念。

表 8-4 尺度统计量及其概念

尺度统计量	概念
极差	一组数据的最大值与最小值之差,受极值的影响
四分位差	反映中间 50% 数据的离散程度,不受极值的影响
方差与标准差	方差是测定一组数据离散程度最常用的测度值之一,等于每个数据与总体平均数之差的平方和除以样本数量,用于衡量总体离散的程度。标准差有计量单位,且与变量值相同,其实际意义要比方差清楚
变异系数	是一个无量纲的量,适用于比较不同现象或具有不同水平的数据的离散程度
异众比率	是一组数据的非众数的频数与全部数据个数的比率,也是无量纲的量

（三）分布形态的描述

数据分布形态的描述主要指说明数据分布的形状是否对称、偏斜的程度以及分布的扁平程度等。刻画数据分布形态的测度值主要有偏度和峰度。

SPSS 专门设置了许多模块来完成连续变量统计描述任务，主要集中在描述统计（descriptive statistics）的子菜单中，分别为频率（frequencies）过程、描述（descriptives）过程、探索（explore）过程、列联表（crosstabs）过程、比率（ratio）过程。

频率过程就是频率分析的过程，主要利用统计来反映数据的分布特征，包含集中趋势、离散趋势、分布形态的各种统计量（比如平均值、中位数、偏度和峰度等）。可以通过频率分析对要分析的数据做出一个初步的了解和判断。SPSS 中"频率：统计"界面如图 8-13 所示。除统计量外，SPSS 的频率过程还为数据直接绘制相应的统计图表，如频数分布表、条形图和直方图，等等。

描述过程可用于一般性的统计描述。相比于频率过程，描述过程所用计算的统计量很少，也不能绘制统计图表，但由于其输出格式非常简单，因此使用频率很高。描述过程适用于对服从正态分布的连续变量进行描述。"描述：选项"界面如图 8-14 所示。

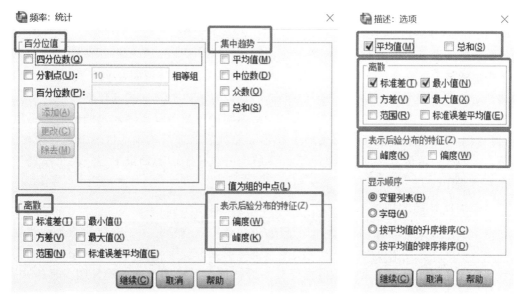

图 8-13 "频率：统计"界面　　　图 8-14 "描述：选项"界面

探索过程用于对数据概括不清时的探索性分析。它能够一次性将分析结果和其他更详细的分析结果呈现出来，不仅能输出数据结果，还能提供各种直观统计图。探索性分析项目包括：描述性统计、正态分布检验、方差齐性检验（通过 Levene 检验比较各组数据之间的方差是否相等，以此判断数据的离散程度是否存在差异。若 Levene 检验得到的显著性水平小于 0.05，就拒绝方差相同的假设）、寻找数据中的奇异值（在数据整理输入过程中，对出现某些影响分析结果的奇异值做删除或保留处理）。探索性分析结果的图形描述包括茎叶图、直方图、箱图和 Q-Q 图。

列联表过程用于对计数资料和有序分类资料进行统计描述和简单的统计推断。在分析时可以产生二维至 n 维列联表，并计算相应的百分数指标。统计推断则包括了常用的 χ^2 检验、Kappa 值等。如果安装了相应模块，还可计算 n 维列联表的确切概率值。列联表过程不能产生一维频数表（单变量频数表），该功能由频率过程实现。

比率过程又名比率统计量过程，用于描述两个数值变量间比率的摘要统计量的综合列表。主要的统计指标有中位数、算术平均数、加权平均数、范围、最小值、最大值、离差系数、变异系数、标准差、平均绝对差，但这些指标在实际工作中使用较少。

二、统计图

统计图是根据统计数字，用几何图形、事物形象和地图等绘制的各种图形。它具有直观、形象、生动、具体等特点。统计图可以使复杂的统计数字简单化、通俗化、形象化，使人一目了然，便于理解和比较。因此，统计图在统计资料整理与分析中占有重要地位，并得到广泛应用。在解答资料分析测验中有关统计图的试题时，既要注意图的直观形象，又要注意核对数据，不要被表面形象迷惑。统计图可以直观地反映数据的主要特征，但对数据细节的呈现效果一般。

（一）统计图的基本结构

统计图的基本结构一般包含以下部分：标题区、图例区、绘图区、注解区。标题区位于图形的最上方，一般注明图形的编号以及添加简短的文字说明，文字说明包含内容、时间、对象等；图例区一般位于整个图形的右侧，也可以放在四周的任何位置，可以根据美观效果，进行适当的调整，在形式上，用不同颜色或者线条表示不同的对象；绘图区是指被坐标轴包围，直接用相关的图形元素来对数据进行呈现的区域，包含坐标轴、直条、点、线、数值、对象名称等元素；注解区一般位于图形的最下方，用于添加对图形内容的解释说明。

（二）统计图的种类

根据所呈现变量的数量，统计图可分为单变量图、双变量图、多变量图等；根据变量的离散程度，统计图可以划分为连续变量统计图和分类变量统计图。不同特征的变量适合用不同的统计图，所以需要根据变量的特征情况，挑选合适的统计图。具体来看，统计图的形式有以下几种。

（1）条形图：又称直条图，表示独立指标在不同阶段的情况，分为两维条图和多维条图两类，图例区位于右上方。

（2）百分条图和圆图：描述百分比（构成比）的大小，用颜色或各种图形将不同比例表达出来。

（3）折线图：用线条的升降表示事物的发展变化趋势，主要用于计量资料，描述两个变量间的关系。

（4）半对数线图：纵轴用对数尺度，描述一组连续性资料的变化速度及趋势。

（5）直方图：描述计量资料的频数分布。

（6）散点图：描述两种现象的相关关系。

（7）统计地图：描述某种现象的地域分布。

下面简要介绍几种常见的统计图。

◆ **1. 条形图**

用一个单位长度（如1厘米）表示一定的数量，根据数量的多少，画成长短相应成比例的直条，并按一定顺序排列起来，这样的统计图称为条形图。条形图可以清楚地表明各种数量的多少。条形图是统计资料分析中最常用的图形之一。按照排列方式的不同，条形图可分为纵式条形图和横式条形图；按照分析作用的不同，条形图可分为条形比较图和条形结构图。

条形图具有下述特点：

（1）能够使人们一眼看出各个数据的大小；

（2）易于比较数据之间的差别；

（3）能清楚地表示出数量的多少。

◆ **2. 扇形图**

以一个圆的面积表示事物的总体，以扇形面积表示占总体的百分数的统计图，叫作扇形图，也叫作百分数比较图。扇形图可以比较清楚地反映出部分与部分之间、部分与整体之间的数量关系。

扇形图具有下述特点：

（1）用扇形的面积表示部分在总体中所占的百分比；

（2）易于显示每组数据相对于总数的大小。

◆ **3. 折线图**

以折线的上升或下降来表示统计数量的增减变化的图形，叫作折线图。与条形图比较，折线图不仅可以表示数量的多少，而且可以反映同一事物在不同时间里发展变化的情况。折线图在生活中运用得非常普遍，虽然它不直接给出精确的数据，但只要掌握了一定的技巧，熟练运用坐标法也可以很快地确定某个具体的数据。

折线图最大的特点就是能够显示数据的变化趋势，反映事物的变化情况。

◆ **4. 茎叶图**

茎叶图又称枝叶图，它的思路是将数组中的数按位数进行比较，将数的大小基本不变或变化不大的位的数作为一个主干（茎），将变化大的位的数作为分枝（叶），列在主干的后面，这样就可以清楚地看到每个主干后面有几个数、每个数具体是多少。

茎叶图有三列数：左边的一列数是统计数，它是进行向上（或向下）的中心累积的值，中心的数（带括号）表示最多数组的个数；中间的一列表示茎，也就是变化不大的位的数；右边的是数组中变化大的位的数，它是按照一定的间隔将数组中的每个变化大的位的数一一列出来，像一条枝抽出叶子一样。所以人们形象地叫它茎叶图。

茎叶图是一个与直方图相类似的特殊工具，但又与直方图不同，茎叶图保留原始资料的信息，直方图则失去原始资料的信息。将茎叶图中的茎和叶逆时针旋转90°，实际上就是一个直方图，可以从中统计出次数，计算出各数据段的频率或百分比，从而可以看出分布是否与正态分布或单峰偏态分布逼近。

茎叶图在质量管理上的用途与直方图差不多，但它通常是在更细致的分析阶段使用。常使用专业的软件绘制茎叶图。

茎叶图具有以下几个特征。

（1）用茎叶图表示数据有两个优点：一是统计图上没有原始数据信息的损失，所有数据信息都可以从茎叶图中得到；二是茎叶图中的数据可以随时记录、随时添加，方便记录与表示。

（2）茎叶图只便于表示两位有效数字的数据，而且茎叶图只方便记录两组数据，对两组以上的数据虽然也能够记录，但是不那么直观、清晰。

（三）统计图的绘制

在 SPSS 中绘制不同的图形，是市场调研后期必不可少的环节。通过绘制图形，可以直观地看到市场调查结果中数值分布的特征，更好地从中提取有用的信息。在经典案例 8-1 中，将用 SPSS 绘制条形图、直方图、散点图和箱图，基于项目实训展开练习。

经典案例 8-1

条形图、直方图、散点图和箱图的绘制

某企业新进了 10 位员工，为了了解新进员工的基本情况，调取了员工性别、考勤、居住地、绩效等相关信息，具体如表 8-5 所示，计划通过绘制相关统计图，简单直观掌握新进员工的发展状态，便于及时调整人才培训策略。

表 8-5　员工数据表

性别	性别代码	考勤	居住地	居住地代码	绩效
女	2	96	出租屋	2	7
女	2	98	居家	1	9
男	1	92	居家	1	9
女	2	100	出租屋	2	5
女	2	91	居家	1	9
男	1	94	居家	1	5
男	1	92	出租屋	2	7
男	1	96	居家	1	7
男	1	98	居家	1	10
女	2	99	居家	1	5

首先是数据录入。在变量视图窗口中创建变量，录入相应的数值取值和标签，随后在数据视图窗口中录入每个对象的相关信息，最终得到"统计图.sav"文件，从菜单栏选择"文件"—"打开"—"数据"，选择"统计图.sav"，双击打开，依次按照步骤进行操作。

数字资源 8-1
条形图

下面分别介绍条形图、直方图、散点图、箱图的绘制步骤。

一、绘制条形图

（1）打开数据后，从菜单栏选择"图形"—"旧对话框"—"条形图"，如图 8-15 所示。

图 8-15　从菜单栏选择"图形"—"旧对话框"—"条形图"

（2）在弹出的"条形图"对话框中，选择默认选项，如图 8-16 所示，为居住地绘制条形图，然后单击"定义"按钮。

（3）在"定义简单条形图：个案组摘要"对话框中，选择"居住地"作为变量，移到类别轴中，如图 8-17 所示，单击"确定"按钮。

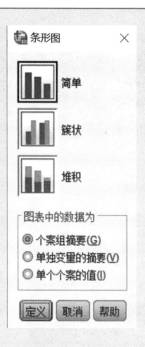 

图 8-16 "条形图"对话框设置　　**图 8-17** "定义简单条形图：个案组摘要"对话框设置

（4）有关"居住地"条形图结果会出现在结果查看器窗口，如图 8-18 所示。

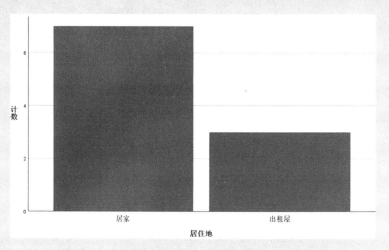

图 8-18 结果查看器窗口中呈现的"居住地"条形图

（5）由图 8-18 所示的条形图可以看到，条形图横轴显示不同的分组，纵轴显示频数，图形高度对应相应的频数。可以直观看到，有 7 名新进员工在家居住，有 3 名新进员工居住在出租屋。

二、绘制直方图

（1）打开数据文件后，从菜单栏选择"图形"—"旧对话框"—"直方图"，如图 8-19 所示。

数字资源 8-2

直方图

图 8-19　从菜单栏中选择"图形"—"旧对话框"—"直方图"

（2）在弹出的"直方图"对话框中，选择"考勤"作为变量，移入变量方框中，单击"确定"按钮，如图 8-20 所示。

（3）在结果查看器窗口中会出现"考勤"直方图，如图 8-21 所示。

（4）从图 8-21 所示的直方图中可以看到，x 轴表示"考勤"的取值，y 轴表示取值对应的频率。可以直观地看到，考勤分布为 91～100，频率最高的考勤为 92、96、98，右上角还有相应的统计量，平均值为 95.6，标准差为 3.204，个案数即为新进员工数。

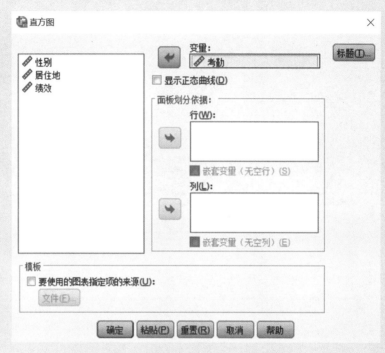

图 8-20 "直方图"对话框设置

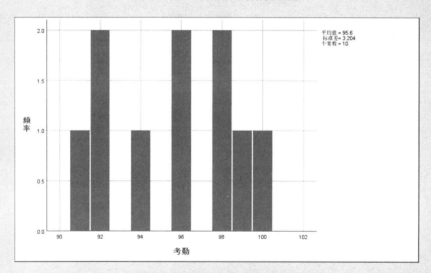

图 8-21 结果查看器窗口中呈现的"考勤"直方图

三、绘制散点图

(1) 打开数据文件后,从菜单栏选择"图形"—"旧对话框"—"散点图/点图",如图 8-22 所示。

数字资源 8-3
散点图

图 8-22　从菜单栏中选择"图形"—"旧对话框"—"散点图/点图"

（2）在弹出的对话框中，选择默认选项，如图 8-23 所示，为考勤和绩效绘制散点图，单击"定义"按钮。

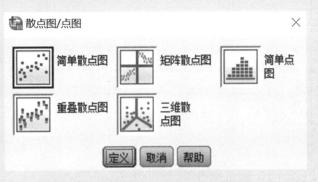

图 8-23　"散点图/点图"对话框设置

（3）在"简单散点图"对话框中，选择"考勤"变量移入 x 轴、"绩效"变量移入 y 轴，如图 8-24 所示，单击"确定"按钮。

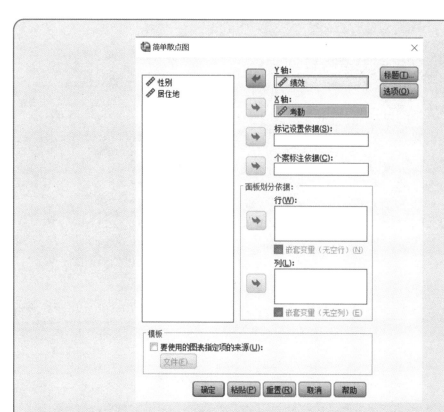

图 8-24 "简单散点图"对话框设置

（4）在结果查看器窗口中会出现"考勤"与"绩效"的散点图，如图 8-25 所示。

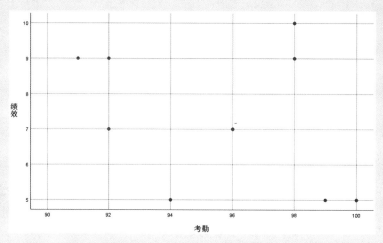

图 8-25 结果查看器窗口中呈现的"考勤"与"绩效"的散点图

（5）从图 8-25 所示的散点图中可以看到，每个点代表一个研究对象，点的 x 轴和 y 轴分别对应考勤与绩效，图中只有 9 个点，说明有 2 个新员工的考勤和绩效是一样的，出现了重合。从散点图中可以直观地看到，考勤与绩效之间不存在相关关系。

数字资源 8-4
箱图

四、绘制箱图

（1）打开数据文件后，从菜单栏选择"图形"—"旧对话框"—"箱图"，如图 8-26 所示。

图 8-26　从菜单栏选择"图形"—"旧对话框"—"箱图"

（2）在"箱图"对话框中，选择默认选项，在"图表中的数据"项目下勾选"单独变量的摘要"复选框，如图 8-27 所示，单击"定义"按钮。

（3）在"定义简单箱图：单独变量的摘要"对话框中，选择"考勤"变量，移入"箱表示"方框中，并单击"确定"按钮，如图 8-28 所示。

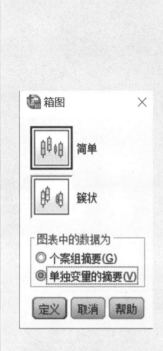 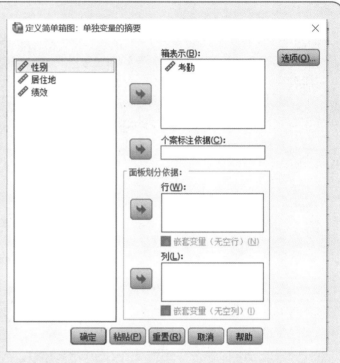

图 8-27 "箱图"对话框设置　　图 8-28 "定义简单箱图：单独变量的摘要"对话框设置

（4）在结果查看器窗口中会出现"考勤"的箱图，如图 8-29 所示。

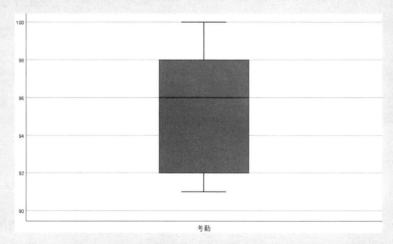

图 8-29 结果查看器窗口中呈现的"考勤"箱图

（5）图 8-29 所示的箱图中显示了绩效的上下边缘（即最大值、最小值）、上四分位数、中位数和下四分位数（四分位数的计算式为 $i/4\times(n-1)+1$，i 取 1、2、3、4），矩形方框中显示了考勤数据中 50% 的数据，中间的黑线对应的是中位数。因为没有处于上下边缘之外的数值，所以本考勤数据中没有异常值。

"箱图"示意图如图 8-30 所示。

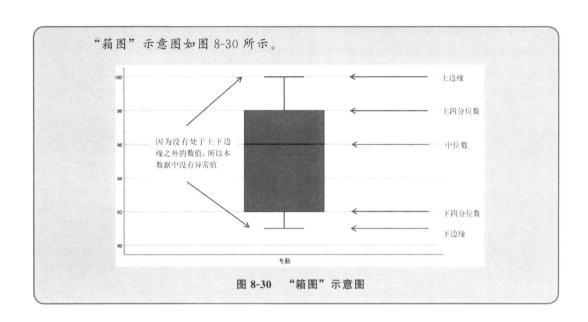

图 8-30 "箱图"示意图

三、统计报表

统计报表的优点是可以对各个数据细节进行精确呈现,缺点是不够直观。在市场调查与分析中,只有将图表相互结合,才能使调查的问题更加全面清晰。本部分主要讨论如何用表格模块直接生成专业的统计报表。

(一)统计报表的结构和制作基本原则

统计报表包括如下几个方面的内容。

(1)标题:描述表格内容,包括研究对象和统计分析指标。
(2)横标目:指研究对象,一个横标目对应一横行的内容。
(3)纵标目:统计分析指标,一个纵标目对应一纵列的内容。
(4)数字:数字右对齐,同一指标的小数位数一致。
(5)线条:最简单的统计报表为"三横线式",又称"三栏式",不允许有竖线。
(6)备注:补充说明表格的内容。

图 8-31 展示了一个典型的统计报表的结构。

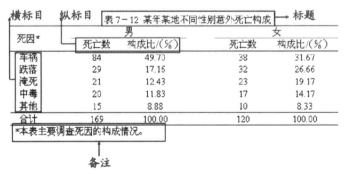

图 8-31 统计报表的结构

统计报表制作的基本原则为简单明了、重点突出。

（二）统计报表的分类

统计报表的分类方法如下。

◆ **1. 按报表内容和实施范围不同进行分类**

按报表内容和实施范围不同，统计报表分为国家统计报表、部门统计报表和地方统计报表。国家统计报表也称国民经济基本统计报表，是由国家统计部门统一制发，用以收集全国性的经济和社会基本情况，包括农业、工业、基建、物资、商业、外贸、劳动工资、财政等方面最基本的统计资料的报表；部门统计报表是指为了适应各部门业务管理需要而制定的专业技术报表；地方统计报表是指针对地区特点而补充制定的地区性统计报表，是为本地区的计划和管理服务的。

◆ **2. 按报送周期长短不同进行分类**

按报送周期长短不同，统计报表分为日报、旬报、季报、半年报和年报。一般来说，周期短的，要求资料上报迅速，填报的项目比较少；周期长的，内容要求全面一些；年报具有年末总结的性质，反映当年组织的方针、政策和计划贯彻执行情况，内容要求更全面和详尽。

◆ **3. 按填报单位不同进行分类**

按填报单位不同，统计报表分为基层统计报表和综合统计报表。基层统计报表是由基层企、事业单位填报的报表，综合统计报表是由主管部门或统计部门根据基层报表逐级汇总填报的报表。

统计报表主要用于收集全面的基本情况，也常用于重点调查等非全面调查中。

（三） SPSS 中的报表功能

SPSS 在统计报表方面提供了非常强大的功能，包括 Base 模块和 Tables 模块。Base 模块除涉及统计描述的多个过程可以生成各种描述统计量的基本报表外，还在分析主菜单的"报告"和"多重响应"子菜单中提供了专用的统计报表功能。其中，"报告"子菜单中提供了从最基本的变量值标签代码本、对原始数据进行列表，到将原始数据汇总为数据立方体进行数据透视、对数据计算一些常用的描述统计量并制作精细定义的输出表格等多种统计报表功能。"多重响应"子菜单专门为多选题数据的描述而设计，提供了设置多选题变量集、生成多选题频数表和交叉表的全部功能。Tables 模块可以针对各种要求产生复杂的多层或嵌套表格，具有完全交互式的操作界面，使用上更为方便、快捷。

经典案例 8-2 展示了使用 SPSS 制作统计报表的步骤。

经典案例8-2

使用 SPSS 制作统计报表的步骤

以"SPSS 学堂"的"顾客满意度.sav"作为实训数据文件，制作关于不同性别的购物情况调查统计表。

一、实训步骤

（1）打开"顾客满意度.sav"文件，从菜单栏选择"分析"—"表"—"定制表"，如图 8-32 所示。

数字资源 8-5
统计报表制作

图 8-32 从菜单栏选择"分析"—"表"—"定制表"

（2）在"定制表"对话框中，将左边"S3 记录顾客的性别"拖到行所在处，将"Q9 过去 3 个月的购物频次"拖到列所在处，得到如图 8-33 所示的表格。

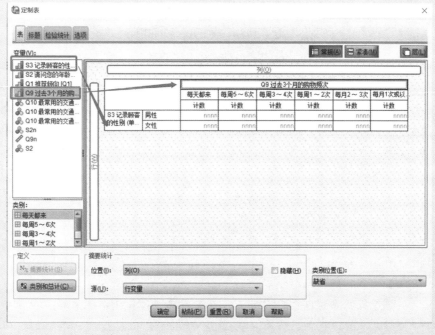

图 8-33 "定制表"对话框设置

（3）单击左下角的"类别和总计"按钮，打开"分类和总计"对话框，勾选"总计"复选框，单击"应用"按钮，如图8-34所示，"定制表"对话框中就多了"总计"列，如图8-35所示。

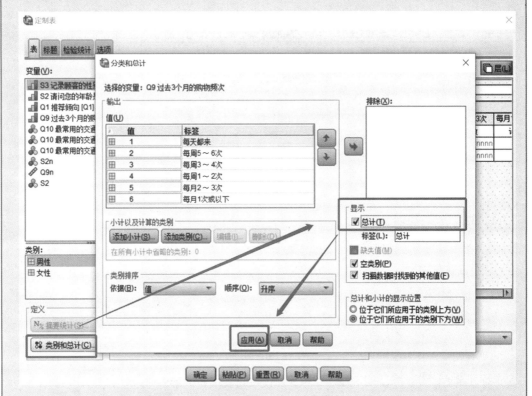

图8-34 增加"总计"列操作

		Q9 过去3个月的购物频次						
		每天都来	每周5~6次	每周3~4次	每周1~2次	每月2~3次	每月1次或以下	总计
		计数	计数	计数	计数	计数	计数	计数
S3 记录顾客的性别(单…	男性	nnnn	nnnn	nnnn	nnnn	nnnn	nnnn	nnnn
	女性	nnnn	nnnn	nnnn	nnnn	nnnn	nnnn	nnnn

图8-35 定制表显示界面（新增"总计"列）

（4）单击左下角的"N% 摘要统计"按钮，打开"摘要统计"对话框，将左侧"统计"栏中所需变量选入右侧，这里将"表N%"予以显示，最后单击"应用于所选项"按钮—"关闭"按钮，如图8-36所示，在"定制表"对话框中就对应增加了"表N%"列，如图8-37所示。

（5）在"定制表"对话框中单击"确定"按钮，在结果查看器窗口表格中的数据即为所需要的值，如"男性，且每天都来的人数为8人，占该问题（Q3过去3个月的购物频次）的比例为1.6%"，如表8-6所示。

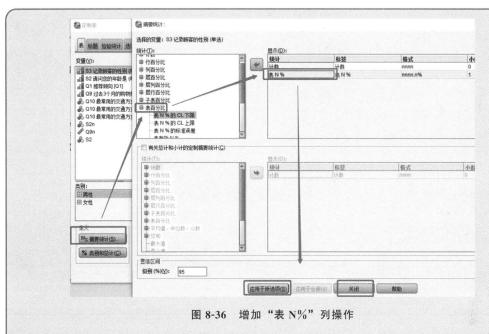

图 8-36 增加"表 N%"列操作

图 8-37 定制表显示（新增"表 N%"列）

表 8-6 结果查看器中呈现的表格

		Q3 过去 3 个月的购物频次											
		每天都来		每周 5~6 次		每周 3~4 次		每周 1~2 次		每月 2~3 次		每月 1 次或以下		总计	
		计数	表 N%	计数	表 N%	计数	表 N%	计数	表 N%	计数	表 N%	计数	表 N%	计数	表 N%
S3 记录顾客的性别（单选）	男性	8	0.8%	4	0.3%	25	3.4%	89	14.9%	62	9.9%	10	1.1%	198	36.1%
	女性	10	1.1%	11	1.2%	45	6.9%	141	24.9%	57	9.0%	28	3.9%	292	55.2%

二、总结

使用 SPSS 制作统计报表的具体步骤如下：

（1）确定报表的基本结构，包括行、列组成，以及在报表内部是否设置汇总或嵌套；

（2）在"定制表"对话框中，依据最先设定的基本结构，将相应变量移到对应位置；

（3）根据需求添加汇总行、统计量等，使表格的结构内容满足相应问题的需求；

（4）适当对表格中的文本进行修改，包括标题、变量名、变量值标签，等等；

（5）确认生成相应的表格。

第三节 假设检验应用

在市场调研中，通常所关心的是总体的某些特征和分布规律，而问卷调查只可以考察总体的一部分或一个样本，统计推断和假设检验就是用样本去推断总体，实质上就是凭借概率理论用观察到的部分随机变量资料来推断总体随机变量的概率分布或数字特征，如期望值和方差等，并且做出具有一定可靠程度的估计和判断。所以，假设检验就是对总体提出假设，然后借助样本对假设进行一系列的检验。

一、假设检验简介

（一）基本概念

假设检验，就是利用样本信息，根据一定概率，对总体参数或分布的某一假设做出拒绝或保留的决断。那么，在学习假设检验之前，需要了解"小概率事件"这一概念。

样本统计量的值在其抽样分布上出现的概率小于或等于事先规定的水平，这时就认为小概率事件发生了，把出现概率很小的随机事件称为小概率事件。概率足够小时，可以作为从实际可能性上把零假设加以否定的理由。因为在随机抽样的条件下，一次实验抽到与总体参数值有很大差异的样本，可能性是极小的，实际中是罕见的，几乎是不可能的。

在假设检验中，需要知道原假设、备择假设和显著性水平这三个概念。

（1）原假设 H_0：在统计学中，把需要通过样本去推断正确与否的命题，称为原假设，又称零假设。它常常是根据已有资料或经过周密考虑后确定的。

（2）备择假设 H_1：与原假设对立的假设。

（3）显著性水平（significance level）α：确定一个事件为小概率事件的标准，称为检验水平，亦称为显著性水平。通常取α＝0.05、0.01、0.1。显著性水平既可以置于概率分布曲线的一端（单侧检验），也可以置于概率分布曲线的两端（双侧检验），如图8-38所示。

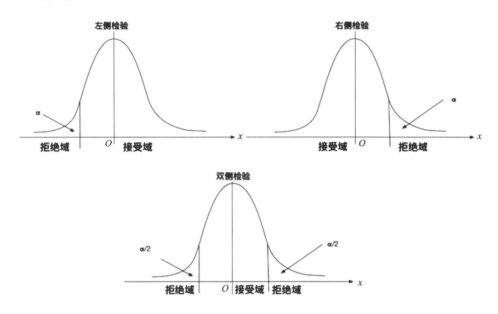

图8-38 单侧检验与双侧检验

（二）假设检验中的两类错误及其控制

对于总体参数的假设检验，有可能犯两种类型的错误，即α错误和β错误，如表8-7所示。

表8-7 假设检验中的两类错误

	H_0为真	H_0为假
拒绝H_0	α错误	正确
接受H_0	正确	β错误

为了将两种错误同时控制在尽可能最小的程度，研究者往往通过选择适当的显著性水平对α错误进行控制，如α＝0.05或α＝0.01。

对于β错误，一方面，可以使样本容量增大；另一方面，可以采用合理的检验形式（即单侧检验或双侧检验）来使β误差得到控制。

（三）假设检验的形式

假设检验就是根据样本观察结果对原假设H_0进行检验，如果接受H_0，就否定H_1；如果拒绝H_0，就接受H_1。在确定检验形式时，凡是检验是否与假设的总体一致的假设检验，α均分散在概率分布曲线的两端，因此称为双侧检验。双侧检验的假设形式为：

$$H_0: \mu = \mu_0, \quad H_1: \mu \neq \mu_0$$

凡是检验大于或小于某一特定条件的假设检验，α 均在概率分布曲线的一端，因此称为单侧检验。单侧检验的假设形式为：

$$H_0: \mu \geqslant \mu_0, \ H_1: \mu < \mu_0$$

或者

$$H_0: \mu \leqslant \mu_0, \ H_1: \mu > \mu_0$$

（四）假设检验的基本步骤

一个完整的假设检验过程，一般包括以下四个主要步骤。

（1）提出假设：原假设 H_0 及备择假设 H_1。

（2）选择适当的检验统计量，并指出 H_0 成立时该检验统计量所服从的抽样分布。

（3）根据给定的显著性水平，查表确定相应的临界值，并确定拒绝域。

（4）根据样本观察值计算检验统计量的值 H_0，当检验统计量的值落入拒绝域时拒绝 H_0 而接受 H_1，否则不能拒绝 H_0，可接受 H_0，给出统计结论。

二、小样本平均数差异的显著性检验——t 检验

t 检验是用于小样本（样本容量小于30）的两个平均数差异程度的检验方法。它用 t 分布理论来推断差异发生的概率，从而判定两个平均数的差异是否显著。其一般步骤如下。

第一步，建立原假设 $H_0: \mu_1 = \mu_2$，即先假定两个总体平均数之间没有显著差异；

第二步，计算统计量 t 值，对于不同类型的问题选用不同的统计量计算方法；

第三步，根据自由度 $df = n - 1$，查 t 值表，找出规定的 t 理论值并进行比较，理论值差异的显著性水平为 0.01 或 0.05，不同自由度的显著性水平理论值记为 $t(df)_{0.01}$ 和 $t(df)_{0.05}$；

第四步，比较计算得到的 t 值和 t 理论值，推断发生的概率，依据给出的 t 值与差异显著性关系表做出判断；

第五步，根据以上分析，结合具体情况，得出结论。

三、大样本平均数差异的显著性检验——Z 检验

在进行大样本（即样本容量大于30）的平均数差异性检验时，通常使用 Z 检验。它是用标准正态分布的理论来推断差异发生的概率，从而比较两个平均数的差异是否显著。当已知标准差时，验证一组数的平均数是否与某一期望值相等时，用 Z 检验。

常用的 SPSS 统计软件只有 t 检验，没有 Z 检验。在实际应用中，无论样本大小，均可以使用 t 检验，因为总体服从正态分布的数据在小样本时呈现为 t 分布形态，而服从 t 分布的数据在样本较大时会渐近正态分布。但对于 Z 检验来说，它一定要求数据呈正态分布，小样本时服从 t 分布而不是正态分布，所以 Z 检验通常用在大样本时而不是小样本时，显然 t 检验的使用条件比 Z 检验宽松，可以完全替代 Z 检验。因此 SPSS 只有 t 检验，如果想做 Z 检验，用 t 检验替代即可。本书中对 Z 检验不做要求。

四 数据检验

（一）独立样本 t 检验

独立样本 t 检验又称成组 t 检验（two-sample/group t-test）或两独立样本 t 检验（two independent-sample t-test），常用于完全随机设计的两样本平均数的比较，即将受试对象完全随机分配到两个不同的处理组，研究者关心的是两样本平均数所代表的两总体平均数是否不等。

独立样本 t 检验，需要样本满足六个条件：① 观测变量为连续变量；② 观测变量可分为两组；③ 观测值之间相互独立；④ 观测变量不存在显著的异常值；⑤ 观测变量在各组内接近正态分布；⑥ 两组的观测变量的方差相等。不能满足上述条件时：① 情况较轻时可以采用校正 t 检验的结果；② 使用变量变换，使之满足条件；③ 采用非参数检验过程。本章对特殊情况不做介绍。

经典案例8-3

SPSS 在 t 检验中的应用

一、实训背景

某班级老师拟比较该班级本次考试中男生和女生的考试成绩是否有差异。该班级男生和女生各有 20 名同学，变量名记录为性别，分别赋值为 1 和 2，考试成绩变量名记录为分数。具体数据见"独立样本 t 检验数据.sav"文件。

数字资源8-6
独立样本 t 检验

二、实训步骤

首先对问题进行分析，研究者拟分析两组数据的平均值是否有差异，即判断男生和女生的成绩是否有差异。针对这种情况，可以使用独立样本 t 检验，但需要先满足 6 项假设。

假设 1：观测变量为连续变量，如本研究中的成绩为连续变量。

假设 2：观测变量可分为两组，如本研究中分为男生和女生。

假设 3：观测值之间相互独立，如本研究中各位研究对象的信息都是独立的，不存在相互干扰。

假设 4：观测变量不存在显著的异常值。

假设 5：观测变量在各组内接近正态分布。

假设 6：两组的观测变量的方差相等。

假设 1~3 取决于研究设计和数据类型，本研究数据符合假设 1~3。检验假设 4 是否成立可用箱图，检验假设 5 是否成立可用夏皮洛-威尔克（Shapiro-Wilk）检验，检验假设 6 是否成立可用描述统计和 Levene 检验，这里不再重复检验。

三、SPSS运行

第一步：在数据视图窗口中，依次单击"分析"—"比较平均值"—"独立样本T检验"，如图8-39所示。

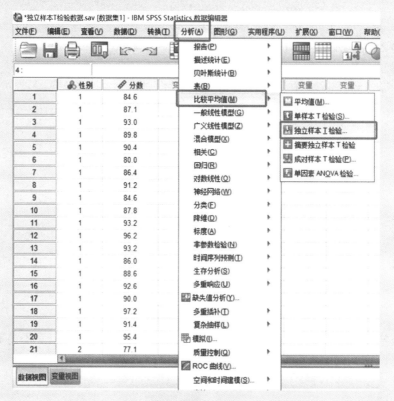

图8-39 "独立样本T检验"操作界面

第二步：在"独立样本T检验"对话框中，将"分数"变量移入检验变量中，将"性别"变量移入分组变量中，如图8-40所示。

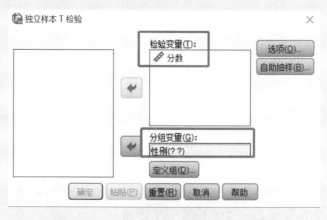

图8-40 "独立样本T检验"对话框设置

第三步：单击"定义组"按钮打开"定义组"对话框，在"组1"栏中输入"1"，在"组2"栏中输入"2"，如图8-41所示，单击"继续"按钮和"确定"按钮。

图8-41　"定义组"对话框设置

第四步：在结果查看器窗口中，获得组统计表和独立样本检验表。可以看到，男生考试成绩（89.942±4.3622）高于女生考试成绩（83.798±5.6933），差值为6.144（95％置信区间为2.897～9.391）。独立样本t检验结果提示，$t=3.831$，$P<0.001$，说明男生和女生考试成绩存在统计学差异，男生平均成绩高于女生，如表8-8和表8-9所示。

表8-8　结果查看器窗口中呈现的组统计结果

	组统计				
	性别	个案数	平均值	标准偏差	标准误差平均值
分数	男	20	89.942	4.3622	0.9754
	女	20	83.798	5.6933	1.2731

表8-9　结果查看器窗口中呈现的独立样本检验结果

		独立样本检验								
		莱文方差等同性检验		平均数等同性t检验						
		F	显著性	t	自由度	P	平均数差值	标准误差差值	差值95％置信区间	
									下限	上限
分数	假定等方差	1.484	0.231	3.831	38	0.000	6.1440	1.6038	2.8973	9.3907
	不假定等方差			3.831	35.591	0.000	6.1440	1.6038	2.8900	9.3980

（二）单样本 t 检验

单样本 t 检验，主要用于检验单个变量的平均数与指定的检验值之间是否存在显著性差异。另外，样本平均数与总体平均数之间的差异显著性检验，也属于单样本 t 检验。适用情况包括：① 单个变量的平均数与指定的检验值之间是否存在显著性差异；② 样本平均数与总体平均数之间的差异显著性检验。方法的特点包括：① 样本量 $n<15$ 时，数据必须服从正态分布；② $15 \leqslant n \leqslant 40$ 时，只要数据不呈强偏态分布即可；③ $n>40$ 时，均可适用。具体检验步骤如下。

第一步：建立假设检验，确定检验水准（H_0，H_1，α）。

第二步：计算检验统计量。

第三步：确定 P 值，做出推断。

经典案例8-4

SPSS 在单样本 t 检验中的应用

一、实训背景

某学校调查中，相关人员测得 32 名初中生的体重（kg）情况如下：44，49，50，49，52，47，51，48，46，52，45，52，50，49，51，44，50，49，55，43，48，49，50，51，50，48，47，49，54，46，49，49。若初中生的平均体重为 50 kg，检验该人群中体重总体平均数是否超过一般水平。数据为"单样本 t 检验数据.sav"文件数据。

数字资源 8-7
单样本 t 检验

二、实训步骤

首先对问题进行分析，研究者拟分析样本平均数与总体平均数的不同，即判断样本的体重评分平均数与总体体重评分平均数 50 之间是否有差异。针对这种情况，可以使用单样本 t 检验，但需要先满足 4 项假设。

假设 1：观测变量为连续变量，如本研究中的体重变量为连续变量。

假设 2：观测值相互独立，如本研究中各位样本的信息都是独立的，不存在相互干扰作用。

假设 3：观测变量不存在显著的异常值。

假设 4：观测变量接近正态分布。

经分析，本研究数据符合假设 1 和假设 2，那么应该如何检验假设 3 和假设 4，并进行单样本 t 检验呢？

单样本 t 检验的流程如图 8-42 所示。

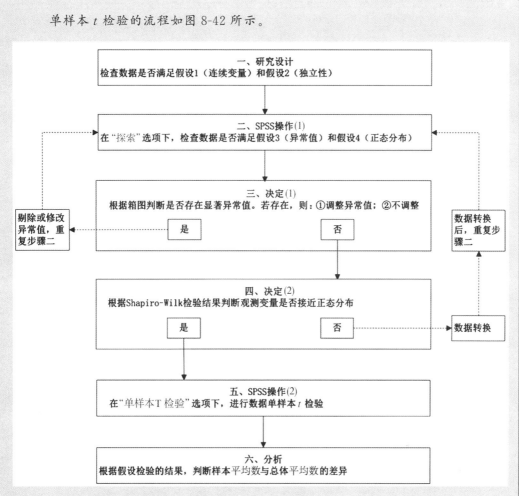

图 8-42 单样本 t 检验的流程

（一）检验假设 3、4 的 SPSS 操作

第一步：在数据视图窗口中，从菜单栏单击"分析"—"描述统计"—"探索"，如图 8-43 所示。

第二步：在弹出的"探索"对话框中，将"体重"变量移入因变量列表中；单击右边的"图"按钮，在"探索：图"对话框中，取消"描述图"下对"茎叶图"复选框的勾选，同时勾选"含检验的正态图"复选框，单击"继续"按钮，再单击"确定"按钮，如图 8-44 和图 8-45 所示。

第三步：在结果查看器窗口中，查看 SPSS 输出的箱图和正态性检验表。从箱图中可以看到，本研究数据中没有显著异常值（如果研究数据中存在显著的异常值，箱图会以星号或者空心圆点的形式进行提示），如图 8-46 所示。

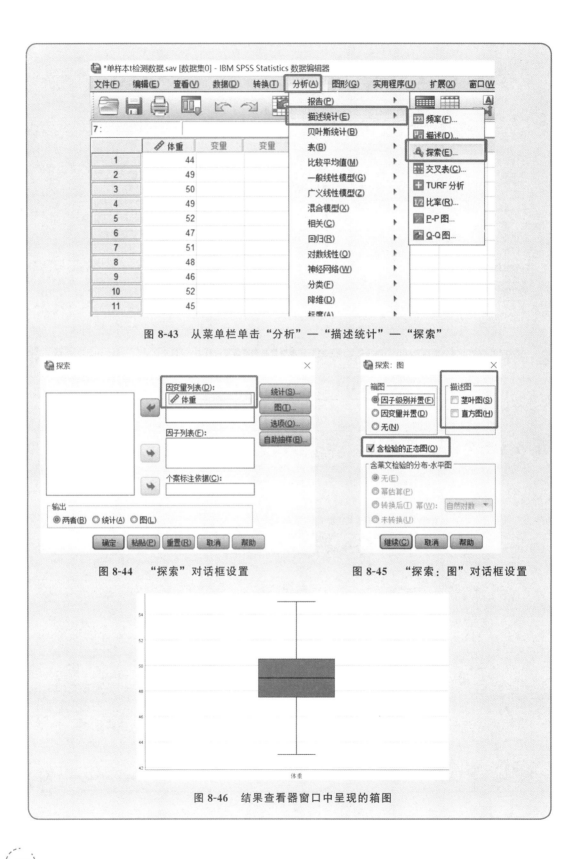

图 8-43 从菜单栏单击"分析"—"描述统计"—"探索"

图 8-44 "探索"对话框设置

图 8-45 "探索:图"对话框设置

图 8-46 结果查看器窗口中呈现的箱图

第四步：检测假设 4，当样本量小于 50 或者无法根据正态 Q-Q 图直接判断时，建议使用 Shapiro-Wilk（夏皮洛-威尔克）检验判断数据的正态分布情况。一般来说，如果数据接近正态分布，那么夏皮洛-威尔克检验的 P 值就大于 0.05；如果数据并不接近正态分布，那么夏皮洛-威尔克检验的 P 值就小于 0.05。由正态性检验表中的数据（见表 8-10）可知，本研究 $P=0.453$，数据接近正态分布（$P>0.05$），满足假设 4。

表 8-10 结果查看器窗口中呈现的正态性检验表

	正态性检验					
	科尔莫戈罗夫-斯米尔诺夫[a]			夏皮洛-威尔克		
	统计	自由度	显著性	统计	自由度	显著性
体重	0.165	32	0.026	0.968	32	0.453

a. 里利氏显著性修正。

（二）单样本 t 检验的 SPSS 操作

第一步：在数据视图窗口中，从菜单栏单击"分析"—"比较平均值"—"单样本 T 检验"，如图 8-47 所示。

图 8-47 从菜单栏单击"分析"—"比较平均值"—"单样本 T 检验"

第二步：在"单样本 T 检验"对话框中，将"体重"移入"检验变量"栏中，并将对比的总体平均数输入"检验值"框中，在本研究中输入"50"，如图 8-48 所示。

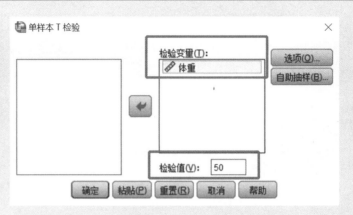

图 8-48 "单样本 T 检验"对话框设置

第三步：单击右边的"选项"按钮，在打开的"单样本 T 检验：选项"对话框中，设置置信区间百分比为 95%，并保留"缺失值"栏中对"按具体分析排除个案"复选框的勾选，如图 8-49 所示，单击"继续"按钮、"确定"按钮。

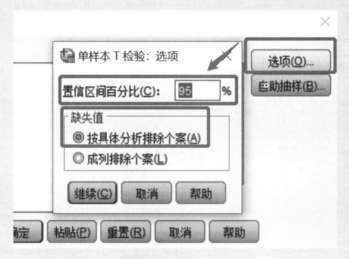

图 8-49 "单样本 T 检验：选项"对话框设置

第四步：解释结果。在单样本统计表中可以看到，本研究的样本量是 32 个，这些学生体重的平均数为 48.94，标准误差平均值为 0.488。该研究中样本体重的平均数小于总体初中生体重的平均数 50，但是该差别是否具有统计学意义还需要通过单样本 t 检验进行深入的统计分析。在单样本检验表中可以看到，平均数差值为 -1.063，95% 置信区间为 -2.06 到 -0.07。检验 t 值为 -2.179，自由度为 31，P 值为 0.037。该结果表示，t 统计量为 -2.179，小于 0.0531，且 P 值为 $0.037<0.05$，因此认为在 0.05 的显著性水平下，拒绝 H_0，接受 H_1，测量的体重与 50 有显著性差异，也就是以 95% 的概率接受初中生平均体重小于 50 的结论，如表 8-11 和表 8-12 所示。

表 8-11 结果查看器窗口中呈现的单样本统计结果

单样本统计				
	个案数	平均数	标准偏差	标准误差平均值
体重	32	48.94	2.758	0.488

表 8-12 结果查看器窗口中呈现的单样本检验结果

单样本检验						
	检验值=50					
	t	自由度	P	平均数差值	差值95%置信区间	
					下限	上限
体重	−2.179	31	0.037	−1.063	−2.06	−0.07

（三）配对 t 检验

配对 t 检验是单样本 t 检验的特例。配对 t 检验有多种情况：配对的两个受试对象分别接受两种不同的处理；将同一受试对象接受两种不同的处理；将同一受试对象处理前后的结果进行比较（即自身配对）；对同一对象的两个部位进行不同的处理。适用情况包括：① 对同一个受试对象处理前后的比较；② 将受试对象按情况相近配对，分别进行两种不同处理，观察两种处理效果有无差别。其目的包括：① 预知总体平均数；② 观察两种不同情况下的作用差异。

数字资源 8-8
配对 t 检验

经典案例8-5

SPSS 在配对 t 检验中的应用

一、实训背景

某克山病区测得 11 例克山病患者患病前后的血磷值（mmol/L）如下，问该地急性克山病患者患病前后的血磷值是否不同？具体数据见"配对 t 检验数据.sav"文件。

二、实训步骤

第一步：在数据视图窗口中，从菜单栏单击"分析"—"比较平均值"—"成对样本T检验"，如图8-50所示。

图8-50 从菜单栏单击"分析"—"比较平均值"—"成对样本T检验"

第二步：从原变量中选择成对变量进行配对（可选择多对变量一起分析），在"成对样本T检验"对话框中，将患病前的血磷值1移入变量1，将患病后的血磷值2移入变量2，如图8-51所示。

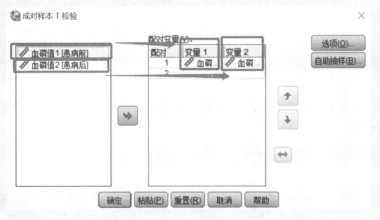

图8-51 "成对样本T检验"对话框设置

第三步：单击"选项"按钮，在"成对样本T检验：选项"对话框中，设置置信区间百分比为95%，缺失值默认为"按具体分析排除个案"，如图8-52所示，单击"继续"按钮、"确定"按钮。

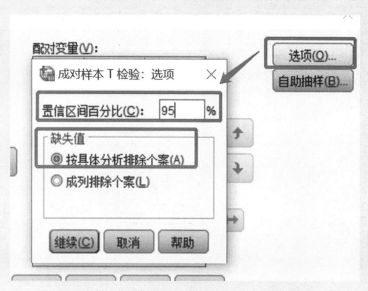

图 8-52 "成对样本 T 检验：选项"对话框设置

第四步：在结果查看器窗口中，得到配对样本统计表、配对样本相关性表和配对样本检验表。从所得结果（见表 8-13 至表 8-15）可以看到，本例中平均数分别为 1.4 945 和 1.0 800，标准偏差分别为 0.43 851 和 0.33 160，且其相关性系数为 0.984。本例自由度为 10，$t=10.853>t_{0.001/2,10}$，$P=0.000<0.001$，按 0.05 检验水准拒绝 H_0，接受 H_1，因此可认为患者患病前后血磷值的差别有统计学意义，又因为配对差值平均数为 $0.41\,455>0$，因此可认为患者患病后血磷值高于患病前血磷值。

表 8-13 结果查看器窗口中呈现的配对样本统计结果

		配对样本统计			
		平均数	个案数	标准偏差	标准误差平均值
配对 1	血磷值 1	1.0 800	11	0.33 160	0.09 998
	血磷值 2	1.4 945	11	0.43 851	0.13 221

表 8-14 结果查看器窗口中呈现的配对样本相关性表

	配对样本相关性			
		个案数	相关性	显著性
配对 1	血磷值 1 & 血磷值 2	11	0.984	0.000

表 8-15 结果查看器窗口中呈现的配对样本检验结果

配对样本检验								
		配对差值				t	自由度	P
		平均数	标准偏差	标准误差平均值	差值95%置信区间			
					下限	上限		
配对1	血磷值1—血磷值2	-0.41 455	0.12 668	0.03 819	-0.49 965	-0.32 944	-10.853	10	0.000

第四节 量表分析应用

客观世界是普遍联系的统一整体，事物之间存在着相互依存、相互制约、相互影响的关系。市场活动中的许多现象也不例外，都有其产生的原因，都要受一定因素的制约，都是一定原因的必然结果。通过不同事物量的变化可以观察并测量出事物之间的相互关系、密切程度、因果关系、交互效应等。在市场调研中，量表分析应用模式主要指通过不同因子之间的发展变化而揭示出因子之间关系结果的方式。量表分析主要包括以下几种分析：回归分析、聚类分析、判别分析、因子分析、相关性分析、可靠性分析等。

一、用 SPSS 做量表分析

在获取原始数据后，可以利用 SPSS 进行量表分析应用。量表分析通常用于学术研究，其特点在于有更多的态度认知题项，可体现样本人群对某事物的态度看法等，通过对各研究变量的关系研究，可找出其中内涵逻辑关系。量表分析可以细分为项目分析、因素分析和信度分析。

项目分析的目的是找出未达显著性水平的题项并把它删除。它通过根据获得的原始数据求出量表中题项的临界比率值——CR 值来做出判断。通常，量表的制作是要经过专家的设计与审查，因此，题项一般均具有鉴别度，能够鉴别不同受试者的反应程度。

因素分析的目的是在多变量系统中，把多个很难解释而彼此有关的变量，转化成少数有概念化意义而彼此独立性大的因素，从而分析多个因素之间的关系。

信度分析的目的是对量表的可靠性与有效性进行检验。信度越高的量表越稳定。信度也表示对受试者在不同时间测量得分的一致性，因而又称稳定系数。根据不同专家的观点，量表的信度在 0.9 以上，表示量表的信度甚佳。但是对于可接受的最小信度是多少，许多专家的看法也不一致，有些专家定为 0.8 以上，也有的专家定为 0.7 以上。通常认为，如果研究者编制的量表信度过低，如在 0.6 以下，应重新编制较为适宜。

在市场调查与数据分析领域，经常用 SPSS 做因素分析。下面将针对因素分析展开论述。

回归分析

回归分析是一种应用很广的数量分析方法，用于分析事物间的统计关系，侧重数量关系变化。回归分析在数据分析中占有比较重要的位置。一元线性回归模型是指只有一个解释变量的线性回归模型，用来揭示被解释变量与另一个解释变量之间的线性关系。多元线性回归模型是指含有多个解释变量的线性回归模型，用来揭示被解释变量与多个解释变量之间的线性关系。

（一）一元线性回归

一元线性回归是分析只有一个自变量（自变量 x 和因变量 y）的线性相关关系的方法。一个经济指标的数值往往受许多因素影响，若其中只有一个因素是主要的，起决定性作用，则可用一元线性回归进行预测分析。

SPSS 在一元线性回归中的应用

一、实训背景

"一元线性回归.sav"数据文件反映的是某公司太阳镜在一年中的具体销售情况，试预测当广告费为 15 万元时当月的销售量值。

二、实训步骤

第一步，画出广告费与销售额的散点图。散点图能够快速且直观地看到自变量和因变量之间是否包含线性关系，如果从图形上看不出明显的线性关系，后续的分析效果也不会太好；在数据视图窗口中，从菜单栏单击"图形"—"旧对话框"—"散点图/点图"，如图 8-53 所示。

第二步，如图 8-54 所示，在"简单散点图"对话框中，将广告费变量移入 x 轴，销售量变量移入 y 轴，得到对应的散点图。可以看出，增加广告投入，销售量随之上升，二者呈正相关线性关系如图 8-55 所示。

第三步，在菜单栏中单击"分析"—"回归"—"线性"，在"线性回归"对话框中，将广告费变量移入自变量栏中，将销售量变量移入因变量栏中，散点图显示二者有较强的线性关系，这里采取强制"输入"的方法建立一元回归模型，如图 8-56 和图 8-57 所示。

数字资源 8-9
一元线性回归

图 8-53 从菜单栏单击"图形"—"旧对话框"—"散点图/点图"

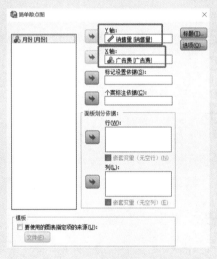

图 8-54 "简单散点图"对话框设置

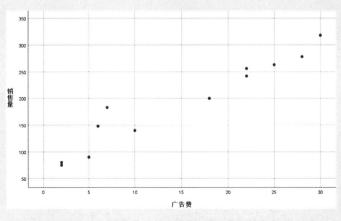

图 8-55 结果查看器窗口中呈现的广告费与销售量散点图

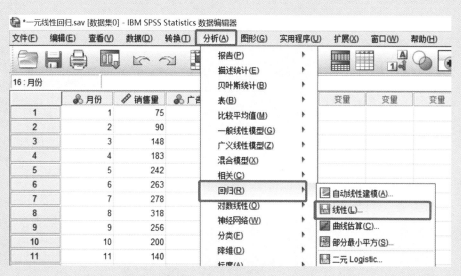

图 8-56　在菜单栏中单击"分析"—"回归"—"线性"

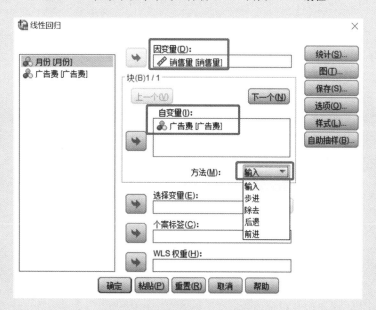

图 8-57　"线性回归"对话框设置

第四步，在"统计"参数设置中，默认勾选回归系数的"估算值"复选框，要求 SPSS 软件输出回归系数，也就是模型中的参数 b，同时默认勾选"模型拟合"复选框，要求软件分析回归模型是否具有统计学意义。以上这两个参数是线性回归分析必须进行设置的，不能忽略。在此基础上，可以根据实际需要选择其他参数。本案例勾选"德宾-沃森"复选框，要求就模型残差进行 Durbin-Watson 检验，以判断残差是否独立，进而判断数据是否适合做线性回归，如图 8-58 所示。

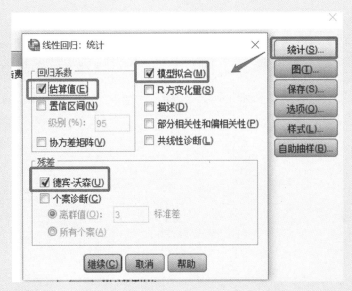

图 8-58 "线性回归：统计"对话框设置

第五步，在"图"参数设置中，上半部分有些复杂，可定制残差的图形。为了便于入门理解，此处建议直接勾选底部"直方图"复选框和"正态概率图"复选框，要求软件输出标准化残差图，以判断数据是否适合进行线性回归，如图 8-59 所示。

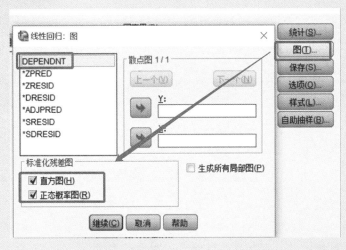

图 8-59 "线性回归：图"对话框设置

第六步，在"保存"参数设置中，此处分析的目的是利用广告费用来预测销售量，"保存"参数与预测和残差有关，可以勾选"预测值"栏下的"未标准化"复选框，如图 8-60 所示。

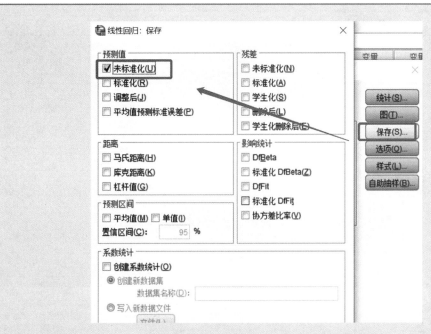

图 8-60 "线性回归：保存"对话框设置

第七步，在"选项"参数设置中，接受软件默认选项即可，如图 8-61 所示。

第八步，在结果查看器窗口中，得到相关的图和表。在模型摘要表中，第三列在线性回归中也称为判定系数，是用于判定线性方程拟合优度的重要指标，体现了回归模型解释因变量变异的能力，通常认为它需达到 0.6，最好是 0.8 以上，当然接近 1 更好。本例它的值为 0.93（见表 8-16），初步判断模型拟合效果良好。

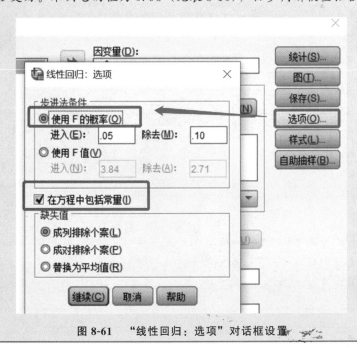

图 8-61 "线性回归：选项"对话框设置

表 8-16 结果查看器窗口中呈现的模型摘要结果

模型摘要[b]

模型	r	r^2	调整后 r^2	标准估算的错误	DW 值
1	0.964[a]	0.930	0.923	23.075	1.464

a. 预测变量：(常量)，广告费。

b. 因变量：销售量。

所建立的回归模型是不是有统计意义，广告费与销售量的线性关系是否显著，可根据方差分析表来确定。直接读取最后一列，显著性值＝0.000＜0.01＜0.05，表明由自变量广告费和因变量销售量建立的线性关系回归模型具有极显著的统计学意义。表 8-17 为结果查看器窗口中呈现的方差分析结果。

表 8-17 结果查看器窗口中呈现的方差分析结果

方差分析[a]

模型		平方和	自由度	均方差	F	显著性
1	回归	70 926.280	1	70 926.280	133.204	0.000[b]
	残差	5 324.637	10	532.464		
	总计	76 250.917	11			

a. 因变量：销售量。

b. 预测变量：(常量)，广告费。

这是有关此处建模最直接的结果，读取未标准化系数，可以轻松写出模型表达式：$y=76.407+7.662x+\mu_t$，自变量广告费的回归系数通过检验，t 检验原假设回归系数没有意义，最后一列回归系数显著性值＝0.000＜0.01＜0.05，表明回归系数 B 存在，有统计学意义，广告费与销售量之间是正比关系，而且极显著。表 8-18 为结果查看器窗口中呈现的系数。

表 8-18 结果查看器窗口中呈现的系数

系数[a]

模型		未标准化系数		标准化系数	t	显著性
		B	标准错误	β		
1	(常量)	76.407	11.843		6.452	0.000
	广告费	7.662	0.664	0.964	11.541	0.000

a. 因变量：销售量。

第九步，如图 8-62 所示，标准化残差直方图呈倒扣的钟形，左右两侧不完全对称，有一定瑕疵；如图 8-63 所示，标准化残差的 P-P 图的散点没有全部靠近斜线，并不完美。综合而言，残差正态性结果不是最好的。当然在现实分析当中，理想的正态分布并不多见，接近或近似即可考虑接受。采用 Durbin-Watson 检验来判断，再看模型摘要表，DW 值为 1.464，查询 Durbin-Watson 检验表可以发现本例 DW 值恰好在无自相关性的值域中，因此认定残差独立，通过检验。

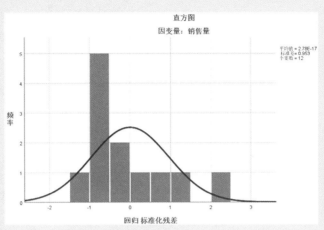

图 8-62　结果查看器窗口中呈现的直方图

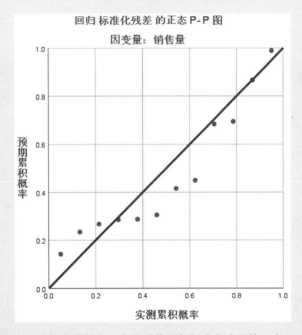

图 8-63　结果查看器窗口中呈现的回归标准化残差的正态 P-P 图

第十步，通过前面的一系列分析和论证，已经得到回归模型的方程式：$y = 76.407 + 7.662x + \mu_t$。预测任务是预测当广告投入达 15 万元时太阳镜当月的销售量，具体计算如下：

$$y = 76.407 + 7.662 \times 15 = 191.337$$

(二)多元线性回归

社会经济现象的变化往往受到多个因素的影响,由多个自变量的最优组合共同来预测或估计因变量,比只用一个自变量进行预测或估计更有效、更符合实际,因此多元线性回归比一元线性回归的实用意义更大。在回归分析中,如果有两个或两个以上的自变量,就称为多元回归。

经典案例8-7

SPSS在多元线性回归中的应用

一、实训背景

为了研究不同省份的高校科研的发展情况,本项目运用 SPSS 多元线性回归板块,深入研究课题总数与投入人年数、投入高级职称的人年数和投入科研事业费之间具有怎样的相关关系。具体数据见"多元回归分析数据.sav"文件。

数字资源 8-10
多元线性回归

二、实训步骤

第一步,在数据视图窗口中,从菜单栏单击"分析"—"回归"—"线性",如图 8-64 所示。

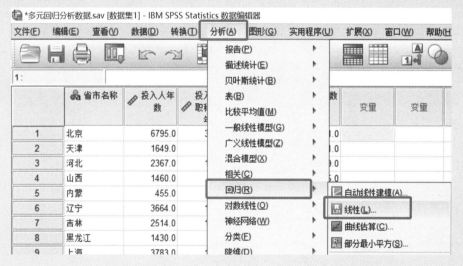

图 8-64 从菜单栏单击"分析"—"回归"—"线性"

第二步,在"线性回归"对话框中,将投入人年数、投入高级职称的人年数、投入科研事业费(百元)这三个变量分别移入自变量栏中,将课题总数变量移入因变量栏中,如图 8-65 所示。

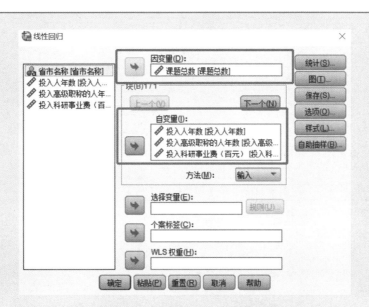

图 8-65 "线性回归"对话框设置

第三步,进行相关的输出和参数设置,单击右侧"自助抽样"按钮,在弹出的对话框中勾选"执行自助抽样"复选框,在"置信区间"栏"级别"文本框中填写"95",其他默认,如图 8-66 所示,然后单击"继续"按钮、"确定"按钮。

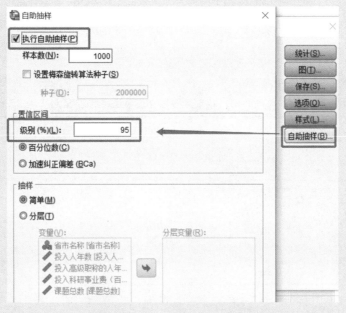

图 8-66 "自助抽样"对话框设置

第四步,在结果查看器窗口中,得到一系列图表。从模型摘要表中可以看到,r^2 为 0.932,大于 0.5,说明数据与模型拟合程度较好。结果查看器窗口中呈现的模型摘要如表 8-19 所示。

表 8-19 结果查看器窗口中呈现的模型摘要

模型摘要

模型	r	r^2	调整后 r^2	标准估算的错误
1	0.965[a]	0.932	0.924	230.6051

a. 预测变量：（常量），投入科研事业费（百元），投入人年数，投入高级职称的人年数。

第五步，从表 8-20 中可以看到，$F=123.113$，$P<0.05$，本次数据代入回归模型，回归方程显著。所有自变量中，至少有一个自变量能显著影响因变量。

表 8-20 结果查看器窗口中呈现的方差分析结果

方差分析[a]

模型		平方和	自由度	均方	F	显著性
1	回归	19 640 985.284	3	6 546 995.095	123.113	0.000[b]
	残差	1 435 824.716	27	53 178.693		
	总计	21 076 810.000	30			

a. 因变量：课题总数。
b. 预测变量：（常量），投入科研事业费（百元），投入人年数，投入高级职称的人年数。

第六步，如表 8-21 所示，系数表就是分析的主要结果，反映了自变量与因变量之间的具体影响关系。首先看显著性水平，在 0.05 的显著性水平下，可以看到投入人年数、投入科研事业费的显著性水平 $P<0.05$，能显著影响课题总数；回归系数 B 分别为 0.694 和 0.003，都大于 0，说明投入人年数、投入科研事业费这两个值越高，课题总数就越高；而投入高级职称的人年数则不能显著影响课题总数，因为它的显著性水平 $P=0.128>0.05$。

表 8-21 结果查看器窗口中呈现的系数

系数[a]

模型		未标准化系数		标准化系数	t	显著性
		B	标准错误	β		
1	（常量）	−56.880	73.179		−0.777	0.444
	投入人年数	0.694	0.179	1.354	3.886	0.001
	投入高级职称的人年数	−0.631	0.402	−0.627	−1.571	0.128
	投入科研事业费（百元）	0.003	0.001	0.262	2.189	0.037

a. 因变量：课题总数。

三、相关性分析

相关性分析是指对两个或多个具备相关性的变量元素进行分析，从而衡量变量元素的相关密切程度。相关性的元素之间需要存在一定的联系才可以进行相关性分析。

相关性不等于因果性，也不是简单的个性化，相关性所涵盖的范围和领域几乎涉及方方面面，相关性在不同的学科里面的定义也有很大的差异。

（一）Pearson 相关性分析

Pearson 相关系数，又称积差相关系数，用来定量描述两个定量变量间直线相关的方向和密切程度，是最常用的相关系数之一。Pearson 相关性分析只能用于两个定量变量之间的分析，要求两个变量都呈正态分布，而且是随机变量，并不是人为控制的变量。该系数的计算和检验为参数方法，适用条件如下：

（1）两变量呈直线相关关系，如果是曲线相关可能不准确；
（2）极值会对结果产生较大的影响；
（3）两变量符合双变量联合正态分布。

Pearson 相关系数衡量的是线性相关关系，就是描述当一个连续变量发生变化时，另一个连续变量也相应地呈线性变化，一般用 Pearson 相关系数 r 来表示。若 $r=0$，只能说变量 x 与 y 之间无线性相关关系，不能说无相关关系。相关系数的绝对值越大，相关性越强；相关系数越接近 1 或 -1，相关度越强；相关系数越接近 0，相关度越弱。通常情况下通过以下取值范围判断变量的相关强度，如表 8-22 所示。

表 8-22　Pearson 相关系数取值范围及相关性程度比照表

相关系数取值范围	相关性程度
$0.8 \leqslant |r| \leqslant 1.0$	极强相关
$0.6 \leqslant |r| < 0.8$	强相关
$0.4 \leqslant |r| < 0.6$	中等程度相关
$0.2 \leqslant |r| < 0.4$	弱相关
$0.0 \leqslant |r| < 0.2$	极弱相关或无相关

经典案例8-8

SPSS 在 Pearson 相关性分析中的应用

一、实训背景

为了研究年人均可支配收入与年人均消费性支出之间是否存在相关性关系，本项目案例将在 SPSS 中进行 Pearson 相关性分析。具体数据见"Pearson 相关性分析数据.sav"文件。

数字资源8-11
Pearson 相关性分析

二、实训步骤

第一步,画出年人均可支配收入与年人均消费性支出的散点图,以便更直观地观察变量之间的相关性,便于后续的判断。打开数据文件,在数据视图窗口下,从菜单栏单击"图形"—"旧对话框"—"散点图/点图",如图 8-67 所示。

图 8-67　从菜单栏单击"图形"—"旧对话框"—"散点图/点图"

第二步,在"简单散点图"对话框中,将年人均可支配收入变量移入 x 轴,将年人均消费性支出变量移入 y 轴,如图 8-68 所示,单击"确定"按钮。

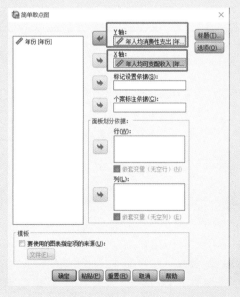

图 8-68　"简单散点图"对话框设置

第三步，在结果查看器窗口中，得到年人均可支配收入与年人均消费性支出的散点图，如图 8-69 所示。可以看到，两个变量之间呈一定的线性相关性。接下来深入进行相关性分析操作。

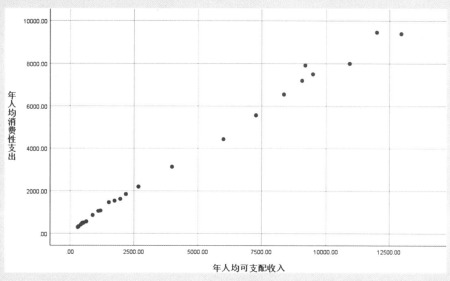

图 8-69 结果查看器窗口中呈现的年人均可支配收入与年人均消费性支出的散点图

第四步，在数据视图窗口中，从菜单栏单击"分析"—"相关"—"双变量"，如图 8-70 所示，弹出"双变量相关性"对话框。

图 8-70 从菜单栏单击"分析"—"相关"—"双变量"

第五步，在"双变量相关性"对话框中，将年人均可支配收入、年人均消费性支出两个变量移至右侧的变量框中，由于这两个变量是连续变量，在"相关系数"栏下勾选"皮尔逊"复选框，其他默认的选项保持不变，如图8-71所示，单击"确定"按钮。

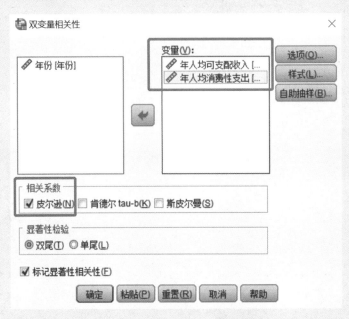

图8-71 "双变量相关性"对话框设置

第六步，在结果查看器窗口中，出现Pearson相关性分析结果表。可以看到，年人均可支配收入与年人均消费性支出这两个变量之间的相关性显著，皮尔逊相关系数达到0.997，也就是高度正相关，显著性P值为0.000（小于0.01），具有极其显著的统计效果。所以，年人均可支配收入增长，会增加年人均消费性支出。结果查看器窗口中呈现的Pearson相关性分析结果，如表8-23所示。

表8-23 结果查看器窗口中呈现的Pearson相关性分析结果

相关性			
		年人均可支配收入	年人均消费性支出
年人均可支配收入	皮尔逊相关性	1	0.997**
	P		0.000
	个案数	25	25
年人均消费性支出	皮尔逊相关性	0.997**	1
	P	0.000	
	个案数	25	25

**. 在0.01级别（双侧），相关性显著。

（二）Spearman 相关性分析

Spearman 相关性分析主要用于解决名称数据和顺序数据相关的问题。它适用于两列变量（应具有等级线性关系的资料）。Spearman 相关系数是衡量两个变量的依赖性的非参数指标。Spearman 相关性分析利用单调方程评价两个统计变量的相关性。如果数据中没有重复值，并且两个变量完全单调相关，则 Spearman 相关系数为＋1 或－1。如果两个变量都是连续变量，则采用 Pearson 相关性分析方法较适合。如果两个变量都是分类变量或者有一个是分类变量，则需要采用 Spearman 相关性分析。

经典案例8-9

SPSS 在 Spearman 相关性分析中的应用

一、实训背景

以某 10 个品牌的知名度和售后服务质量为例，运用 Spearman 相关性分析检验品牌知名度和售后服务质量之间的相关性。具体数据见"Spearman 相关性分析数据.sav"文件。

数字资源 8-12　Spearman 相关性分析

二、实训步骤

第一步，打开数据文件，在数据视图窗口中，从菜单栏单击"分析"—"相关"—"双变量"，如图 8-72 所示，弹出"双变量相关性"对话框。

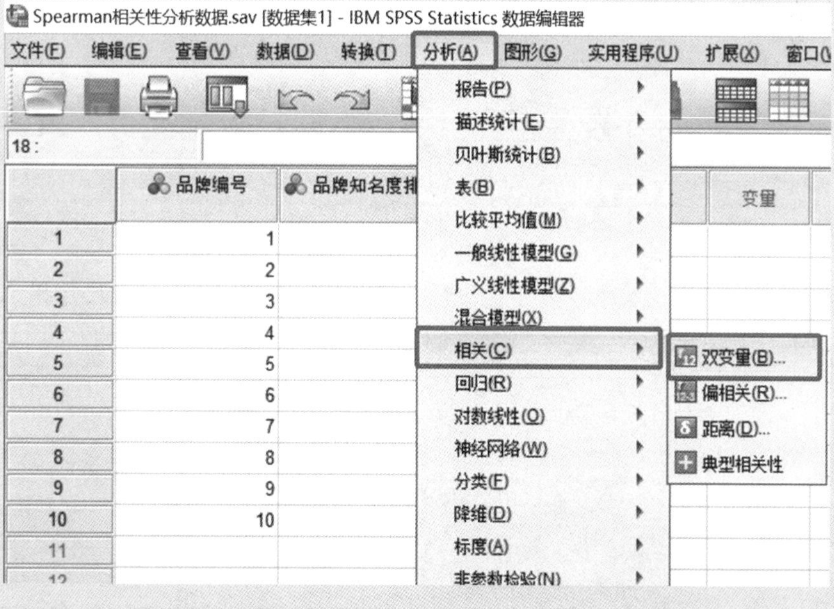

图 8-72　从菜单栏单击"分析"—"相关"—"双变量"

第二步,在"双变量相关性"对话框中,将"品牌知名度排位"和"售后服务质量评价排位"变量移至右侧"变量"框中,在"相关系数"栏下勾选"斯皮尔曼"复选框,"显著性检验"选项默认不变,如图8-73所示,单击"确定"按钮。

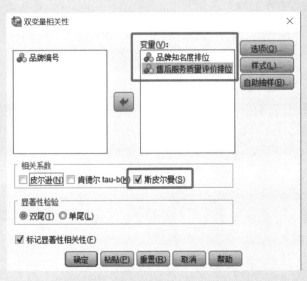

图8-73 "双变量相关性"对话框设置

第三步,在结果查看器窗口中,得到Spearman相关性分析结果表。可以看到,本例的样本$N=10$,参照Spearman相关系数检验临界值表,得到的结果相关系数为$0.879>0.648$,表明拒绝零假设,Spearman等级相关显著,说明提高售后服务质量,有利于提高品牌知名度。显著性水平为$0.001<0.05$,表明两变量之间的正向关系很显著。结果查看器窗口中呈现的相关性分析结果如表8-24所示。

表8-24 结果查看器窗口中呈现的相关性分析结果

		相关性		
			品牌知名度排位	售后服务质量评价排位
斯皮尔曼 Rho	品牌知名度排位	相关系数	1.000	0.879**
		P	—	0.001
		N	10	10
	售后服务质量评价排位	相关系数	0.879**	1.000
		P	0.001	—
		N	10	10

**. 在0.01级别(双侧),相关性显著。

本章小结

本章主要介绍市场调研中常用的分析工具——SPSS 软件。SPSS 具有强大的统计分析与数据准备功能，为市场调查实证研究中的定量分析提供了支持与保障。

SPSS 包含四大界面，其中主界面为数据编辑器窗口和结果查看器窗口，数据编辑器窗口主要包括数据的编辑和统计分析功能，结果查看器窗口主要的功能是显示和管理 SPSS 各种统计分析的结果。SPSS 的三大应用方向为统计描述应用、假设检验应用和量表分析应用。在应用中，需要根据实际情况，选择相应的分析方法深入展开，最终根据数据分析的结果，得出相关的结论。

复习思考

1. SPSS 产品有哪些特点？
2. SPSS 界面中数据编辑器窗口包含哪两个子窗口？两者的区别在哪里？
3. 简述 SPSS 统计分析的步骤。
4. 统计描述的分析内容主要有哪些？
5. 统计图的基本结构一般包含哪几个部分？
6. 在 SPSS 中绘制统计图时，一般从菜单栏中的哪个模块进入？
7. 箱图中利用了数据的哪几个统计量？
8. 统计报表的结构包括哪些部分？
9. 简述在 SPSS 中制作统计报表的步骤。
10. 简述假设检验的基本步骤。
11. 简述 SPSS 统计描述应用、假设检验应用、量表分析应用的侧重点。
12. 针对不同的市场研究任务，如何选择合适的应用方法？

数字资源 8-13
第八章"复习思考"问题参考答案

第九章 撰写市场调研报告

学习目标

- 1. 了解市场调研报告的类型。
- 2. 理解市场调研报告的撰写要求及规范。
- 3. 掌握市场调研报告的撰写流程。
- 4. 熟悉市场调研报告的应用。

情景导入

真实工作情景——一名市场调研员的工作遭遇

近年来,生鲜市场的竞争逐渐激烈了起来。饿了么外卖平台、美团外卖平台也推出了卖菜业务,各类综合电商如京东到家、天猫生鲜也开设了生鲜频道,盒马鲜生甚至推出了"超市＋餐饮"的新零售模式。在各类资本涌向生鲜市场的情况下,某全国性大型综合连锁超市也决定进行战略性发展转型,将生鲜业务作为战略发展的重点,建立生鲜商品基地及生鲜加工配送中心,直接采购上柜,保证生鲜商品价格低廉、新鲜美味,以提高综合竞争力。

该公司下属某地区分公司的一名市场调研人员在经历了4个月左右的艰苦调研后,精心准备了一份长达300多页的具备丰富图表和统计数据的市场调研报告,他直接向分公司领导做了详细的口头汇报。他信心百倍,自以为报告中有许多重大发现,包括若干个可开发的新细分市场和若干个产品理念方面的创新点。

然而,在听了一个多小时的充满事实、数据与图表的汇报后,分公司总经理终于不耐烦地站起来说道:"打住吧!我听了一个多小时枯燥无聊的数字,完全给搞糊涂了,我想我并不需要一份比字典还厚得多的报告。明天早晨8点以前务必把一份5页纸的摘要放到我办公桌上。"说完就离开了房间。此时,这名调研人员遇到了他整个职业生涯中的一个大教训。

资料来源:竞争日益激烈的生鲜行业,每日优鲜为何能得到资本垂青?网址:https://www.woshipm.com/it/4104968.html。有改动。

> **问题与思考**

真正让公司上司赏识的市场调研报告应该如何撰写呢？如何就市场调研报告进行条理清晰且重点突出的口头汇报呢？

回答上述问题需要掌握调研报告撰写的方法和技巧。调研报告作为所有研究努力的收尾之笔，在传递关键的发现及其影响信息上至关重要。由此引出这样的一些问题：调研报告由哪些部分构成？撰写的基本要求是什么？调研报告的结论如何展现才能更有信服力？这就是本章所要解决的重点问题。

第一节 调研报告概述及类型介绍

一、调研报告的概念及特征

很多人容易把调查报告和调研报告混为一谈。那到底什么是调研报告？调研报告侧重于揭示本质、寻找规律、总结经验，属于举一反三供以后学习的报告。调查报告则侧重于说明白已发生的问题或事情的来龙去脉。举个例子：《×地×时的重大火灾事故责任调查情况公布》，就是一个比较简单的调查过程再描述。大致结构是：描述情况—指出问题—追究责任—安排改进。如果是调研报告，题目应该为《××年度×地安全生产调研报告》。此时，火灾就是一个引子，需要综合多个案例情况，深入研究分析后，得出详细报告。所以，调研报告是整体，要通过一定的调查研究以后才能够得到最后的结论，在撰写时也要遵循一定的格式要求；调查报告则是局部的单个案例，是对某一事件本身的专项报告。

数字资源 9-1
调研报告的概念

随着市场机制的发展和完善，市场调研报告的撰写越来越受到人们的重视，因为它不仅是对市场实现宏观调控的基础，而且在产品的更新换代上发挥着重要作用，还对商品流通有着重要的影响。在研究市场调研报告写作的过程中，首先必须弄清三个基本概念，即市场、市场调查、市场调研报告。所谓市场，不仅指买卖商品的场所，而且还指商品流通过程中商品的供给和需求的总和。所谓市场调查，是指运用科学的方法，对市场商品的供求现状和影响市场变化的诸要素，进行全面或局部的了解后，据以分析研究得出结论。所谓市场调研报告，则是市场调查过程终结的体现，是就市场调查所获得的材料进行综合整理、分析加工后形成的书面报告。它具有自身鲜明的特征，这些特征主要表现在以下三个方面。

（一）调查对象的特定性

市场调研报告与一般意义上的工作报告之间的主要区别在于调查对象的不同。工作报告是以工作经验、工作情况、工作问题为调查对象，达到总结经验、反映情况、研究问题的目的的文件形式。市场调研报告则是以产品或商品为出发点，对产品用户及其供求关系所进行调查而形成的文件。它要以大量的篇幅来说明社会需要什么产品，谁需要、为什么需要、需要多少、通过什么方式购买、何时购买、在什么地方购买等。这些问题都以产品为轴心，反映必须周密、系统，分析必须充分、透彻。在市场调研报告中，既可以发出产品的供求信号，又可以传播产品改型、开发的信息。总之，市场调研报告正是以其特定的调查对象而引起人们的重视的。

（二）调查内容的时效性

所谓时效性，包含两个方面的含义：一是反映的及时性。科学技术迅速发展，产品更新周期日益缩短，消费需求不断变化，国内外市场竞争日益激烈，使得市场供求瞬息万变。如果不迅速、及时、全面、系统、准确地占有市场信息，就不可能做出科学的决策。二是反映的现时性。对于调研报告，要求快速，但不是预测；要求全面、系统，但不是总结工作。

（三）表述方式上以叙为主、叙议结合

凭借事实说话，是市场调研报告反映客观事物的突出特点，但它忌讳一味地罗列现象，而是以事实去开启人们认知的大门，让人们从事实的发生、发展过程中得到启发。因此，它既重视事实的陈述，也重视事理的揭示，以叙与议相结合的方式进行表述。叙要求清晰，议要求简括。一般不追求完整的论证过程，而是以直接论证的形式出现，或一语道破，或画龙点睛，或穿插点评，都以揭示事理为宗旨。

经典案例9-1

富有洞见、易于决策的调研报告

调研报告洞见要多，数据要少。调研人员本来多是细心的人，撰写报告时，又逐渐培养了一种敏感性，能够捕捉到经手数据的一些微妙和细节之处，因此总想让客户（内部公司或外部客户）了解到发现的精妙之处。结果，报告往往有几十页，还内附各种图表，希望能够借此让客户对接下来的报告数据细节备感兴趣。这就是问题：希望有人真的会去读这些细节。

而20年的调研领域的工作经验告诉我们，没有市场营销经理或者高级执行官会为了弄清楚为什么新产品不够好，或者搞明白怎么弥补问题而去研读调研报告的一半。调研报告要达到有策略地讲故事，激发客户采取行动的效果。大多数客户只想知道马上要做的、能够帮他们从根本上改善经营的事，对于那些时间本来就紧张的高级执行官来说更是这样。

客户为获得问题的解决方法付了钱，我们需要以更聪明的方式告诉他们答案。如果客户只抓重点，我们不得不专注于几个能讲清数据含义的问题，无须确保每个问题都配有一个图表。这样客户会更满意，因为这样的报告更容易懂，也更方便做决定。

巧妙做好报告的一个重要方面即是瞄准"终点"再出发，或者说瞄准调研的商业目的。客户正在努力解决的问题是什么？调研来的数据如何应用？最终要向谁报告？一旦这些确定了，我们会对项目的真正目的有一定了解，然后就可以据此来撰写报告了。达到这个境界绝不是一件容易的事，也并非在暗示要对调研结果进行选择性分析。这样的调研报告能更好地反映我们的努力和细心。

资料来源：《当代市场调研》，小卡尔·麦克丹尼尔，罗杰·盖茨著，李桂华等译。有改动。

二 调研报告的基本要求

（一）力求客观真实、实事求是

调研报告必须符合客观实际，引用的材料、数据必须是真实可靠的。要反对弄虚作假，或迎合上级的意图，挑他们喜欢的材料撰写。总之，要用事实来说话。

（二）做到调查资料和观点相统一

市场调研报告是以调查资料为依据的，即调研报告中全部观点、结论都有大量的调查资料为依据。在撰写过程中，要善于用资料说明观点，用观点概括资料，二者相互统一，切忌调查资料与观点相分别。

（三）突出市场调查的目的

撰写市场调研报告，必须目的明确、有的放矢，任何市场调查都是为了解决某一问题，或者为了说明某一问题。市场调研报告必须围绕市场调查的目的来进行论述。

（四）语言简明、精确、易懂

调研报告是给人看的，无论是厂长、经理，还是其他一般的读者，他们大多不喜欢冗长、乏味、呆板的语言，也不精通调研的专业术语。因此，撰写调研报告语言要力求简洁、精确、通俗易懂。

市场调研报告写作的一般程序是：确定标题，拟定写作提纲，取舍调研资料，撰写调研报告初稿，最终修改定稿。市场调研报告的写作要领是要做好市场调查研究工作。写作前，要依据确定的调查目的，进行深入细致的市场调查，掌握充分的材料和数据，并运用科学的方法，进行分析研究推断，为撰写市场调研报告打下良好的基础。要实事求是，尊重客观事实。撰写市场调研报告一定要从实际着手，实事求是地反映出市场的真实状况，不夸大，不缩小，要用真实、可靠、典型的材料反映市场的本来面貌，要中心突出、条理清晰。运用多种方式进行市场调查，得到的材料往往是庞杂的，要善于依据主旨的需要对材料进行严格的鉴别和筛选，对材料进行归类，并分清材料的主次轻重，根据一定的条理，将有价值的材料组织到文章中去。

三、调研报告的类型

市场调研报告是在市场调查基础上形成的书面文字材料，是市场调查这一行为过程的最终结果。依据其内容和作用，市场调研报告通常分为以下几种。

（一）商品情况的调研报告

商品情况的调研报告主要是通过对消费者的广泛调查，反映消费者对某一种商品或某一类商品的质量、价格、使用状况与技术服务等方面的评价、建议和要求；消费者对商品包装、商标、售后服务的评价；商品在市场上的情况，如市场占有率、市场覆盖率及其走向等。

（二）消费者情况的调研报告

消费者情况的调研报告主要是通过对消费者的调查，反映购买某一种商品或某一类商品的消费者的数量及地区分布状况；消费者的性别、年龄、职业、民族、文化程度情况；消费者的个人收入和家庭平均收入水平、购买力的大小、购买商品的数量情况；消费者中哪些人是主要购买者，哪些人是忠实购买者，哪些人是使用者，哪些人是购买决策者；消费者的欲望和购买动机，影响消费者购买决策的因素；消费者的购买习惯等。

（三）销售情况的调研报告

销售情况的调研报告主要通过对销售情况的调查，反映商品在市场上的供求比例、销售能力和影响销售的因素；销售渠道是否畅通、合理；中间商的销售情况，如销售额、潜在销售量、利润、经营能力、本地区市场占有率；消费者对代销商和零售商的印象；商品储存和运输情况；采用人员推销和非人员推销的不同效果；不同广告媒体的宣传效果；销售服务方式是否令人满意等。

（四）市场竞争情况的调研报告

市场竞争情况的调研报告主要通过对竞争对手及其产品的调查，反映竞争对手的数量及其人力、财力、物力和经营管理水平；竞争对手产品的质量、品种、式样及其特色；竞争对手所采用的市场价格策略、销售渠道策略、广告宣传策略；竞争对手产品的市场占有率和市场覆盖率；竞争对手的企业发展战略及目标等。

此外，还有市场环境情况的调研报告、技术发展情况的调研报告、产品生命周期情况的调研报告等。

市场调研报告内容广泛，凡是直接和间接地影响市场营销的情报资料，都在其收集和研究范围之内。市场调研报告的写作材料源于市场调查，市场调研报告写作材料的收集过程，实际上也就是进行市场调查的过程。

市场调研报告的类型、目的不同，其写作材料的收集过程也会存在差异。一般来说，市场调研报告写作材料的收集可以分为确定调研课题、设计调研方案、收集数据等阶段。完成数据收集工作后,要对数据进行处理和分析。在以上工作的基础上,才可以着手进行市场调研报告的写作。

第二节 调研报告的撰写

不管何种类型的市场调研报告,都应该有一些特定的议题,报告本身在结构安排和写作手法上必须能够及时、准确和简洁地把信息传递给决策者。在撰写报告时必须考虑到企业的中高层决策者工作的繁忙性,这就要求所撰写的报告应该尽量简洁,特别应该避免使用晦涩的文字。另外,要恰当地安排汇报资料的结构。市场调研报告一般由标题、目录、摘要、正文、结论和建议、附录等部分组成。报告的结构不是固定不变的,不同的调研类型、不同的调研者或调研公司、不同的用户,可能采取不同的结构、风格和格式。

数字资源 9-2
调研报告的
撰写

一、撰写标题与摘要

(一)标题

标题是调研报告的名字,好的标题,具备画龙点睛的作用,一名既立,境界全出。标题必须准确揭示报告的主题思想,做到题文相符。标题要简单明了、高度概括,具有较强的吸引力。标题的形式一般有以下三种。

(1) 直叙式标题:反映调查意向或指出调查地点、调查工程的标题。例如"上海市高档商品房需求的调研"等。这种标题的特点是简明、客观。

(2) 表明观点式标题:直接阐明观点、看法,或对事物做出判断、评价的标题。如"对当前消费需求不旺不容忽视""高档羊绒大衣在南京市场畅销"等标题。这种标题既表明了作者的态度,又揭示了主题,具有很强的吸引力。

(3) 提出问题式标题:以设问、反问等形式,突出问题的焦点和尖锐性,吸引读者阅读、思考。例如"消费者愿意到网上买车吗?""天津市房地产二手市场为何成交寥寥无几?"等。

标题按其形式又可以分为单行标题和双行标题。单行标题是用一句话概括调研报告的主题或要回答的问题,一般是调查对象、内容加上"调研报告"或"调研",如"格力空调海外市场地位的调研"。双标题由主题和副题组成,一般用主题概括调研报告的主要内容或要回答的问题,用副题表明调查对象及其内容。如"保护未成年人要从规范成年人入手——关于中小学生出入网吧的调研"。

(二)摘要

摘要是市场调研报告中的内容提要。摘要包括的内容主要有:为什么要调研;如何开展调研；有什么发现；其意义是什么；如果可能，应在经营管理上采取什么措施等。摘要不仅为报告的其余部分规定了切实的方向，也使得经管者在评审调研的结果与建议时有了一个大致的参考框架。

摘要是报告中十分重要的一部分，写作时需要注意以下几个问题：一是摘要只给出最重要的内容，一般不要超过两页；二是每段要有个小标题或关键词，每段内容应当非常简练，最好不要超过三句话；三是摘要应当能够引起读者的兴趣和好奇心去进一步阅读报告的其余部分。摘要由以下几个部分组成：

(1) 调查目的，即为什么要开展调查，为什么公司要在这方面花费时间和金钱，想要通过调查得到什么；

(2) 调查对象和调查内容，如调查时间、地点、对象、范围、要点及要解答的问题等；

(3) 调查研究的方法，如问卷设计、数据处理由谁完成，问卷结构，有效问卷有多少，抽样的基本情况，研究方法的选择等。

二 撰写目录与正文

（一）目录

提交调研报告时，如果涉及的内容很多、页数很多，为了便于读者阅读，把各项内容用目录或索引形式标记出来。这使读者对报告的整体框架有具体的了解。目录包括各章节的标题、附件标题及各部分所在的页码等。具体内容如下。① 章节标题、副标题及页码。② 表格目录：标题及页码。③ 图形目录：标题及页码。④ 附录：标题及页码。

（二）正文

正文是市场调研报告的主要部分。某些市场研究人员，比如产品经理、营销经理或其他人员，除了要知道调研报告的结论和建议以外，还需要了解更多的调研信息。比如调研结果的逻辑性，在调查过程中有没有遗漏，关键的调研结果是如何得出的等。这些人员会详细地研究调研报告的主体部分，即正文。这就要求正文部分必须正确阐明全部有关论据，包括问题的提出到得出的结论、论证的全部过程、分析研究问题的方法等。正文包括开头部分和论述部分。

开头部分的撰写一般有以下几种形式。

◆ **1. 开门见山，揭示主题**

文章开始就先交代调查的目的或动机，揭示主题。例如：我公司受北京电视机厂的委托，对消费者进行一项有关电视机市场需求状况的调查，预测未来消费者对电视机的需求量和需求的种类，使北京电视机厂能根据市场需求及时调整其产量及种类，确定今后的发展方向。

◆ **2. 结论先行，逐步论证**

先将调查的结论写出来，然后逐步论证。许多大型的调研报告均采用这种形式。特点是观点明确，使人一目了然。例如：我们通过对天府可乐在北京市的消费情况和购买意向的调查，认为它在北京不具有市场竞争力，原因主要从以下几方面阐述。

◆ **3. 交代情况，逐步分析**

先交代背景情况、调查数据，然后逐步分析，得出结论。例如：本次关于非常可乐消费情况的调查主要集中在北京、上海、重庆、天津，调查对象集中于中青年……

◆ **4. 提出问题，引入正题**

提出人们所关注的问题，引导读者进入正题。CCTV 的很多调研报告都采用这种形式。

论述部分必须准确阐明全部有关论据，根据预测所得的结论，建议有关部门采取相应措施，以便解决问题。论述部分主要包括基本情况部分和分析部分。

（1）基本情况部分：对调查数据资料及背景做客观的介绍说明、提出问题等。

（2）分析部分：包括原因分析、利弊分析、预测分析。

三 撰写结论与建议

结论和建议应当采用简明扼要的语言。好的结语，可使读者明确题旨、加深认识，启发读者思考和联想。

结论首先应该概括全文，也就是经过层层剖析后，综合说明调研报告的主要观点，深化文章的主题；其次是形成结论，即在对真实资料进行深入细致的科学分析的基础上，得出报告的结论；然后通过分析，形成对事物的看法，在此基础上，提出建议和可行性技术方案；最后通过调查分析和趋势来展望未来前景。

经典案例9-2

用图形讲故事的市场调研报告

今天，大多数客户只是想要一份PPT副本，而不是冗长的、详细的传统报告。典型的市场调研报告是用图形讲故事，这是客户期望调研人员使用的汇报方式。

DSS 公司（调研公司）能够做到无论问卷有多长、答案有多丰富，都可以以不同的视角去撰写报告。

在一次市场细分调研和品牌健康度跟踪调研中，一个很好也有点极端的例子就是，DSS 公司为一家汽车公司做的品牌健康度调研，三本交叉列表汇总有 700 多页。最后，DSS 公司成功将这些信息提炼压缩至 20 个关键 PPT 页面，颇具挑战性地完成了报告，顾客反响很好。

资料来源：《当代市场调研》，小卡尔·麦克丹尼尔，罗杰·盖茨著，李桂华等译。有改动。

经典案例9-3

知识付费型平台重度用户调研报告

一、调研背景和目的

1. 调研背景

艾媒咨询（iiMedia Research）公司数据显示，中国知识付费用户规模呈高速增长态势，2019年知识付费用户规模达3.87亿人，知识付费产品面临井喷态势，知识付费市场一步一步趋于壮大，成为诸多公司抢占布局的风口。

公司目前正在布局知识付费领域，打算做一款独立知识付费型平台产品，类似得到、知识星球平台等，希望能够通过对至少3个知识付费订阅重度用户进行调研，整理成调研报告，为公司的知识付费领域布局提供依据。

2. 调研目的

通过对知识付费重度用户的调研，发现可能的机会点，为产品的需求开发、服务模式选择、商业模式选择等提供强有力的支撑和依据。

二、选择目标用户

在独立知识付费型平台产品领域，得到平台（简称得到）属于领域佼佼者，与公司布局的知识付费领域相一致，因而在此次对知识付费领域重度用户的调研中，我们将借鉴得到的用户画像对知识付费用户进行定位，得到如图9-1至图9-4所示的用户画像（数据来源于"易观千帆"）。

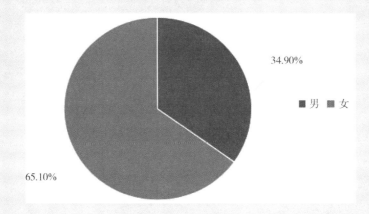

图 9-1 用户性别分布

根据以上数据可以发现：

(1) 在性别上，得到用户群体男性居多，占比65.10%；

(2) 在年龄上，得到的用户群体年龄主要集中在24岁到40岁，即以80后、90后为主，占比接近80%；

(3) 在地域上，用户群体集中在一线城市和超一线城市，占比超过70%；

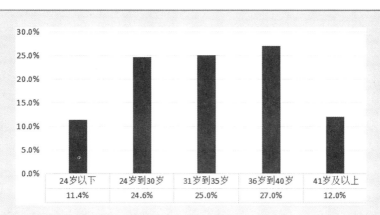

图 9-2 用户年龄分布

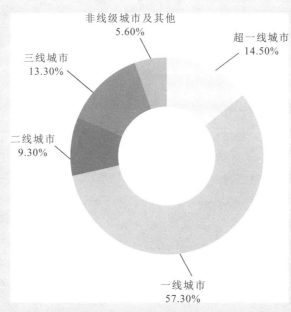

图 9-3 用户地域分布

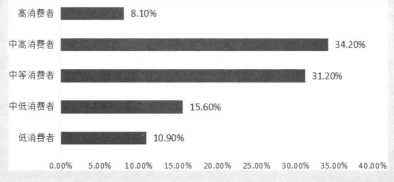

图 9-4 用户消费能力分布

（4）在消费能力上，用户群体集中于中等消费者和中高消费者，占比为65%左右。

通过对App Store用户对得到App的50条有实际内容的评论进行分析，探索用户通过得到App进行付费主要基于以下方面，其中学习与自我提升是主要目标。

（1）工作上的学习与自我提升：通过付费专栏与相关课程，进行系统学习，提升个人技能水平，获得更多与工作相关的专业知识。

（2）兴趣所在：对特定领域有偏好，渴望获取更多相关知识，获得更多乐趣。

（3）自我提升：充分利用碎片时间，加强知识补给，拓宽知识领域，自我提升，同时，得到的音频极大地解放了双手和眼睛，为用户提供了便利，帮助用户"偷懒"。

（4）解惑：为人处事/社会情感类的答疑解惑。

（5）社交：通过得到，结识更多志同道合的朋友，扩展人际关系圈。

（6）缓解职场焦虑：从以上信息可以发现，得到的用户主要是具有中等和中高消费能力、生活在一线城市和超一线城市的80后、90后，由于用户正处于职场拼搏阶段，而所在地经济发达，对职场人士的能力要求也较高，给职场人士无形中施加了压力，让职场者有焦虑情绪，需加强知识补给，提升专业能力，从而让自己更具竞争力，达成升职加薪的目标。

综合以上分析，得到的用户画像如下。

（1）基础属性：男性居多，年龄在24～40岁，以80后、90后为主，集中分布在一线城市和超一线城市。

（2）社会关系：职场人士，部分已有家庭和小孩，有较强的社交需求。

（3）消费能力：具有中等和中高消费能力，愿意并不吝于为知识付费。

（4）行为特征分析：希望通过学习，提升专业能力，为升职加薪做准备；希望实现自我提升，获得丰富的知识，更好地认可自我；希望获得更多感兴趣的知识；希望拓展人脉圈，结识更多的朋友；希望能够解惑，为自己生活和职场上遇到的困惑寻找答案。

（5）心理特征分析：焦虑，有职场压力，希望得到他人和自我能力的认可。

重度用户是重复使用频次较高的用户，为了使重度用户的定义更为明确，此次筛选的知识付费重度用户从使用时间、使用频率、登录时长以及将知识付费作为生活习惯方面进行筛选，设置的条件具体如下。

（1）在知识付费平台的使用时长：使用知识付费平台时间已经超过1年。

（2）使用频率：每周登录5次以上。

（3）登录时长：每周使用知识付费平台在线学习的时长不得少于20小时。

（4）将知识付费作为生活习惯：已经将知识付费作为日常生活的习惯，每年会专门为知识付费留足预算。

因而，符合本次调研需求的用户应符合以下特征：24~40岁，在一线或超一线城市，具有中等或中高消费能力，因职场压力与焦虑有自我提升需求，高频使用在线知识付费产品，在职。

本次调研选择了线上调研的形式，以访谈与填写问卷的形式对知识付费重度用户的使用行为与需求进行调查分析。

通过在产品经理群中发出调研邀请、加入得到用户群与用户沟通的形式，进行条件匹配与一对一沟通，选择目标用户，并就调研的大致情况进行初步交流，告知此次调研的目的，并表明此次调研将不会窥探个人隐私、泄露个人信息，打消目标用户顾虑。

最终本次调研选定了三位知识付费重度用户作为本次调研的目标用户，基本情况如表9-1所示。

表 9-1 目标用户基本情况

用户	年龄/岁	地域	月收入/元	知识付费频次
A小姐	30	深圳	10 000~15 000	每月一次
B先生	27	上海	10 000~15 000	会员制平台无明确频次
C小姐	30	北京	15 000以上	平均每月一次

三、分析用户和问题

作为知识付费用户，能否获得专业的知识和物有所值的服务，是用户首要关心的内容，因而对于用户而言，在使用产品时，可能会遇到的问题有：

（1）用户想要获取专业的知识，达到自我提升的目的，但却不知如何能快速寻找到理想的付费产品，从而有助于系统学习，建立健全的知识体系架构；

（2）用户在购买课程之前，没有试听机会，无法判断所选购课程是否符合自身需求；

（3）用户所购买课程的内容不够专业，无法满足用户学习的需求，或内容不够"干"，实战性差，指导性不强；

（4）用户由于工作经历上的差异，知识体系上存在差别，基础不一样，需要购买与自身所处阶段相匹配的付费产品（例如初级阶段、中级阶段、高级阶段）；

（5）对于一些初入职场的用户而言，学习需求比较大，但是累计课程购买支出较高，对其形成一定的经济负担；

（6）用户想要获取的知识领域过于冷门，找不到相关内容；

（7）用户有学习需求，但是对如何系统学习的认知不太深入，不知从何开始学习。

解决方案如下：

（1）强化标签和精准分类，帮助用户快速找到适合其需求的内容，对课程进行排序，帮助用户挑选精品课程；

(2) 提供免费试听机会，调取用户评论，已听课用户可对该课程进行评论和打分，帮助用户决定是否购买某付费产品；

(3) 对内容进行严格把控，提升付费产品的质量，打造精品课程；

(4) 对付费产品按照层级进行分类，帮助处于不同学习阶段的用户精准匹配适合自己目前学习状态的产品；

(5) 提供分期付款机制，帮助用户缓解一定的经济压力；

(6) 提供反馈途径，用户可以提交自己需要的知识领域信息，达到一定的用户量，可考虑对新领域内容的开拓；

(7) 对新用户进行一定的兴趣定位，根据标签，对其进行判断，为其制定学习计划，推荐与其匹配的课程。

四、准备用户调研内容

由于线下调研成本过高，因而此次调研采用的是线上访谈形式；为避免问题数量过多，此次提出的问题存在相关性，以便挖掘用户进一步需求情况。

由于线上访谈和现场调研有所区别，在与用户进行访谈之前，都已进行沟通，因而在此环节设定的是直接访谈。

由于公司目前正在布局知识付费领域，打算做一款独立知识付费型平台产品，重度用户是公司将来重点赢利点所在，针对其进行调研需要获知该类用户在知识付费领域的基本使用情况与用户属性、需求点、成交影响因素，以及痛点、可能的机会点，因而此次访谈也围绕这几点展开。

在提问中，也根据前期的"选择目标用户""分析用户和问题"环节中的分析设定选项，验证分析是否准确，同时将用户可能遇到的问题和解决方案融入其中，进一步验证分析的准确性。访谈提纲如表9-2所示。

表9-2 访谈提纲

环节	具体问题
用户知识付费使用情况摸底	问题1：您工作几年了？是从哪一年开始为知识付费的
	问题2：您目前主要使用的知识付费平台有哪些？是哪些平台的知识付费重度用户？选择这些平台的原因是什么
	问题3：您购买知识付费产品的主要领域有哪些？目前知识付费领域的支出是否对您产生了一定的经济压力？如果推出分期的充值功能，您是否欢迎（可能的机会点）
	问题4：您购买付费产品的频次是多少？每年的相关支出是多少？愿意为之付费的支出预估每年是多少？单次付费产品可接受的价格区间是多少

续表

环节	具体问题
用户需求以及影响成交因素情况摸底	问题5：您购买知识付费产品的出发点是什么
	问题6：哪些是您决定购买某付费产品的影响因素
	问题7：在您的观点中，什么样的付费产品是物有所值的？您所期待的知识付费平台应满足哪些要求
	问题8：目前购买的知识付费产品是否符合您的期待？您在购买付费产品时，是否有分阶段学习的需求？比如根据您目前所处的学习阶段，内容有初级、中级、高级学习阶段的划分（可能的机会点）
用户痛点与机会点挖掘	问题9：您在使用知识付费产品时，是否遇到一些影响体验的事情？比如，无法精准找到所需要的内容、推送信息过多等。平台的哪些行为是您无法忍受的
	问题10：在目前使用的知识付费平台中，您是否有希望增加或者优化的内容
	问题11：您在搜索想要学习的内容时，是否遇到内容搜不到的情况？这时您会如何处理？如果平台增加对此内容的反馈，用于平台内容不断丰富，您是否乐意反馈

完整的调查问题如下。

知识付费重度用户调查

调查内容：

1. 您工作几年了？是从哪一年开始为知识付费的？

2. 您目前主要使用的知识付费平台有哪些？是哪些平台的知识付费重度用户？选择这些平台的原因是什么？

3. 您购买知识付费产品的主要领域有哪些？目前知识付费领域的支出，是否对您产生了一定的经济压力？如果推出分期充值功能，您是否欢迎？

4. 您购买付费产品的频次是多少？每年的相关支出是多少？愿意为之付费的支出预估每年是多少？单次付费产品可接受的价格区间是多少？

5. 您购买知识付费产品的出发点是什么？（可多选）（　　　）

A. 工作需求，学习与工作相关的专业知识，增强专业能力，提升个人竞争力

B. 兴趣所在，学习更多感兴趣领域的知识

C. 自我提升，充分利用碎片时间，加强知识补给，拓宽知识领域，自我充电

D. 为人处事/社会情感类的答疑解惑以及逻辑思维能力的提高

E. 社交需求，寻找更多志同道合的朋友，共同学习，拓展人际圈

F. 其他（将进一步追问具体因素，对选项进行补充）

6. 哪些是您决定购买某付费产品的影响因素？（　　）

A. 专业度，如讲师的资历水平、课程体系的系统化

B. 试听课程满意度

C. 价格

D. 他人推荐与好评度

E. 其他（将进一步追问具体因素）

7. 在您的观点中，什么样的付费产品是物有所值的？您所期待的知识付费平台应满足哪些要求？

8. 目前购买的知识付费产品是否符合您的期待？您在购买付费产品时，是否有分阶段学习的需求？比如根据您目前所处的学习阶段，内容有初级、中级、高级学习阶段的划分。

9. 您在使用知识付费产品时，是否遇到一些影响体验的事情？比如，无法精准找到所需要的内容、推送信息过多等。平台的哪些行为是您无法忍受的？

10. 在目前使用的知识付费平台中，您是否有希望增加或者优化的内容？

11. 您在搜索想要学习的内容时，是否遇到内容搜不到的情况？这时您会如何处理？如果平台增加对此内容的反馈，用于平台内容不断丰富，您是否乐意反馈？

基础信息：

1. 您的年龄：（　　）岁。

2. 您所在的城市：（　　）。

3. 您的收入区间：（　　）。

  A. 0～5 000 元   B. 5 000～10 000 元

  C. 10 000～15 000 元   D. 15 000 元以上

五、现场访谈

现场访谈按照调研准备内容如期举行，在访谈过程中，为获取用户的真实诉求，会以讲故事等形式，帮助用户对自我诉求和使用过程中遇到的问题进行回忆与追溯，更全面地对用户使用中的诉求和痛点进行了解，以便后续为公司的知识付费领域布局提供依据。

用户遇到不理解的问题，工作人员将会进行讲解，但在访谈过程中，要严格按照访谈要求进行，不误导、引导用户，不强加观点。

为便于更好地对信息进行收集与整理，访谈过程中，工作人员将会对访谈获取的信息进行提炼，建立用户档案。

以下分别是A小姐、B先生、C小姐的基本情况。

A小姐的基本情况

年龄：30岁。地域：深圳。收入：10 000～15 000元/月。工作年限：7年。

2015年开始为知识付费，由于课程学习需求，目前在喜马拉雅、慕课网等多个平台都有知识付费行为，涉及专业知识、理财、人际交往、职业规划、育儿领域，除工作需求外，个人提升、兴趣所在、社交、解惑都是其选择为知识付费的原因。

学习欲强，平均每月购买一次知识付费产品。2018年相关总支出2万元以上，年预算是5 000元，单次付费最高1万元，课程的购买意愿与产品、个人需求度有关，如确实需要可以接受高价。知识付费支出形成了一定的经济压力，对分期表示期待。

影响其购买的具体因素有个人需求的迫切程度、课程专业度（如讲师的资历水平、课程体系的系统化）、试听课程满意度、价格、他人推荐与好评度。对目前选购的付费产品满意度较高，自行选择，贴合自我需求，不喜欢分阶段课程，认为是平台营销策略，喜欢一次性系统课程，容忍度高，但反感每次进入平台都要授权。

需求为先，希望课程全程有助教或辅导员参与，有课程更新安排，有奖励机制。若现有平台不能满足学习需求，会考虑转去其他平台或学习其他课程。

B先生的基本情况

年龄：27岁。地域：上海。收入：10 000～15 000元。工作年限：5年。

2015年开始为知识付费。其购买付费产品的出发点为工作需求、个人提升以及兴趣所在。使用的知识付费平台有三节课、混沌大学、樊登读书平台，为混沌大学、樊登读书平台的重点用户，购买领域涵盖商业、互联网运营、产品相关领域，选择以上平台的原因为内容与自身需求匹配度足够高，内容优质。

在知识消费方面，主要看产品是什么样的收费形式，以混沌大学、樊登读书平台为例，主要是收会员费，一般开一年会员。单次购买的付费产品主要看自己是不是真的需要，在时间段上没有真正意义上的频次。

年预估支出是 10 000 元,单次接受的产品价格是 3 000 元以内。在该领域的消费未对其产生经济压力,对于分期付款没有需求。

影响其购买付费产品的因素有课程专业度(如讲师的资历水平,课程体系的系统化),以及试听课程满意度。对课程的专业度非常重视,认为好的内容能刷新认识,实践性较高,内容生产者要有较丰富的实战经验,学习有产出,平台对学习者的产出有所要求,如布置作业,同时能够在多场景下随看随学。

目前选购的知识付费产品中,大多数是比较符合期待的,有阶段性需求,对垂直、成体系的阶段性课程需求性强。曾在某平台购买课程,该平台视频播放体验极差,视频加载时间非常长,且时而能播放,时而不能播放,同时反感无休止的推销。

对于与个人需求相关的知识付费平台增加或优化的内容充满期待,因需求明确,对搜索的需求不大。

C 小姐的基本情况

年龄:30 岁。地域:北京。收入:15 000 元/月以上。工作年限:8 年。

2017 年开始为知识付费,其购买付费产品的出发点为工作需求、个人提升以及解惑、逻辑思维能力培养。使用的知识付费平台有得到、三节课、混沌大学、新精英平台,领域集中在互联网以及个人成长领域,选择以上的平台源于工作和个人成长所需。

在知识消费方面,知识付费频次不固定,平均每月一次,每年愿意为知识付费的支出预估是 10 000 元,单次付费产品可接受的价格区间是 0~2 000 元。在该领域的消费未对其形成经济压力,但欢迎平台推出分期付费功能。

课程专业度、试听课程满意度、价格、他人推荐与好评度都是其购买付费产品的影响因素。对付费产品与宣讲的匹配度很重视,希望匹配度在 70% 以上,物有所值,内容严谨,课程、内容、时间等设置合理,有班主任可以答疑解惑。

目前选购的知识付费产品中,70% 符合期待,有课程分阶段需求,对内容质量要求高,反感付费内容不够系统严谨。希望平台提供线下学习课程(重点提及希望三节课平台推出更多线下的训练营),线上、线下学习相结合。

若现有平台不能满足学习需求,会考虑转到其他平台或学习其他课程。

六、知识付费重度用户的典型特征总结

1. 基础信息

（1）在性别上，得到用户群体男性居多，男女占比约为2∶1；

（2）在年龄上，得到的用户群体年龄主要集中在24岁到40岁，即80后、90后为主，占比接近80%；

（3）在学历上，用户群体学历在大专及以上居多，有持续学习的需求；

（4）在地域上，用户群体集中在一线城市和超一线城市，其他城市人群比例呈上升趋势。

2. 社会关系

用户多为职场人士，有工作晋升和自我提升的需要。

3. 消费能力

（1）用户群体集中于中等消费者和中高消费者，月收入水平在1万元到2万元之间，中低消费能力的用户也占有一定比例，愿意成为一些付费平台的会员；

（2）在制定预算时，会将知识付费划定在范围内，对知识的渴求度比较高，花费较为大方，若符合需求、质量过关，也会"下血本"选购知识付费产品。

4. 行为特征

（1）非常关注工作领域的行业信息或感兴趣的领域，会订阅相关公众号、日报等，有每日阅读的习惯；

（2）已将知识付费作为日常生活的习惯，会为其留有预算，使用知识付费平台超过1年，每周登录5次以上，每周学习时长不少于20小时；

（3）学习的自主性高，会主动利用碎片时间进行学习，并对自身有清晰的规划，会随时留意最新的学习机会，按照规划为自己"充电"，重视学习成效，注重理论与实践相结合，对学以致用要求比较高；

（4）目的明确，需求为先，若现有平台无法满足需求，会考虑其他平台，不会过于依赖某一平台。

5. 心理特征

（1）有主见，渴望被肯定、被认可，渴望进步与自我肯定，不甘落后；

（2）焦虑，处于职场，希望有较强的竞争力和不易被取代，渴望在工作上做出成绩；

（3）时间意识和紧迫感强，强调效率与成效，追求性价比、物有所值，重体验，对浪费时间的行为容忍度低。

七、总结报告

(1) 用户选择知识付费产品的需求是多方面的,以解决工作上能力提升的焦虑和个人提升为主,除此之外,兴趣所在、社交、解惑都是其愿意为知识付费的原因;

(2) 需求和课程质量为先,若现有平台无法满足其需求,会考虑选择其他平台,因而平台内容的多元性和丰富性,平台需要重点把控;

(3) 课程专业度、试听课程满意度、价格、他人推荐与好评度,都是影响用户购买的关键因素;

(4) 需要对提供的付费内容质量进行重点把关,音质画质稳定性有保障,导师有丰富的实战经验,试听课必须能体现课程质量;

(5) 用户评价很有必要,平台需加强宣传力度,但在宣传时要注意方式,不要引发用户反感情绪;

(6) 重度用户在付费方面比较大方,产品符合其"胃口",课程专业度过关,很乐意付费;

(7) 考虑到用户重复购买付费产品,费用累计会对部分用户形成一定的经济压力,分期付款功能可成为平台的一大亮点,用户可自行选择是否分期付款;

(8) 用户在使用过程中,希望课程全程有助教或者辅导员参与,实践性强,理论与实践结合,有课程更新安排,有奖励与作业督促机制,有参与感,有学习氛围。

(9) 用户有线下学习需求,线上课程与线下课程相结合,也是一大需求点。

资料来源:https://www.woshipm.com/evaluating/2702461.html。有改动。

第三节 调研报告的可视化

调研报告的可视化是指利用某种数据或信息的技术,将数据或信息编码为包含在图形里的可见对象,如点、线、条等,目的是将信息更加清晰有效地传达给用户,是数据分析或数据科学的关键技术之一。决策者可以通过图形直观地看到数据分析结果,从而更容易理解业务变化趋势或发现新的业务模式。下面介绍两种调研报告可视化的主流工具。

一、Superset 报告可视化

Superset 最初是由 Airbnb 的数据团队开源的,已进入 Apache Incubator,是明星级

的开源项目。在 GitHub 上有 3 万多颗星，其受欢迎程度可见一斑。Superset 提供了 dashboard 模块和多维分析功能，后者可以将制作的结果发布到 dashboard 上，也可以单独使用。在数据源方面，Superset 支持 CSV、MySQL、Oracle、Redshift、Drill、Hive、Impala、Elasticsearch 等 27 种数据源，并深度支持 Druid，支持的图表类型已经达到了几十种。

商业分析中的很多问题都是与时间密切相关的，Superset 的亮点是可以在多个时间维度上观察，它有 4 种专门针对时间序列的图表，使用这些图表时，只需要指定一个字段为时间维度，之后就可以对时间维度做丰富的操作：① 从不同时间粒度去查看关心的指标（小时/日/周/月/季度/年）；② 对时间序列做 rolling average，比如看一个指标的 7 日平均线；③ 可以对时间序列做偏移，再做对比，比如把本周的销售业绩与上周同期放在一张图表中对比；④ 不在图表上显示指标的绝对值，而是显示它随着时间变化的增长速度等。

Superset 的可视化效果非常好，直接支持了几十种图形，重要的是，它还提供了图形扩展支持，通过开发插件可以对接任意可视化库，如 ECharts、AntV、HighCharts、VX 和 D3，这点对用户来说非常实用。

当把一个数据库链接到 Superset 以后，可以定义所需要用的每一张表。Superset 里表的定义不但包括字段，还需要定义指标（metric）。指标是对字段的某种统计结果，比如字段上值的求和、平均值、最大值、最小值等。

假设有一个电商数据库，虽然在数据表存储了每笔订单的交易额，但在商业分析时，不关心单笔交易，关心的可能是一个时间段内的总交易额或平均交易额。当制作交易月报表时，也不会把每笔交易画在图上，而是把每天的总交易额用柱形在图上表示。这就是为什么 Superset 要引入"指标"这个概念。

二 Redash 报告可视化

Redash 的目标就是更纯粹地做好数据查询结果的可视化。Redash 支持很多种数据源，除了最常用的 SQL 数据库外，还支持 MongoDB、Elasticsearch、Google Spreadsheet，甚至 JSON 文件。Redash 支持超过 35 种 SQL 和 NoSQL 数据源。它不需要像 Superset 那样在创建图表前先定义表和指标，而是可以非常直观地将 SQL 查询的结果可视化，这使得它上手很容易。或者说 Redash 虽然仅仅实现了 Superset 中 SQL Lab 的功能，但却把这个功能做到了极致。

Redash 有两个非常实用的功能，即 query snippet 与 query parameters。query snippet 很好地解决了查询片段的复用问题。制作数据报表时经常要用到十分复杂的 SQL 语句，这些语句中肯定有一些片段是可以在多个查询中复用的。在 Redash 中可以将这些片段定义成 snippet，方便之后复用。query parameters 可以为查询添加可定制参数，让这个图表变得更灵活。比如一个移动应用的日活指标，可能有时要按 iOS/Android 切分，有时要按地域切分，或按新老用户切分。在 Superset 的 dashboard 上要做三个图表。Redash 里可以把查询的 groupby 作为一个参数，这样就可以在一张图上完成。使用的时候，运营人员可以在图表上方的一个下拉框里选择切分的方式，非常直观好用。

经典案例9-4

手机游戏对大一新生的生活及心理影响

一、基本情况

随着通信技术和智能手机性能的日新月异,手机游戏(以下简称手游)产业也随之蓬勃发展。不同于传统PC端网络游戏,手游具有使用时间碎片化、消费方式多样化、人际交往广泛化等特点。正因如此,手游对当代人生活的方方面面都产生了不可忽视的影响。

大一新生是一个特殊的群体,一方面,刚刚结束艰辛的高中生活,渴望得到身心的放松;另一方面,社会阅历较浅,对生活中的各种新兴有趣事物认识不足且缺乏相应的抵抗力。由于这两个特性,其易受手游的影响。为了解手游对大一新生生活和心理的影响,对四川省南充市高校的大一新生进行了调查,为进一步指导大一新生正确对待手游及高校正确引导大一新生提供参考依据。

(1)目的:探究手游对大一新生的生活及心理影响,为进一步指导大一新生正确对待手游提供参考依据。

(2)方法:通过随机抽样的方式选取南充市高校(川北医学院、西华师范大学、西南石油大学等)部分大一新生作为调查对象,使用亲和动机量表和自制手机游戏影响问卷对调查对象进行调查,使用Epidata 3.0对收集到的问卷建立数据库,使用SPSS 21.0进行统计学分析。

二、材料和方法

(一)研究对象

选取大一新生为研究对象,若出现数据缺失、规律作答等异常情况,则不纳入本研究。

(二)问卷设计

使用亲和动机量表和自制手游影响问卷。亲和动机又称交往动机,是指个体愿意与他人接近、合作、互惠并发展友谊的动机。探索大一新生的亲和动机,是为了研究手游对其社交的主动性是否存在影响。亲和动机量表是2002年由北京大学Insight Group参考国外量表编制的,它采用5点记分法,共有19个题目。其针对人群为中学生,适用年龄为11~20岁。考虑到大一新生与中学生在特性与年龄上尚无较大差别,因此将其用于本次调查,并严格遵守其年龄限制,超过20岁的样本仅用于自制问卷题目分析,不用于量表分析。自行设计的手游影响问卷共14个题目,由个人基本情况、手游接触情况和手游影响三个方面构成。

(三) 调查实施

通过随机抽样方式在南充市高校（川北医学院、西华师范大学、西南石油大学等）实施调查。

(四) 统计学处理

使用 SPSS 21.0 对研究结果进行统计分析。对自制问卷中的结果采用交叉表卡方检验或 Fisher 确切概率法以检验组间差异；在亲和动机量表分析中，对不同分类变量采用 t 检验或方差分析以检验组间量表得分的均值差异。

三、结果

(一) 研究对象的基本情况

共计发放问卷 368 份，其中有效问卷 351 份，有效率为 95.38%。调查对象中男生 112 人，女生 239 人；年龄为 20 岁及以下者合计 325 人，大于 20 岁者合计 26 人；来源高校情况为来自川北医学院的合计 260 人，来自西华师范大学的合计 22 人，来自西南石油大学的合计 52 人，来自其他高校的合计 17 人。

(二) 手游接触情况

平均每天玩手游时间、近半年在手游上的消费金额见表 9-3。不同性别在平均每天玩手游时长、近半年在手游上的消费金额方面存在显著差异（$P<0.001$）。

表 9-3 不同性别接触手游情况分析

	男	女	P
接触过手游的人群中，平均每天玩手游时长			<0.001
0 小时	7 (6.7%)	39 (19.2%)	
<1 小时	24 (23.1%)	76 (37.4%)	
1~2 小时	39 (37.5%)	54 (26.6%)	
>2 小时	34 (32.7%)	34 (16.7%)	
每天会玩手游的人群中，近半年在手游上的消费金额			<0.001
0 元	25 (24.5%)	110 (67.1%)	
<100 元	46 (45.1%)	41 (25.0%)	
100~500 元	13 (12.7%)	9 (5.5%)	
>500 元	18 (17.6%)	4 (2.4%)	

(三) 手游影响

根据每天都会玩手游的调查对象的情况，可以将手游的影响分析归纳为表 9-4。

表 9-4 每天都会玩手游的调查对象中，手游的影响分析

	<1 小时	1~2 小时	>2 小时	P
1. 对时间安排的影响				<0.001
影响很大，长时间玩手游经常耽误自己的安排	2 (2.0%)	2 (2.1%)	16 (23.2%)	
影响较大，长时间玩手游偶尔耽误自己的安排	20 (19.8%)	32 (33.3%)	32 (46.4%)	
基本无影响	79 (78.2%)	62 (64.6%)	21 (30.4%)	
2. 对学习兴趣的影响				0.020
曾因玩手游失去学习兴趣	13 (12.9%)	20 (20.8%)	21 (30.4%)	
没有因玩手游失去学习兴趣	88 (87.1%)	76 (79.2%)	48 (69.6%)	
3. 对心理健康的影响				0.006
游戏结果差时会严重影响自己的情绪	25 (24.8%)	21 (21.9%)	30 (43.5%)	
自身情绪不受游戏结果影响	76 (75.2%)	75 (78.1%)	39 (56.5%)	
4. 对人际交往的影响				
通过玩手游与周围朋友关系加深	23 (22.8%)	34 (35.4%)	27 (39.1%)	0.047
通过玩手游结交到新朋友	12 (11.9%)	28 (29.2%)	25 (36.2%)	0.001

1. 时间安排

手游对时间安排的影响表现为玩手游耽误平时的安排。平均每天玩手游时间不同的组别，在手游对时间安排的影响方面的差异具有统计学意义，且受影响概率随玩手游时间延长有增长的趋势。

2. 学习兴趣

不同组别在因玩手游失去学习兴趣方面的差异具有统计学意义，且失去学习兴趣的概率随玩手游时间延长有增长的趋势。

3. 日常开销

由于在手游上的开销，小部分调查者表示出现过被迫削减饮食开销、被迫削减穿衣打扮的开销、被迫削减其他花销的情况。

4. 心理健康

手游对心理健康的影响表现为游戏结果对情绪的影响。三组人群在情绪受影响方面的差异具有统计学意义，当玩游戏时间超过两小时，受影响的概率有增长的趋势。

进一步对自制问卷的题目进行分析，三组人群在通过玩手游与周围朋友关系加深方面和通过玩手游结交到新朋友方面的差异具有统计学意义，且概率随玩游戏时间的延长有增长的趋势。

四、讨论

手游作为时下最受欢迎的电子游戏之一，对大一新生的消极影响不容忽视。本项目对南充市351名大一新生的调查显示，男性接触手游的程度普遍高于女性，男性平均每天玩手游时间更长，在手游上的消费金额更大，这一结果与黄冬梅等在中小学人群中的调查结果相似。原因可能为男性自制力相对于女性更低，加之大一新生学业压力较轻，有一定的经济能力，故出现上述结果。

在研究手游的影响时，依照平均每天玩手游时间的不同将样本分为3组（<1小时组、1~2小时组、>2小时组），统计学分析显示，随着平均每天玩手游时间的延长，被调查者在时间安排、学习兴趣、心理健康方面受消极影响的概率有增长趋势，原因可能是玩手游时间过长而挤占其他安排，挤占学习时间，影响情绪。对于日常开销方面，由调查结果可知，在手游上的开销对日常其他开销挤占情况较轻微。

同时，手游在人际交往中存在一定积极影响。多项研究表明，手游在社交方面具有突出作用，且其已成为青少年重要的社交平台。本研究中三组人群亲和动机量表得分差异无统计学意义，但随着玩手游时间延长，大一新生通过玩手游与周围朋友的关系加深，结交新朋友的概率有增长趋势，这一现象表明手游虽然对于大一新生的交友意愿与主动性无显著影响，但却客观存在着对人际交往的促进作用。

手游对大一新生的影响应引起高度重视。其刚刚结束紧张的高中生活，社会阅历较浅，对生活中的有吸引力的事物缺乏抵抗力，因此是易受手游影响的群体。对于在学习、生活方面的消极影响，学校应加强对大一新生的教育和引导，采取相应措施控制其玩手游时间，引导大一新生做到劳逸结合，合理安排学习和娱乐时间，以避免耽误其他活动和影响学习兴趣。对于在心理方面的消极影响，学校可设置心理咨询室，密切关注大一新生的心理健康，同时可利用思政课等课程，系统加强其情绪控制能力。对于在人际交往方面的积极影响，应正确引导大一新生，发挥手游对人际交往的积极作用，让大一新生在手游比赛中联络朋友感情，扩大社交圈。

本次研究也存在一定的不足。首先，由于调查者精力和样本来源的限制，本次调查样本量偏低；其次，调查所用的亲和动机量表设计之初是针对中学生群体的，虽然在调查过程中严格遵守其规定的年龄限制，但其外推性仍有待进一步验证；最后，本次调查中手游接触情况采用非量表型问卷题目展示，没有做到量化，在未来的研究中，应设计相应量表以进一步研究手游的影响。

资料来源：《手机游戏对大一新生的生活及心理影响》，张涵等。有改动。

经典案例9-5

以可口可乐调研为背景，设计一份完善的市场调研报告

一、研究背景

本次调研选择区域位于××大学，20多年来，中国饮料行业不断发展和成熟，竞争越来越激烈，越来越白热化。市场竞争的加剧也使得本来就缺乏品牌忠诚的饮料消费者呈现出多元品牌购买的消费态势，饮料产品的品牌知名度和市场占有率此消彼长，更迭较快。为了解在校人员对可口可乐的需求状况，进行消费者方面的相关信息调研。

二、调查概况

（1）调查目的：了解在校人员对可口可乐的消费状况，对可口可乐的要求、喜好，购买的欲望等，以此来把握消费者对可口可乐的需求。

（2）调查对象与规模：××大学在校人员，调查人数为100人左右。

（3）调查方法：采用网络问卷调查法。视具体情况成立由项目成员构成的调研项目小组，步骤如下。

A. 成立由调查人员组成的调研项目组，负责调查整体过程控制、调查内容制定、调查结果收集。

B. 问卷调查：实施随机调查。

C. 文献资料搜集：负责通过报纸、期刊、网络、图书等各类途径收集调查所需的各类文件。

（4）调查内容：在校人员的可口可乐消费状况，对可口可乐的包装是否有偏好；可口可乐的购买动机，可口可乐购买信息的获得渠道，可口可乐的容量选择，在什么场合下喝可口可乐等。

本章小结

通过对调查报告和调研报告的区别分析，我们了解了调研报告的概念和撰写技巧。调研报告是市场调查工作的最终成果，是进行决策的重要依据，它具有针对性、真实性、时效性的特点。调研报告中背景要突出调查的价值，有明确的调查目的和长远的调查意义。调研结论宜精不宜多，必须要有针对性和明确性。

复习思考

1. 市场调研报告的重心应该在哪一部分？
2. 如果你是市场调研的负责人，你觉得最终以哪种形式呈现报告比较好？书面报告还是口头报告？PPT 格式还是 Word 格式？
3. 阐述撰写调研报告的步骤。
4. 调研报告的撰写要注意哪些问题？

数字资源 9-3
第九章"复习思考"问题参考答案

参考文献

[1] 陈凯. 市场调研与分析 [M]. 北京：中国人民大学出版社，2021.

[2] 陈凯，顾荣，胡静. 基于感知收益——感知风险框架的新能源汽车购买意愿研究 [J]. 南京工业大学学报（社会科学版），2019，18（02）：61-70＋112.

[3] 陈良英. 关于SPSS软件在市场调查统计应用的研究 [J]. 中小企业管理与科技（上旬刊），2008（11）：242.

[4] 陈友玲. 市场调查预测与决策 [M]. 2版. 北京：机械工业出版社，2019.

[5] 邓晓诗. 国际化战略下小米公司的海外市场进入浅析 [J]. 现代商业，2018（17）：90-92.

[6] 杜明汉，刘巧兰. 市场调查与预测——理论、实务、案例、实训 [M]. 4版. 大连：东北财经大学出版社，2020.

[7] 黎娟，石林，杨阳. 市场调查与分析（慕课版）[M]. 北京：人民邮电出版社，2021.

[8] 刘锋. 市场调查与预测——营销调研大数据分析 [M]. 北京：机械工业出版社，2022.

[9] 罗洪群，王青华. 市场调查与预测 [M]. 3版. 北京：清华大学出版社，2022.

[10] 贾志刚，朱献文. SPSS软件在大学生就业调查问卷分析中的应用 [J]. 技术与市场，2010，17（03）：5-6.

[11] 简倍祥，万恒，张殷. 客户问卷调查与统计分析——使用Excel、SPSS与SAS [M]. 北京：清华大学出版社，2014.

[12] 肖苏，张建芹. 市场调查与分析 [M]. 北京：人民邮电出版社，2017.

[13] 宋志刚. 数据分析与SPSS软件应用（微课版）[M]. 北京：人民邮电出版社，2022.

[14] 王桂新，沈建法，刘建波. 中国城市农民工市民化研究——以上海为例 [J]. 人口与发展，2008（01）：3-23.

[15] 张海霞. 市场调查与分析 [M]. 北京：中国金融出版社，2016.

[16] 张涵，叶欢，杜泠溪，等. 手机游戏对大一新生的生活及心理影响 [J]. 山西青年，2021（21）：156-158.

[17] 张文彤. SPSS统计分析基础教程 [M]. 3版. 北京：高等教育出版社，2017.

[18] 张西华. 市场调研与数据分析[M]. 杭州：浙江大学出版社，2019.

[19] 赵轶. 市场调查与预测[M]. 4版. 北京：清华大学出版社，2020.

[20] 周宏敏，高捷闻. 市场调研实务[M]. 北京：中国人民大学出版社，2020.

[21] 小卡尔·麦克丹尼尔，罗杰·盖茨. 当代市场调研[M]. 李桂华，等译. 北京：机械工业出版社，2018.

[22] 小米生态链谷仓学院. 小米生态链战地笔记[M]. 北京：中信出版社，2017.

[23] 伊冯娜·麦吉温. 市场调研实务[M]. 李桂华，等译. 北京：机械工业出版社，2017.

[24] J. Bethlehem. New developments in survey data collection methodology for official statistics[J]. Statistics Netherlands，2010.

后　记

　　市场调研是一项实用性强、应用性广的技术技能。对于应用型本科高校经管类学生而言，理解、掌握并熟练运用这项技术技能，无论是对论文撰写、毕业设计，参加各种学科竞赛、学术交流和实践活动，还是对岗位就业、个人创业，都具有极其重要的作用。

　　为了让更多学生学会这项技术技能，我们从教学和市场调研岗位工作出发，构建了以问题为导向的教学体系，采用线上、线下有机融合的教材编写形式，通过扫描二维码观看微课视频和查看复习思考题参考答案、案例等方式，把教材数字化、立体化和实操化，其目的是让学生可以随时随地进行调研理论知识的学习和调研实操的练习，真正做到在学中做、在做中学。

　　经过1年多紧张的写作，终于完成了全书稿的编写工作。尽管我们竭尽全力、反复推敲，但由于各种原因，书中仍会存在一些缺陷。真诚欢迎广大读者及时指正，以便将来不断修订、完善与提高。

　　在本书出版之际，衷心感谢华中科技大学出版社领导与编辑们所给予的大力支持和热诚帮助，正是由于他们的辛勤付出和敬业，本书才得以顺利出版。

与本书配套的二维码资源使用说明

本书部分课程及与纸质教材配套数字资源以二维码链接的形式呈现。利用手机微信扫码成功后提示微信登录,授权后进入注册页面,填写注册信息。按照提示输入手机号码,点击获取手机验证码,稍等片刻收到4位数的验证码短信,在提示位置输入验证码成功,再设置密码,选择相应专业,点击"立即注册",注册成功。(若手机已经注册,则在"注册"页面底部选择"已有账号?立即注册",进入"账号绑定"页面,直接输入手机号和密码登录。)接着提示输入学习码,需刮开教材封面防伪涂层,输入13位学习码(正版图书拥有的一次性使用学习码),输入正确后提示绑定成功,即可查看二维码数字资源。手机第一次登录查看资源成功以后,再次使用二维码资源时,只需在微信端扫码即可登录进入查看(如申请二维码资源遇到问题,可联系宋焱:15827068411)。